作者在吐鲁番火焰山脚下

我与大师

胡孟祥 著

學苑出版社

图书在版编目（CIP）数据

我与大师/胡孟祥著. —北京：学苑出版社，2007.6

ISBN 978-7-5077-2887-3

Ⅰ.我… Ⅱ.胡 Ⅲ.文艺工作者—生平事迹—中国—现代 Ⅳ.K825.7

中国版本图书馆CIP数据核字（2007）第080474号

责任编辑：刘小灿
封面设计：张守义
出版发行：学苑出版社
社　　址：北京市丰台区南方庄2号院1号楼
邮政编码：100079
网　　址：www.book001.com
电子信箱：xueyuan@public.bta.net.cn
销售电话：010-67672949　67675512　67678944
经　　销：新华书店
印 刷 厂：高碑店鑫宏源印刷厂
开本尺寸：787×1092　1/16
印　　张：15.75
字　　数：140千字
版　　次：2007年6月北京第1版
印　　次：2007年6月第1次印刷
印　　数：0001~4000册
定　　价：32.00元

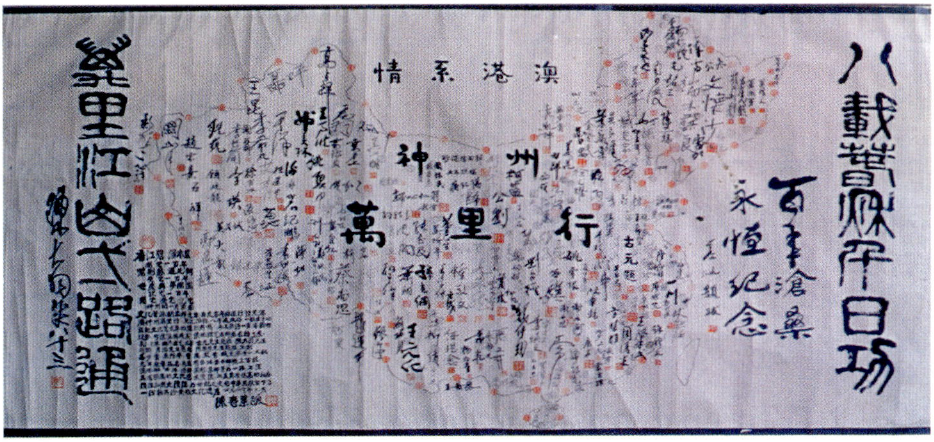

▲ “情系港澳神州万里行”地理艺术图卷，是作者行遍神州，遍访名家的成果。它宽 3 米，高 1.5 米，由古元题款，彦涵题句，陈大羽书联，陈寿荣题跋，作者撰诗。上有雷洁琼、苏步青、吴阶平、曹禺、艾青、臧克家、季羡林、钟敬文、光未然、吕骥、任继愈、萧乾、姚雪垠、贺敬之等近 200 位文化名人亲笔签名。盖有全国 31 个省、市、自治区邮局的当地当日邮戳近百枚。

▲ 1994 年春作者在上海拜访巴金先生(右)时留影

▲ 1992 年作者在北京拜访夏衍先生(右)时留影

▲ 金鸡报晓（高 1.5 米，长 3.6 米　关山月　黎雄才　陈大羽　田世光合作）

▲ 泰岳松风（高 1.5 米，长 3.6 米　何海霞　黎雄才合作）

▲ 天长地阔（吴作人画）

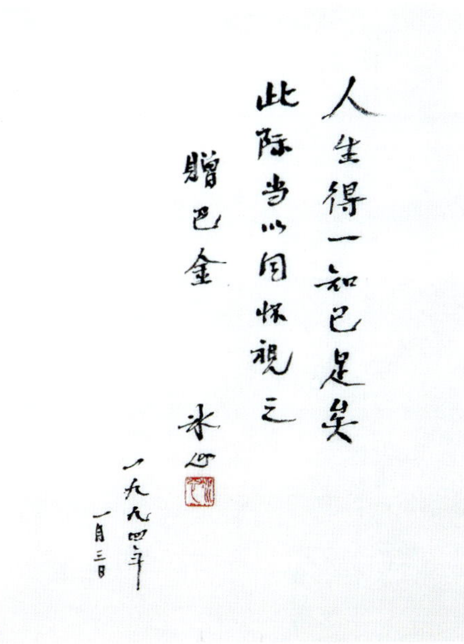

▲ 冰心为巴金画像题书

▲ 巴金画像（高莽画　巴金签名）

▲ 艾青画像（高莽画　艾青签名　文怀沙题书）

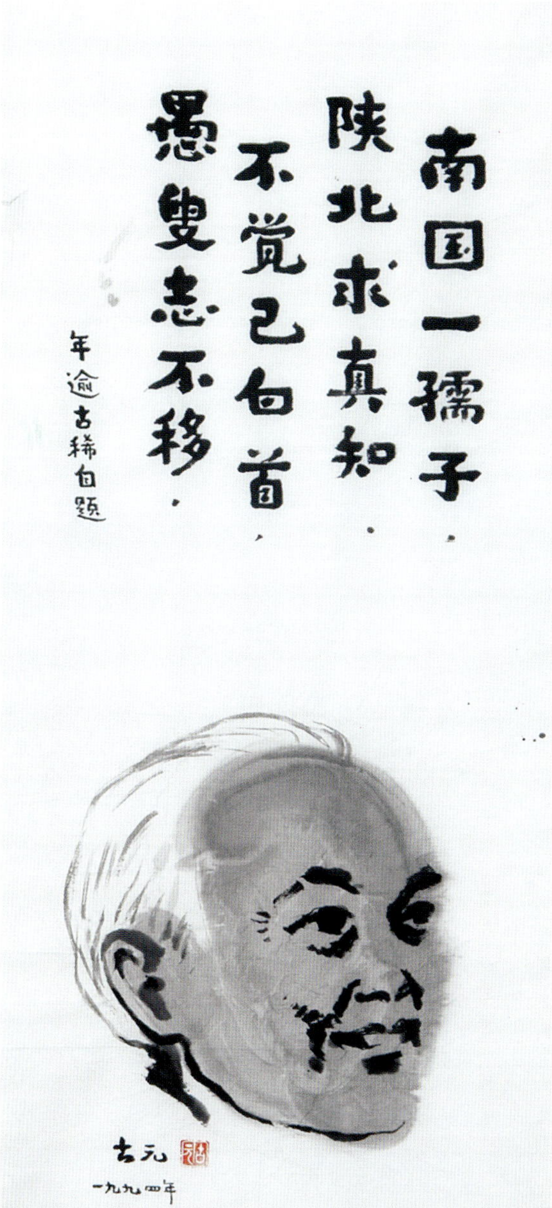

▲ 古元自画像

▲ 方成自画像

胡孟祥笔下的大师们

——《我与大师》序言

胡孟祥的名字，大概很少有人知晓，因为他是一个“名不见经传”的小人物（乔羽语）。古往今来，小人物也能成大事者，并不少见。我人民日报社副总编梁衡先生曾撰写过一篇《人人皆可为国王》的文章，既然人人都可为“国王”，小人物又如何不能成就大事呢？这位胡孟祥就做了一件大事。为迎接港澳回归祖国，他自1990年始，身背自制的中国地理图卷，孤身进行“情系港澳神州万里行”文化活动，历时八载，行遍神州，走遍了祖国的山山水水，拜访了数百位文化艺术界的名流，其中包括赵朴初、苏步青、巴金、夏衍、冰心、曹禺、艾青、臧克家、光未然、季羡林、贺敬之、沙孟海、吴作人、关山月、俞振飞、侯宝林等文化艺术大师，征集了数百件堪称中华民族艺术瑰宝的书画、影像、集邮等珍品。今年，是香港回归祖国10周年纪念年，他正积极筹划在北京举办“情系港澳 艺术中国”的收藏展。

这部《我与大师》，就是作者谈与大师们的相互交往，其中，有叙事，有抒情。既有记实的文体，如《巴金一面》、《曹禺三探》、《三访关山月》、《十见臧克家》、《季羡林先生》、《赵朴初佛家》等；又有抒情的诗篇，如《艾青的拐杖》、《溥杰的庭院》。还有作为“附录”的《胡孟祥走近大师编年史话节选》。全书共计33篇，影像、书画插图50余幅，约14万余字。

早在1983年春，作者就拜访了我国著名的诗人王亚平。王亚平先生不仅是我国现代诗坛上的一位主将，而且也是我国著名的说唱文学家与说唱艺术理论家，诗人对我国曲艺事业所做出的贡献，往往与老舍、赵树理的名字连在一起，被评论家誉为是现代曲坛上的“三面旗帜”。作者的笔耕生涯就是从研究我国的说唱艺术开始的，他曾撰写出版了《胡孟祥说唱艺术论集》，还为陕北解放区的“说书英雄”韩起祥作过“评传”。前不久，马季去世了，作者在文艺界失去了一位好友，他为纪念马季很快就写出了一篇《说马季》的短文，收入《我与大师》之中。尽管文章只有千余字，但论点鲜明，在作者看来，马季所走的继承与创新之路，就是一条通往大师的成功之路，他试图探索马季是如何成为一代相声大师的。近期，他又撰写了一篇长诗《马季之歌》，被收入他的另一部专著《胡孟祥诗文书画集》中。

作者不仅写马季，也写侯宝林与马三立。这部《我与大师》，就收入作者所撰写的《马三立的幽默》与《侯宝林的格言》两篇文论，前者对相声的现状进行了剖析，后者对侯氏格言进行了理论性的探讨。

作者在“后记”中说：“我拜访过的这批文化、艺术大师，几乎都是每个领域的代表人物，甚至是领军人物。先生们在文化艺术领域所做出的卓越贡献及其地位与影响，早已被载入中华民族的文明史册。正因如此，我与先生们的每次会面，都使我终身受益。先生们的学识、修养、人品与艺品，促使我拿起笔来记下这点点滴滴。”

应该说这“点点滴滴”也是极为可贵的，因为作者不是胡编乱造，而是有感而发，从“苦旅”中来，是“走近大师”的“苦旅文化”。当舒乙先生看到这本书稿时，热情地赞赏它“是本了不起的书；是本好看的书；是本有实货的书；是本下了功夫的书；是本丰富的书；是本有个人体验的书。”让我以邓友梅先生为该书的题词作为结束语吧：

行万里路，
访千百家。
以笔为镜勤写真！
有利学界、人民！

2007年春于北京

目　　录

巴金一面

1993年，我请画家、翻译家高莽先生为巴金先生画了一幅半身像，画后我想，如何请巴金先生在画像上签名呢？首先想到的是冰心先生，因为冰心先生与巴金先生是“世纪之交”的朋友，假设冰心老人能在巴老的画像上题词，然后再去找巴老签名，不就容易多了吗？想到此，我从山东奔赴北京，在中央民族大学的一栋公寓内，拜访了世纪老人冰心先生。自1990年始我连续三年为冰心老拍摄肖像，其中有三幅影照还留下了先生的亲笔题字。这次造访，我向冰心老的家人说明来意，先生很快就为巴老的画像题写了赠言。先生题书的是：“人生得一知己足矣　此际当以同怀视之　赠巴金。”落款处写几行小字：“冰心　一九九四年一月三日。”

这本是鲁迅先生当年题赠瞿秋白先生的两句话，冰心老人只是把“斯世当以同怀视之”中的前两字改为“此际”，赠予她“人之相知，贵相知心”的巴金老人。由此，中国现代文学史上的四位文化大师，两对最纯真、最知己的朋友就这样被联在了一起，为文坛又添佳话。

时隔两个多月，即：1994年3月上旬，我携带巴老的画像与冰心老人的题字，兴冲冲地赶赴上海，去请巴老在画像上签名。我先去上海作家协会，去找巴老的女儿李小林。小林同志看到画像与题词后热情接待，特派一名摄影师陪我前去巴府。在上海市区的一座老宅内，我见到了久负盛名的巴金先生。老人坐在客厅沙发上，穿一件紫灰色的夹克上衣，外套一件蓝色坎肩，满头银丝白发，目光深邃，脸庞红润。原以为只能仰视的“一座高山”，如今却很平易、很自然、很随和地坐在了我的面前。我取出巴老的画像与冰心先生的题字，老人看罢，只听他轻轻地说声：“大姐为我题过字，高莽为我画过像。”我把一支笔递了过去，巴老在画像右下角用力签上了“巴金”二字，并写上日期：“一九九四年三月十四日”。写毕，老人又拿过一枚印章，加盖签名处，并说：“印章是高莽刻治的。”就在此时，我手举相机为先生拍下了肖像照。

回鲁后，我把巴老的肖像照彩扩放大，精心装裱在册页上。时隔 8 个多月，我携带册页中的巴老肖像再次赶赴上海，请先生为港澳回归在肖像旁题字。经上海文学发展基金会副秘书长徐钤先生代劳，巴老在他的肖像旁题写了“人民的愿望一定要实现，也一定会实现”的贺词，这一天，是 1994 年 11 月 1 日，巴老九十华诞。

巴老的影像墨宝在香港回归前夕，曾随“情系港澳神州万里行艺术珍品展”在京、鲁等地巡展，并被编入《情系港澳名家艺术珍品丛书》出版。

曹禺三探

拜访曹禺先生不是件易事，这倒不是因为先生身兼中国文联主席、中国戏剧家协会主席等要职，而是由于先生的晚年病魔缠身，医院成了他的“家”。即使这样，先生只要身体条件允许，就在医院接待来访客人。他关心社会，珍惜生活，爱戴朋友，是一位纯真、善良、温和的老人。

到底有几次去拜会过曹禺先生，连我自己也记不清了。按照我珍藏的照片资料推算，最少不下六次，因其他三次印象不深，也只好拦腰砍半，就说说“曹禺三探。”

作者与曹禺

第一次去拜会先生，是适逢我原所在单位《石油管道报》创刊十周年的

1987年之春，我奉命请在京的先生为之题词。北京的春天阳光明媚，鲜花吐艳，我迎着阳光走在北京的大街小巷，先后拜访了楼适夷、廖沫沙、臧克家、陶钝、魏巍、谢添、石祥、曹禺等先生，他们相继为《石油管道报》题词。楼适夷先生的题词是："流金铄石，泽被万方。"廖沫沙先生的题词是："祝贺石油工业飞速发展。"臧克家先生的题词是："发掘地下宝藏，丰富人民生活。"魏巍先生的题词是："为开发物质能源与精神能源而努力。"谢添先生的题词是："油龙腾飞映彩霞。"石祥先生的题词是："沟通油海之渠，连接日月之光。"最后，就数曹禺先生的题词实在："《石油管道报》创刊十周年。"

那年，曹禺先生虽说七十有八，但身体还算硬朗。我是在先生的寓所拜会先生的。他个头不高，方方的脸膛，大大的眼睛，宽宽的肩膀，走起路来稳健而沉重。这就是曹禺先生给我的第一印象。

在拜访曹禺先生之前，我对先生知之甚少，只知道他是久负盛名的戏剧大师，曾编著《雷雨》、《日出》、《北京人》、《胆剑篇》、《王昭君》等剧目。有些剧目还曾观看过演出。至于曹先生的其他情况就知之甚少。后来，拜读了田本相、刘一军撰写的《名家曹禺》一书，才对曹禺先生有个大概的了解。书中告诉我，就在1987年春我去拜访曹禺先生的前四个月，该书作者曾采访过先生。先生向作者透露，他对解放后的创作有一种"难言的苦闷和痛苦"，他不是那种"沉迷于掌声中的人"，他觉得他写的东西"太少了"，他确实"有许多懊悔"。曹禺先生直言不讳地向作者吐露真言：

我是真想在80岁的时候，或者是80岁之前，写出点像样的东西来！

曹禺先生到了这么一大把年纪，回顾创作，回顾学习，回顾他所走过的漫长历程，心中有多少话要倾诉啊！他想在他的晚年"写出点像样的东西来"！可是，我们的作家不久便被病魔缠身，很难再拿起笔来进行创作了。

1990年6月16日，我去北京医院拜会曹禺先生。先生穿一件白色衬衫，带一副亮晶晶的眼镜，看上去精神还好，但心中的苦痛只有他自己知晓。先生是个热心人，就是在医院治病期间，也备一套文房四宝放在桌上。我请先生题写他的人生格言，他写下两句话：

大道本无我
青春长与君

临别前，我与先生合影留念。后来，这一合影放大，曹禺先生在放大的合影照上题写了一句鼓励我的话："好好写人物。"

时隔近三年之后，即1993年2月15日，我第三次拜会曹禺先生，那天去为先生拍照。先生上穿一件杏黄色的毛衣，下穿一条白色秋裤。我请先生为港澳回归题词，先生沉思片刻在册页上写下八个字：

人心所向
大势所趋

题词的落款处，先生又写行小字："贺港澳回归　曹禺。"我趁先生题词之际，抓拍了先生的一幅肖像照。后来，曹禺先生的影像墨宝，被收入《情系港澳百家名人影像墨宝集珍》一书。

为便于给先生拍照方便，那天，我用的是日本理光自动照相机，曹禺先生看了后觉得很稀奇，就把照相机要过去，拿在手中左看看，右瞧瞧，还按一按焦聚的启动按钮，说声："这东西真好玩儿，真是高科技！"他那种天真、爽直劲，至今仍历历在目。

哦，好奇，先生对生活充满了爱；好奇，先生焕发了青春的活力！在回归的路上，我向曹禺先生祝福，祝福他健康长寿，祝愿他对生活充满憧憬……

俞振飞的遗墨

想当年，俞振飞先生与梅兰芳先生同台献艺，名噪大江南北，按现在的说法，那可是“大腕”、“明星”式的人物。上世纪80年代末，我专程去沪上拜访这位大名鼎鼎的俞振飞先生。当时先生刚从香港载誉归来。1988年10月6日，香港中文大学在港举行了“第三十六届颁授荣誉学位及高级学位典礼”，俞振飞先生荣获该校荣誉文学博士学位。在颁奖仪式上，校方向来宾发表了热情洋溢的赞词。赞词中还提到俞振飞先生有个不被外界所熟知的称谓，即：“书法家”。世人都知道俞振飞是“京昆泰斗”，殊不知先生还写得一手好字。这次去拜访先生，就喜得老先生的一幅墨宝，弥足珍贵。先生题书道：

戏剧是一个社会性很强的事业，戏剧需要群众，群众需要丰富多彩的艺术享受。因此，在戏剧与人民群众，特别是广大中青年之间增强相互的理解、信任和支持，是十分重要的。希望年轻的朋友们，深切地关注现实，勇敢地直面人生，敏锐地感悟时代的脉搏，写出无愧于时代，无愧于人民的优秀作品来。

戏剧是一个社会性很强的事业，戏剧需要群众，群众需要丰富多彩的艺术享受。因此，在戏剧与人民群众，特别是广大中青年之间增强相互的理解、信任和支持，是十分重要的。希望年轻的朋友们深切地关注现实，勇敢地直面人生，敏锐地感悟时代的脉搏，写出无愧于时代，无愧于人民的优秀作品来。
一九八九年五月 俞振飞 时年八十有八

俞振飞书法手迹

这幅行书遗墨，仅130多字，但它涉及戏剧与社会、戏剧与群众、戏剧与青年、戏剧与人生、戏剧与创作等诸多方面，并对年轻的当代艺术家寄予厚望。这对于研究俞振飞先生的京昆艺术及其思想，不仅仅是一份十分难得的第一手资料，同时也是一份极具欣赏价值和收藏价值的艺术品。

黄佐临的笔谈

1989年国庆节前夕，我赴上海第二次去拜访黄佐临先生，想请黄先生谈谈他的导演艺术。那年，先生已是84岁的高龄，因先生年事已高，恐怕影响他的身体，就写了一个采访提纲，用“答记者问”的方式，请先生“笔谈”。黄导用了一天的时间，交给我一份亲笔书写的手稿，现抄录如下（笔者简称“胡”，黄导简称“黄”）。

作者与黄佐临

胡：请先生简略谈谈您的主要经历。

黄：我原名黄作霖，艺名黄佐临。1906年10月24日生于天津，原籍广东番禺。英国剑桥大学皇家学院文学硕士。1935年与金润芝（艺名丹尼）结婚。曾任南开、圣约翰、沪江等大学英文系讲师，中国戏剧家协会副主席，中国莎士比亚学会副会长，中国对外友好协会上海分会副会长，上海人民剧院副院长、院长、名誉院长等职。第一、二、三届全国人大代表，第五届全国政协委员。出版《莎士比亚在英国四百年演出简史》、《导演的话》、《从艺六十年文选》等专著。

胡：请先生谈谈您的师承关系。

黄：我的恩师是英国大戏剧家、诺贝尔奖金获得者萧伯纳。1927 年 3 月开始接触，最后一面是 1937 年 7 月 10 日在伦敦。1927 年我把一个自编、自导、自演的小戏送给他，告诉他我最喜欢他和易卜生的作品，他以几行批语送给我：

一个“易卜生派”是个门徒，不是个大师；

一个“萧伯纳派”是个门徒，不是个大师；

易卜生不是个“易派”，他是易卜生；

我不是个“萧派”，我是萧伯纳；

如果小黄有所成就，他切勿做个门徒，他必须本着自我的生命，独创一格。

从此，他的剧作、思想、机智、作风等，影响了我的一生。

胡：您曾导演过多少剧目（含电影）。

黄：我曾导演过话剧 100 多部，电影 13 部。话剧代表作有：《阿 Q 正传》、《蜕变》、《大马戏团》、《荒岛英雄》、《夜店》、《升官图》、《抗美援朝大活报》、《曙光照耀着莫斯科》、《布谷鸟又叫了》、《1001 天》、《胆大妈妈和她的孩子们》、《悲壮的颂歌》、《激流勇进》、《第二个春天》、《霓虹灯下的哨兵》、《焦裕禄》、《彼岸》、《新长征交响诗》、《伽利略传》、《生命·爱情·自由》、《家》、《中国梦》等。电影代表有《假凤虚凰》、《夜店》、《腐蚀》、《为了和平》、《陈毅市长》等。艺术指导有芭蕾舞剧《白毛女》。

我的导演老师是米·圣丹尼，他是法国大戏剧家柯波的外甥和大助手。柯波的艺术风格是反商业化，集西欧话剧精华大成，自成一格，对西方戏剧影响很大。他也相信“史坦尼体系”，所以我和丹尼回国教学表演和导演都按照他的风格形式。20 世纪 60 年代我介绍布莱希特的戏剧学说，即推翻“第四堵墙”的谬论，但它不是与“史坦尼体系”对立的。现在我追求的史坦尼、布莱希特与中国民族戏曲传统相结合的“写意戏剧观”，表现在近年来的《生命·爱情·自由》、《家》、《中国梦》等剧目里。

胡： 请谈谈您的黄金时代。

黄： 说不上有“黄金时代”，如果有的话，可以说是“文革”以后的“新时期”。虽已过耄耋之年，但经历了“文革”考验，艺术素养已变成熟，导演出《伽利略传》、《家》、《生命·爱情·自由》、《中国梦》等代表作。

每个戏的演出都是难忘的。

胡： 您的导演艺术特征是什么。

黄： 我导演创作虽预先有所准备，但大部分都是即兴的，都是按实际情况，与演员、舞美等合作商量，顺其自然而进行的。但不能离开原来一起讨论的主题思想和艺术构思去随意发挥。

我先是按法国柯波——再是苏联史坦尼——再是德意志布莱希特——再就是向中国传统学习……企图探索出一套民族的社会主义的话剧艺术风格出来。

我的艺术本质的特征是：质朴性、憨厚性。史坦尼著作者丹钦诃说过：演员有五大特色：体验、自然性、感染力、魅力、真挚性。一言以蔽之，即“质朴性”。我俩（妻子丹尼）出自富有家庭，但为了追求理想，宁愿放弃舒适的生活，到最艰苦的地方，住潮湿的地窖、陋室，过苦日子。当代的口头禅是“先富了再说”，我俩的口头禅是“先穷了再说”。穷，才能接近生活，认识生活。戏是人学，不懂得人，怎能干戏？

胡： 您认为从事艺术工作需要天赋吗？

黄： 从事艺术需要天赋，但更需要刻苦学习，二者的百分比不一样，“一分天赋，百分之九十九学习”应是文艺工作的信条。我常说，我们夫妻二人是单位中最笨拙者，不是谦虚话，而是实话。我们的天资确实有限。但我们能吃苦耐劳，“苦干一辈子”是我们的座右铭。

胡： 您认为观众喜欢您导演的戏剧吗？

黄： 一般来说，观众是喜欢我导的戏的，受到的批评是来自张春桥、姚文元之流。我的恩师萧伯纳的座右铭是：“他们骂啦，骂什么？让他骂！”这三句话是刻在他壁炉的大理石上的，我到他那里做客时亲眼读到并亲手抄了下来，作为自己对待挨批的态度。总之，我对观众异常重视，尊重他们的意见，相信“观众就是上帝”。我尽力做到“赞不骄，败不馁”。

胡：您对青年文艺工作者有什么希望？

黄：青年文艺工作者是21世纪精神文明的支柱，未来是属于他们的。所以，我希望他们能加强艺术修养，加强马列主义理论的学习，打好技巧基础，创作出无愧于伟大时代的、民族的、社会主义戏剧来，为人类文明做出贡献。

胡：请先生谈谈您的家庭生活。

黄：我父亲是个戏剧爱好者，喜欢唱京剧。他是广东人，是粤剧“票友”，曾任天津广东音乐会会长。我小时候他常带我去看戏。为此，我学戏，干戏他不反对。可惜我做出成绩时，他已与世长辞了（1939年去世）。

我与老伴丹尼，一直是同行同事，在伦敦，她学表演，我学导演，在剧专她教表演，我教导演。“下海”以来（1946年），她是演员，我是导演。可以说是志同道合，白头到老。可惜“文革”她患了老年痴呆症，不能工作了。我们有四女一男。丹尼原来是在美国哥伦比亚大学教育学院学儿童教育的，它的学派主张“自由教育”，即：每个儿童都应自由成长，发展个性。所以说孩子在她的培养下，在智、德、体、美育上，发展得很正常，个性也相当强。在他们的文化素养上，我们比较注意，自小就给予他们欣赏艺术的条件。电影、话剧不算，凡有外国艺术团体来上海演出，我们总是买票让他们去观摩。我们不鼓励他们从事艺术，希望他们搞科技。但由于家庭环境的潜移默化，老大、老二都进了文艺圈内，一个搞电影，一个搞电视；老五学习的是钢琴，也算是文艺界了；老三、老四倒是从事科技工作，干得很好，全家满意。

我的业余爱好很少，可以说没有。从前喜欢运动，打网球，近十年来已不打了，只能走走路、散散步，每天练气功。

晚年的所谓“欢度”，能“活到老，学到老，干到老”，足矣！

临别时，先生送我一幅书法手迹。手迹近200字，是研究黄佐临先生戏剧艺术极其珍贵的文史资料：

我之所以主张“写意戏剧观”，乃是根据五六十年舞台实践、世界戏剧发展史苦心钻研和以下几句众所周知的名言而形成的：

虚戈做戏，真假宜人，不像不成戏，太像不算艺，悟得情与理，是戏又是艺。

画有三：一、绝似物象者此欺世盗名之画；二、绝不似物象者，往往托名写意，此亦欺世盗名之画；三、唯绝似又不似于物象者，此乃真画。

比普通实际生活更高，更强烈，更有集中性，更典型，更理想，因此就更带普遍性。

情与理，形与神，不可分割。

佐临　1989 年 10 月 1 日

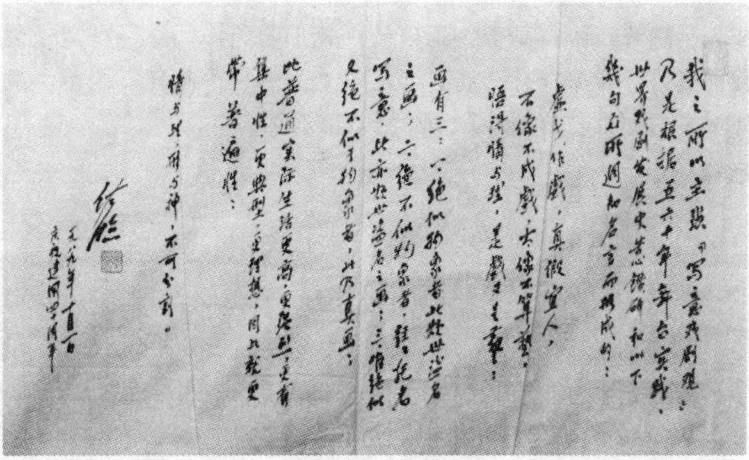

黄佐临书法手迹

黄佐临先生运用马列主义、毛泽东文艺思想，以及黄宾虹的画论和张德成的戏论，并结合自己半个多世纪的艺术实践，站在世界戏剧发展的高度，大胆地提出了“写意戏剧观”，在中国的戏剧发展史上，独树一帜，标新立异，其理论具有很强的艺术生命力。

黄佐临先生接受的是西方教育，20 世纪 30 年代末就进入英国剑桥大学，学习西方戏剧理论，这在中国现代文艺史上并不多见。更难能可贵的是，先生把西方的戏剧理念与中国的优秀传统文化融为一体，形成了中西结合具有中国特色的戏剧理论体系，并指导了艺术实践，导演出一个又一个艺术典型人物，可以说是硕果累累，成绩卓著。在中国现、当代戏剧史上，应留下“黄佐临”的大名。

方成的漫像

方成先生送我一幅自画像，画他骑一辆旧自行车，穿一身运动装，精神抖擞地往前挺进。看那神态，真有点儿“老大愈发少年狂”之感。最有意思的是漫像上方的那首“打油诗”，写得风趣幽默：

早已年逾古稀
看来还不算老
只是工作真忙
头发越来越少

方成自画像

那年，方成先生七十有六。先生的性格豁达开朗，至今近 90 岁的高龄仍那样乐观。我与方成先生是老朋友，1996 年 4 月 5 日，我用日记的形式记下了与先生交往的一天：

今天上午见了方成先生，无拘无束，他总是笑眯眯的，抱起一大卷摆在沙发的画，赶快给我让座。我向方先生询问肖像邮封的进展情况，先生说：“手上有很多活儿忙着干，不过你送我的书（指《韩起祥评传》一书）我看了大半，写得不错。”我说：“您为侯宝林先生画的漫像太绝了，真是到了炉火纯青的程度，还请先生为马三立、马季先生画像。”讲到这儿，我十分抱歉地对先生说：“您看，我也没有什么礼品赠送您，带来 200 元请先生收下，略表心意。”方先生说：“咱是老朋友了，哪能收你的钱，画还是要画的，但钱不能收。”接着，方先生又很风趣地讲："等你什么时候发了财，送给我点儿，那时我要。"每次见到方成先生，如同与亲人见面一样，总是那样的融洽与和谐。

在与方先生近20年的交往中，他除了为我画他的自画像外，还为我画了侯宝林、马三立、高元钧、马季、姜昆等先生的漫像，其中，马季、姜昆二位先生的漫像还分别请他们题了字。

方先生绘画相声名家的漫像，深受相声艺术家的喜爱，这得力于他与相声名家交往甚密的缘故。他不仅喜好画相声名家，还出版了研究侯宝林相声的艺术专著《侯宝林的幽默》一书。20年前，我就曾对相声艺术与漫画艺术的相互关联，请教方先生，聆听过他那精辟而独到的见解：

相声和漫画有很多共同之处，它们同属于笑的艺术，都具有幽默与讽刺的功能，其表现手法是相同的。譬如某某问某："××这个人怎么样？"回答："不错，各方面都很好，就是手不干净。"说某人爱偷东西不说"偷"，只说"手不干净"，这是相声的语言；若画漫画，我就画他三只手。

相声和漫画都要讲究"奇巧有趣"。一般说来矛盾越尖锐，越不协调，程度越鲜明而又合乎情理，就越使人感到奇巧有趣。笑话集《嘻谈录》里记载：一个人在看书，朋友来了，问他看的什么书，他回答道："木许"。"木许？没听说过，里面都有什么人物？""多着哩。有一个叫李达的，他手使两把大爹，有万夫不当之勇。"把"水浒"、"李逵"念成"木许"、"李达"，虽也逗笑，但最可笑的还是把"大斧"念成"大爹"。把爹当武器耍，才显得滑稽有趣。

笑的艺术是充满矛盾的艺术，又是奇巧的艺术。奇巧离不开情节，如相声《扒马褂》、《买猴儿》、《如此照相》等等，都有很好的情节编排。漫画也是如此，不仅连环漫画，即使单幅画，也很注重情节，情节曲折才更有味。曲折的语言之所以使人感到"有味"，因为它是启发式的，含蓄的，让人有思考的余地。

奇巧的构思要靠深厚的生活积累和广博的学识，需要有一定的文学艺术修养和丰富的想像力。我知道侯宝林就读了很多书，涉猎了各种古籍杂学，甚至他得"闲"的时候，还在研究陶瓷、货币、书画。所以，他的相声段子从结构到语言都使人感到奇巧的洗练，给人以美的享受……

方先生谈起相声来津津乐道，一谈就是两小时。大约一年前我去人民日报社公寓拜访先生，当时他写了一篇相声文论，愁于无处发表而苦闷。先生征求我的意见，我建议请姜昆帮忙。先生立即拨通了姜昆的电话，接着电话传来了姜昆的声音：“我给您发表。”随即，方先生在家复印手稿一份，并对我说：“不然过后就忘了。”看先生对相声艺术的那股热忱劲儿，不愧为《曲艺》杂志社的特约编委。

侯宝林的格言

一天，我去侯府，为侯宝林先生拍照，想留下影像做资料。见了侯先生说明来意，先生没说不乐意拍照，只是抬起右手，指一指下巴与头部，说声："你看……"先生的意思是说脸也没刮，发也没理，这样照出相来效果能好的了吗？就这样相没照成，我便离开了侯府。说这话已是上世纪80年代的事情了，以后为什么再没给侯先生去拍照，至今也没弄明白。我的"中国文化名人肖像集"，一直缺少侯先生的尊容，成为一大憾事。

侯宝林漫像　方成画

侯宝林先生在京城搬过多次家，仅80年代就搬家三次。不过都是乔迁之喜。记得80年代中期我去侯府，先生住在北海后门一条小胡同内，那次是因有事去拜会南开大学教授薛宝琨先生。当时，薛先生与侯先生正在合作撰写相声研究专著。不久，侯先生就搬进了木樨地的一幢高楼。再后来，又从木樨地搬到了东四小巷的独院内。这是一座旧宅，侯先生进行了整修，虽说院落不大，但比起住高层建筑来方便多了。我去拜会先生大都是在这个小院内与先生相会的。

1987年春，适逢我原所在单位《石油管道报》创刊10周年，我奉命去京请文化界先生为之题词，其中就包括侯宝林先生。侯先生与石油工人有着特殊的感情，1979年冬，他顶着寒风在露天为石油工人慰问演出，还特意编演了歌颂铁人王进喜的新相声《炼铁队》，受到石油工人的热烈欢迎。侯先生听说请他为我报创刊10周年题词，昔日的石油工人形象又浮现在他眼前。侯先生不愧为相声艺术大师，连题词都带几分幽默。先生的题词仅四个字："畅通无阻。"当我把这幅题字带回报社时，大伙一瞧，"扑哧"一声全乐了。是啊，搞石油管道一定要保证原油"畅通无阻"，一旦原油受阻堵塞，不能"畅通无阻"，那可就要出大事故了。"畅通无阻"言简意赅，使人联想，耐人寻味，这是一句富有幽默感的相声语言。

事隔两年后，我再次去拜会侯宝林先生，请他题书从艺格言。先生在一张斗方大的宣纸上题写了十六个字：

恰到好处，留有余地，
宁可不够，不要过头。

先生的从艺格言，伴随了先生的终生，成为他从事相声艺术的信条，可见这十六个字在先生心目中的分量。

如何能做到"恰到好处"呢？我理解就是把握一个"度"字，也就是说要把握尺寸，把握火候。只有把握住分寸，把握住火候，才能"恰到好处"，做到快而不乱，停而不断，诙而不油，滑而不俗，不温不火。

那么"留有余地"呢？我认为这四个字是侯宝林先生从艺格言的核心部分。因为"留有余地"属于创作思想的范畴，而"恰到好处"则是属于艺术技巧问题。如果创作思想上不能"留有余地"的话，那就很难在艺术技巧上做到"恰到好处"。至于说"宁可不够，不要过头"，是对前两句话的再补充，再强调，再阐释。也可以说是侯先生对自己的一种"警示"，因为无论是语言还是表演，一旦做过了头，那么，"恰到好处，留有余地"就不复存在了。这只是对四句话的相互关联而论，至于说侯先生的从艺格言所涵盖的实质内容，就必须结合相声艺术的特点去论述。

那么，相声艺术的基本特点是什么呢？按照《中国大百科全书·戏曲曲艺卷》的"相声"条目中所解释："相声的特点是寓庄于谐，即运用轻松诙

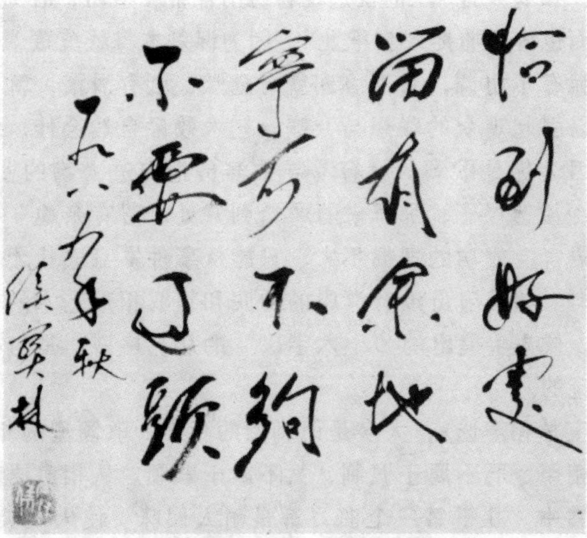

候宝林从艺格言手迹

谐形式表现严肃主题。它的特殊表现手段‘包袱儿’，是根据促使人们发笑的心理作用和艺术手法而组织起来的笑料。”《辞海》中则说：相声是以“引人发笑为艺术特色，以说、学、逗、唱为主要艺术手段”。总之，相声是不能离开笑的，而笑，又是通过“说、学、逗、唱”的艺术手段——语言来表现的。这样，我们就可以为相声下一个定义：相声是一种笑的喜剧性的语言艺术。从这个定义出发，相声的语言一定是笑的语言；不笑，就不能称其为相声语言。笑，一旦与语言联姻，那么，这种语言就变成了具有幽默的、诙谐的、风趣的、耐人寻味的、发人深省的艺术语言。而这种艺术语言的基本要素，就决定了相声艺术家必须在语言上具有“幽默多变、含蓄精练、朴实高尚、明快犀利”的艺术特色。而“恰到好处，留有余地，宁可不够，不要过头”的从艺格言，正是以适应相声语言的这一基本要求才应运而生的。

再看相声的另一个特长，那就是讽刺。相声的讽刺与漫画、杂文的讽刺有相同之处，只是表现手法不同。也有些相声是歌颂型的，但由于难度较大，不易发挥相声的优势，因而真正在社会上有影响的曲目并不多见。这是为什么呢？因为讽刺一般是婉转的，善意的，劝告式的，而这种婉转、善意、劝告，往往容易“留有余地”。也就是说容易用含蓄、亲切、恰到好处的语言去劝告对方，进而也容易捕捉“包袱儿”。因为讽刺本身就蕴藏着矛盾对立的一面，而有矛盾就有不协调，有不协调就有幽默，就有滑稽，就有风趣，就有笑料。这样容易引起观众的联想与共鸣，艺术效果自然会佳。而歌颂型的相声却不尽然。因为你是歌颂，就容易导致演员把先进人物的业绩说深说透，一旦把话“说深说透”了，那哪来的“恰到好处，留有余地”呢？因此，歌颂型的相声在语言上成功的把握不大，只能从事件本身去找矛盾，或者在故事中去挖掘笑料。如果演员没有深厚的功底和驾驭相声艺术的能力，很难取得成功。因此，侯先生提出的“十六字诀”的从艺格言，是与相声这一具有讽刺特长相适应的。

打开《侯宝林相声选》，大多是讽刺型的相声，歌颂型的相声只占少数，有些是中性的相声，既不属于讽刺，又不属于歌颂。从相声语言而论，在侯先生的相声选集中，几乎每一个曲目都是耐人回味、使人发笑的相声语言。而发笑的相声语言又是在内含着矛盾而形成的艺术语言。比如《夜行记》有这么一段话：

—二十八块钱买的车。

—二十八块钱买的车，那还能骑吗？

—你别看花钱不多，车还可以。

—噢，还骑得过。

—除去铃儿不响，剩下的哪儿都响。

自行车的铃铛本来是响的，它却不响，而其他部位不需要响却全响，这就是矛盾。有矛盾的语言，它就逗乐；有矛盾的语言，它就含蓄；有矛盾的语言，它就耐人寻味。再看《醉酒》：

甲“我就这样儿，今儿我就在马路上躺会儿。”

乙 躺马路上啦？

甲 人家劝他，快起来吧，来车啦。“什么车？”自行车。

乙 什么车你也得躲呀。

甲“不躲，让它往这儿（指腰）来。”

乙 从身上轧过去？

甲 人家能轧他吗？一拨把，躲开了。又来一辆三轮车。

“快躲开！三轮车来啦。”

乙 躲开吧？

甲“不躲！让它往这儿（指腰）来！”

乙 真横。

甲 一会儿又来辆汽车，“快起来，汽车来了，汽车来了！”

乙 这行啦。

甲“不躲！”

乙 还不躲？

甲“消防队的汽车！”

乙 也不躲

甲“先躲一会儿。”

这次怎么躲开了？因为救火车轧了白轧！这种利用“三翻四抖”形成的“包袱儿”，其语言简略、明快、风趣、幽默，使人不禁会意地发笑。

同是这段对口相声《醉酒》，结尾处的一段更是精彩：

甲“你说你没醉？来，你来这个。”（腰中掏出一物）

乙 什么？

甲 拿出一个手电筒来，往桌上一放，一按电门，不是出现一个光柱吗？

乙 是呀。

甲 你听这话醉了没有？“你说你没醉。来，你顺我这柱子爬上去！”

乙 啊？

甲 那能爬上去吗？

乙 是醉了。

甲 那个还不含糊呢：“这算了什么，你别来这套，我懂，我爬上去呀？我爬到半道儿，你一关电门我掉下来呀?!”

人们都知道光柱是不能够爬的，而这个酒鬼却自作聪明，就怕“我爬到半道儿，你一关电门我掉下来呀”?！这种语无伦次的酒话，与正常人的语言发生了极大的反差，造成语言逻辑上的混乱，进而产生矛盾，使人发笑。不过，这又是发生在特定环境下特定人物身上的特定语言，它既滑稽又可笑，但又符合生活情理。

像这种具备笑料因素的相声语言，在《侯宝林相声选》中比比皆是。侯先生不仅在相声语言上含蓄、明快、幽默、风趣，而且在相声的表演艺术风格上同样洒脱、亲切，运用自如。薛宝琨先生在评价侯宝林先生的相声艺术时有如下阐述：

侯宝林的相声风格清新、洒脱、含蓄、优美，追求寓庄于谐，意高味浓的美学境界。他艺术态度严肃、认真，舞台风度亲切、自然、朴实、大方，语言节奏清晰、明快，形体动作自然、和谐并强调酣畅和含蓄、知识与趣味、评价和形象的结合。

上述评价是中肯的、科学的，它既符合侯宝林先生从艺格言的艺术观，又对侯先生相声艺术的特色做了全面而精确的概括。

侯宝林先生在《我和相声——答读者问》一文中，对相声艺术讲了如下的话：

相声作为艺术，在创作和表演上都要有严肃认真的态度。所有艺术都不能离开美学。过去相声有四句口诀：快而不乱，慢而不断，生而不紧，熟而不油。语言台词快了，让人听着也是那么清晰，像听一个乐曲一样，非常清晰，好听，这才产生美感，让人听着爱听。慢而不断，就是台词慢而戏不断。有的时候有静止动作，但观众一声不响，他是在注意听着、看着，在欣赏。生而不紧，就是这个段子还不太熟，不要紧张，要轻松下来，不要叫观众替你揪心。熟而不油，这一点很难做到。这个段子我说了三十场，人家都听过了，自个儿就放松了，就乱加词儿，或者这儿短一点，那儿多一点，就油滑了。

由此看来，侯宝林先生的“恰到好处，留有余地，宁可不够，不要过头”的从艺格言，是从长期的艺术实践中总结出来的成功经验。侯先生最忌把相声艺术作为“耍活宝”看待，因为这是与他的“十六字诀”的从艺格言背道而驰的。相声是一种幽默的语言艺术，而幽默的语言就必须含蓄，而最忌张扬与外露。然而，至今还有一些相声演员不甚了解其中的奥妙，极力追求所谓“火爆”的艺术效果，使出了全身的解数，总认为越“火爆”越好。还有一些相声演员，在舞台上耍尽了贫嘴，出尽了洋相，那离相声艺术走得就更远了。殊不知这样做的结果既违背了相声艺术的特殊规律，同时也低估了观众的鉴赏能力和审美趣味。因此我说，有哪个相声演员想要在艺术上有所建树，真正想把侯宝林大师的从艺格言学到手的话，那首先就要相信群众，依靠群众，真心真意地拜群众为师。因为只有相信观众的欣赏能力，才能做到“留有余地”；只有依靠观众的积极配合，才有可能“恰到好处”。相声不同于其他艺术形式，它是从瓦舍、勾栏发展起来的民间艺术，它根植于民众之中。如果说戏曲、影视、歌舞等艺术形式与观众产生“隔离”的话，那么，相声却完全打破了这种“隔离”，因为相声的“包袱儿”是在观众的积极配合下才抖响的。没有观众的这种反馈作用，其“包袱儿”是很难奏效的。相声演员就置身于观众之中，面对面地与观众讲故事，说笑话，抖“包袱儿”，进行聊天式的艺术的交流。观众对相声的这种参与性，是其他任何艺术形式都无法比拟的，它造就了相声艺术家的机智、亲切、自然、大方、随和等独具特色的艺术风格，这也许就是当今有些相声演员成为影视主持人的主要缘故吧。这里我再次强调：相声演员的一言一语，一招一式，都是通过观众的反响与共鸣得到艺术体现的。它是一种生长在观众中的活的艺术，每时每刻都要受到观众的关照与评判，因此我说，侯宝林先生的从艺格言及其艺术风格，都是来自观众的这种审美需求而形成的。他是以“观众为中心”的艺术观。从这个意义上来说，观众是真正的老师，难怪侯宝林先生临终留言，发出了“一辈子要感谢观众”的感叹。

三访关山月

66年前，岭南画派创始人高剑父先生，为他的入室弟子关泽霈起了一个令世人震惊的艺名——关山月。

唐代大诗人李白，写过一首古乐府诗，诗的名字就叫《关山月》。诗中唱道：

明月出天山，苍茫云海间。
长风几万里，吹度玉门关。
汉下白登道，胡窥青海湾。
由来征战地，不见有人还。
戍客望边邑，思归多苦颜。
高楼当此夜，叹息未应闲。

高剑父为关泽霈起艺名，是否始缘于李白的这首古乐府诗，因未曾考证，不敢乱加断言。但有一点可以肯定：高剑父之所以为关泽霈起艺名为关山月，就是希望自己的入室弟子，在暗无天日的旧中国，能够像一轮朗朗的明月，苍茫云海；能够像一座巍峨的关山，威震八方。关山月先生没有辜负恩师的教诲与期望，他用艺术的人生谱写了一曲壮丽的乐章。他恰似明月当空，远播四海；他如同关山华秀，名扬他乡。

关山月先生以他那精湛的绘画艺术名扬于世，殊不知先生还是一位才华横溢的诗人。中国优秀的传统文化，之所以博大精深，其主要原因就是它的包容性。“海纳百川，有容乃大”，是林则徐状物喻人的一句名言，但用于中国的绘画艺术也恰如其分。中国的绘画历来讲究“诗书画印”四者的并举，而且把“诗”放在了首位，为什么？因为诗言志，诗言情。大概在中国还没有哪一种文学艺术样式不受“志”与“情”的制约和渗透。绘画艺术一旦离开了“志”与“情”的统领和关照，它就没有了筋骨，没有了神韵，没有了灵魂，完全成了丧失艺术生命力的低劣品。所以，关山月先生的绘画艺术很讲究“诗情画意”的并重。有时绘画还没开笔，一首情满意浓的诗词便应运而生。1987 年夏，关山月先生在创作梅花图《国香赞》之前，草稿未成，就先成小诗一首：

腾龙披火舞，万壑动风云。
铁骨傲霜雪，幽香透国魂。

《国香赞》悬挂在庄严的人民大会堂的东大厅后壁。它是继《江山如此多娇》之后，关先生创作的第二幅最大的中国画，该作品被端木蕻良先生誉为“千山万谷飘香透”的传世之作。

我家的客厅内也悬挂着关山月先生的一幅墨梅，篇幅不大，约 4 平尺，先生绘制在一张册页上，不用装裱，裁剪后平压在特制的镜框内。墨梅的右上方题有“铁骨幽香”四个大字，一眼望去枝干苍劲，花蕊淡雅，不着一色，尽得风流。

说起墨梅的来历，想起了 16 年前的一个秋天，那时，我为筹划编纂《中国当代文化名人书画集》一书，自齐鲁风筝都出发，专程去南方拜会关山月先生。

据友人介绍，关先生就居住在广州美院的校园内。广州美院位于广州市区的昌岗东路 257 号，大门坐北朝南，是华南地区声望最高的艺术学府。它因有像关山月、黎雄才、胡一川等久负盛名的艺术大师而闻名中外。我怀有一种朝圣的心态走进了这所艺术的校园。

校园内幽雅而清静。只有那哗哗作响的参天大树在叙说着这座学院的光荣历史。迎面铺就的片片草坪，恰似柔软的绿绒毯，把校园点缀得生机盎然。关先生的寓所就坐落在离教学楼不远的西南侧，寓所是一栋独立的灰色小楼房，周围绿树环抱。绿阴下的小围墙爬满了叶茂花繁的小藤萝。庭院内的丝瓜蔓欲上枝头。“这就是关山月先生的家园吗?”我自言自语地在大门外踌躇片刻，轻轻按响了主人的门铃。

铃声刚过，从庭院内走出来一位身形快捷的女士。“您找谁?”女士问。“我找关山月先生，请问，您是?”“我叫关怡，请进来吧。”“噢，关怡，您就是关先生的女儿啊!”说罢，关怡把我领进楼下的东客厅。

环视客厅四周，摆设十分简朴，除一套摆放整齐的紫红色的桌椅之外，再没有什么像样的东西，唯有悬挂在东墙壁的一副对联十分引人注目，这是岭南画派创始人、关先生的恩师高剑父先生的一幅真迹墨宝。我正面壁观赏此作，只听门外传来阵阵脚步声。转身一看，一位年近八旬的老者在关怡的陪伴下飘然而至。只见他眉目清新，脸宠红润，步履稳健，戴一副黑边眼镜，穿一件洁白的布衫而更显其气质的高雅。我急忙走上前去紧紧握住了老者的手:“关老，您好!”“请坐，请坐。”关先生热情地招呼我坐下，我把关先生扶在了上首，二人对面而坐。这一年，关先生 79 岁。

“您从哪里来?”关先生平和地问。“山东。”“山东好哇，孔子的故乡，人杰地灵呵。”一句话，把我的拘谨驱赶得云消雾散。“您画画吗?”关怡在一旁插话说。“爱画，就是画不好。”说罢，我话锋一转，向先生说明了来意:“这次来广州，一是来拜会先生，二是为编纂《中国当代文化名人书画集》一书，特请先生为之作画。还带来一本册页，请先生画上几笔。”这时，还没等关先生回话，关怡就代父收下了册页。“您什么时候离开广州?”先生问。“我是专程为此事而来，先生画好，我就返回。”先生听后沉思片刻，说:“那就明天上午来取，别耽误你的旅程。”“太谢谢了!”临别时，我再次握紧了先生的手。

第二天上午九时许，我给关怡拨通了电话，按照预定的时间，大约在 10 时左右，我再次按响了关先生家的门铃。大门一开，关怡怀抱着裹好的册页走了出来。她嘱咐:“其中有绘画作品两幅，如若出书，册页上的一幅梅花也可以用。”“谢谢关老。”我双手接过先生的墨宝，十分感激地离开了美院。

回到住处，急忙打开作品观看，只见一幅四尺整纸的大画映入眼帘。观近景，画的是大浪滚滚、扬帆进发的船只；看远景，画的是群雁高飞，旭日东升的长空。大片的空白给人留下了想象的空间。此作品笔墨简捷，画面清新，很富有象征意义。画面的正上方占据了三分之一的篇幅作了题书，上写“潮平两岸阔，风正一帆悬”10 个大字，下有“一九九零年春画于珠江南岸，隔江正舍雨镫镫”三行小字，落款:“漠阳关山月。”题款处盖有三方印章。从题款来看，这幅作品是先生 1990 年画于春雨季节，是书画合璧的一幅力作。

再打开册页观看，内有先生的墨梅一幅，虽说篇幅不大，但气势宏伟。那笔走龙蛇的主干，在淡雅群芳的梅花映照下，显得格外苍劲古朴。“铁骨幽香”的题款，又一语道破了该作品的诗情画意。“妙哉，妙哉！”从此，我与关山月先生结下了一段“舟缘”。

时隔三年后的一个春天，我携带另一幅未完成的中国画再次去拜会先生。这幅策划已久的丈二匹巨制，在拜会关先生之前，已由北京的田世光先生开笔画石，南京的陈大羽先生挥笔画鸡。这幅“半成品”只待关先生最后完成。

这次接待我的是关先生的夫人李秋璜老人。“又来打扰您了。”没想到这句客套之词却引出老人一段情真意切的谈话：“老关没有多大能耐，只会画画，你从山东专程赶来，我们应热情接待。”哎呀，就是这几句看似平常的话语，却感动得我几乎掉下泪来：关——山——月，关山月是何等人物啊！他的大名，不仅在国内家喻户晓，就是在海外同样是名声远扬。1956 年，他出访波兰、苏联；1958 年，他出访法国；1959 年，他出访荷兰、瑞士、比利时；1982 年，他出访日本；1984 年，他出访美国；1985 年，他出访朝鲜，澳大利亚；1986 年，他出访新加坡；1987 年，他被美国加州长堤州大学授予“荣誉艺术大师”称号……这一串串的业绩，却被李秋璜老人用一句平淡的话给取代了。这种心地之开阔，品行之高洁，岂不让我感叹不已！“胡同志来了？”关怡的一句话，打断了我的思索，这时，关先生从楼下走来。在东客厅，我打开巨幅中国画，让先生观看，先生指一指画幅，问：“你让我画什么？”我向先生表达该作品的创意：“这幅作品总称为《金鸡报晓》，特请先生画些红梅。”“还请别的先生画吗？”先生问。“原打算请黎雄才先生画些远松，您看……”我征求先生的意见。“那就请雄才兄先画，最后我来完成。”按照关先生的提议，我立即赶往黎雄才先生的住处。第二天，我携带黎老在巨幅右侧画好的一棵远松，又赶往关先生的寓所，把作品交给了先生。

相隔三天后，我去先生的寓所取画时，关老在东客厅展开了这幅已完成的巨制。只见画幅居中昂首挺立的雄鸡引颈高歌，火红的梅花似长龙舞动，一头连着旭日，一头连着远松。旭日、红梅、松石、金鸡，在关先生的统筹下前呼后应，相互映衬，显得华章博采，万象更新。红梅的主干下有行小字，上书：“关山月补红梅太阳。”四位画家，三种流派（关山月、黎雄才为岭南画派第二代传人，陈大羽从师齐白石，田世光是张大千的入室弟子），不同的艺术风格，竟然配合得如此默契，真可谓“珠联璧合”、“心有灵犀一点通”了。

我身背装着《金鸡报晓》的大帆布桶，离开了广州美院，直奔我的下榻处广州华海宾馆走去。从美院到宾馆大约有两站地的路程，中间要穿过一条南北走向的江南大道闹市区，我在美院的围墙往西约走了200米，向北一拐，只见江南大道的西侧有个小饭馆。因饭馆的门口特小，店主就在靠街的一面墙壁打开了一个小窗口，专在此处为过往的行者卖盒饭。我在此停留片刻，购了一盒米饭，顾不上吃，提起了饭盒就急匆匆乘上一辆公交车直奔下榻处。到站后刚一下车，顺手一摸肩头：“唉呀，不好！”装画的大帆布桶不见了！回头四望，不由出了一身冷汗。又一想，这才恍然大悟：“刚才买盒饭时，把帆布桶落在饭馆的窗下了，快，赶快去找！”我顾不上乘坐公交汽车，一溜小跑，急往回赶。当来到饭馆门前的窗口下，再仔细观看，只见南来北往的行人，却不见帆布桶的踪影。“别慌，千万别慌，进饭馆去问一问开店的主人。”我这样安抚自己。想到此，我稍微静了静神，就跨步走进了饭馆。只见饭厅内有个20岁左右跑堂的小伙子，正在桌前忙着收拾饭菜。我走上前去，便问：“小师傅，刚才我在窗口下买盒饭，不留神把个帆布桶落在那里，你看见了吗？”小伙子用手指了指靠近西南方的一个墙角说：“那是不是你的东西？”我转身一瞧：“唉呀，是它，就是它！太感谢你了！”真是谢天谢地，一场虚惊！这位跑堂的店小师傅哪里晓得，这个看上去破旧不堪的帆布桶，里面竟深世藏着艺术大师的国宝。从此，这幅失而复得的《金鸡报晓》，一声长鸣，响彻了中华大地。

值得一提的是，这次赴穗，关山月先生还为香港回归祖国题写了一副对联：沉舟侧畔千帆过，病树前头万木春。

当时，我是携带在北京采购的特制瓦当宣纸前去拜会关先生的，先生的楹联就题写在特制的瓦当宣纸上。关先生看后说，广州找不到这种宣纸，回京后，我就给关先生邮去数帧，不久，便接到关夫人的回信：

胡孟祥同志：

您好！来信及宣纸收到了，谢谢您。在返京的途中遇到小扒手了吗？现在出门都要特别的小心才好！因为治安太差了。

再次谢谢您寄来的宣纸。

祝您全家幸福！

李秋璜

93·7·28日

关夫人来信虽说简短，但字里行间都渗透着对后学的关爱。事隔10多年，今天读来仍备感亲切。

最后一次见到先生，是1997年春天，随山东电视台祝丽华编导去广州拍摄电视专题片《夙愿》。当谈到香港即将回归祖国之时，这位饱经风霜的世纪老人心情无比激动，他的音容笑貌被摄进了《夙愿》的镜头。当时先生说："1938年，广州沦陷之后，我就逃难到澳门，先到香港后到澳门，那时候我找老师，我老师住在澳门，我到澳门找他，他住在和尚庙里，我也住在和尚庙里。""那时候，您感到中国人的一种耻辱吧?"祝丽华问关老。"就是啊!"老人十分沉痛地接着说，"那时候寄人篱下了，澳门也是殖民统治，香港也是殖民统治，所以，我住了两年，画了抗战画，再也呆不下去了，我就回内地参加了抗战。"

1997年春关山月接受《夙愿》摄制组采访

自此以后，关先生牢记恩师高剑父先生的临别赠言：“在山泉水清，出山泉水浊”。这一师训，成为关先生一生中的座右铭。他无论是在烽火连天的抗战时期，还是在新中国成立后的社会主义建设时期，无论何时何地都未曾离开过“清泉”半步。他视艺术为生命，把全部的爱恋都献给了祖国的山山水水。为了继承，他先后两次到敦煌千佛洞，掌灯夜摹“飞天”艺术；为了创新，他师法自然，足迹踏遍了除台湾、西藏之外的全国所有省、市、自治区，并四次远赴南洋，屡赴港澳及海外。丰富的阅历，坚实的功底，深厚的形象积累，造就了这位“尺图每自胸中出，万里都经脚底行”的出类拔萃的天才艺术家。

关山月先生以深入生活为己任，时刻不忘记生他养他的神州大地的这片热土，看他那一幅幅得意之作的题款，如《中山难民》、《南国水乡》、《塞外驼铃》、《祈连放牧》、《巫山烟云》、《壶口观瀑》、《井冈颂歌》、《黄陵古柏》、《长白飞瀑》、《鼎湖组画》、《漓江百里图》、《轻舟已过万重山》、《黄河魂》、《龙羊峡》、《江山如此多娇》等硕果累累的力作，无不是触景生情，观景写生的艺术结晶。他坚定“艺术源于生活”的信念不动摇，自己常说：“不动，我便没有画。”一个“动”字点出了关先生艺术创作的真谛，他总是“而今迈步从头越”，“平生要行万里程。”

关先生根据自己多年的艺术创作实践，总结出一套极富哲理的精彩画论：

没有形象积累，是搞不成创作的。……形象认识的积累，是中国画创作的根本要素和重要条件，因为中国画往往是背着描写对象而画的。只有画家满脑子都是形象的积累，即所谓“胸有成竹”或者所谓“胸中丘壑”的时候，才能产生“气韵生动”的中国画艺术。一如拙句所云：“得意云山行处有，称心烟雨写时来。”——行处的得意江山，早变为写时来的“胸中丘壑”，这种来自生活，师法自然的成法，就形成中国画落笔随意称心，变化奇妙无穷的生动气韵。

这段极富哲理的艺术文论，既对生活与创作的相互关系做了精辟的阐释，同时也对文学艺术的特殊发展规律，做了高度的概括与生动的描述。先生告诉我们，没有“行处”的写生，就没有“形象积累”的艺术创作，更谈不上“落笔随意称心，变化奇妙无穷”的生动气韵。只有“得意云山行处有”的苦旅，才会产生“称心烟雨写时来”的艺术佳绩。绘画创作如此，其他文学艺术的创作概不例外。关先生的成功经验，再次提醒人们：不从现实生活中吸取营养，其艺术生命力必然枯竭。换言之，没有苦旅，就没有艺术，没有苦旅，就没有文化。苦旅——文化，文化——苦旅，贯穿于艺术创作的全过程。

关山月先生画山画水注重观景写生，画梅也是这样。早年先生在家乡阳江做小学教员时，就经常对着普济禅堂那片盛开的梅林写生，之后从未间断。他爱梅、画梅，才得了一个“当今画梅第一人”的美誉。关先生不仅画生活中的梅，而且也画心中的梅，他完全把梅花“人格化”了。他把梅的高洁与淡雅，统统融注在自己的血液之中，梅花既是大写的“我”，又是“千家暖笑”、“俏不争春”高贵品格的艺术化身。“不要人夸好颜色，只留正气满乾坤”，不正是先生自身一生的真实写照吗?

2000 年 7 月 4 日晚，中央电视台传来了一个十分不幸的消息：岭南画派艺术大师关山月先生于昨日 5 时零 8 分，因病在广州与世长辞，享年 89 岁……我真不敢相信自己的听力，前不久不是先生还在北京举办画展吗？更使我吃惊的是，第二天凌晨起床，突然发现悬挂在镜框内多年的墨梅垂落了！真是上苍有灵，连先生的遗墨都为之垂泪送行：

神笔一柱竖岭南，遗墨垂落花通天，
仰慕关山映红日，明月永照画中仙。

初识沙孟海

1989年，国家文化部要在全国评选艺术大师，其中包括音乐、舞蹈、戏曲、曲艺、杂技、美术、摄影等艺术门类，成立了以时任文化部部长王蒙为主任委员的评选委员会。书法大师的评选在“美术”之列。最初的书法大师候选人，官方是这样排列的：沙孟海、林散之、启动、肖娴、费新我。

作者与沙孟海

1990年秋，我专程去杭州拜访这位饮誉海内外的“书坛泰斗”沙孟海先生。那年沙老91岁。接待我的是沙老之子沙匡世。当提出请沙老题字时，匡世先生回答：“家父年事已高，一般不应酬此类事情，但远道来的客人还是要考虑的。不过，要等两天。”两天的时间对我来说太宝贵了，尽管杭州这个“人间天堂”有平湖秋月，曲院风荷、灵隐禅堂……但我无暇顾及这些名湖秀水，在我的心目中，真正秀丽的风光是浙江美术学院。那里的陆俨少、陆抑非、胡善馀、莫朴、王伯敏、周沧米、刘江、卢坤峰、舒传曦等先生，才是我心目中真正的“名山秀水”。于是，我迈开了双脚，一个个地去登门拜访。

不觉两天过去了，我再次来到

沙孟海先生的寓所。匡世先生把我迎进家门，一见面就从室内取出沙老的一幅书法作品，上书：

取语甚直，计思匪深。
忽逢幽人，如见道心。
晴涧之曲，碧松之阴。
一客荷樵，一客听琴。
情性所致，妙不自寻。
遇之自天，冷热希音。

沙老先生的这幅作品，写的是南朝梁钟嵘所撰的《诗品》中的“实境篇”词句。此书是诗论专著，专论五言诗，选择汉至五梁部分诗人论其优劣，批判当时追求声律和以用典显其可贵的风气，对晋代玄言诗有所否定，为历代学界所重视。沙先生选取《诗品》中的“实境篇”的词句作为他的从艺格言，可见“情性所至，妙不自寻”。

两次来到沙府，未曾见到沙老的尊容，我鼓起勇气大胆地向匡世先生提出，想见沙老一面之请求。先生说，这要与老先生商议。说罢，匡世先生走进了内书房。少许，他从室内转回，说声：“实在抱歉，家父今天身体不适，要见面，等明天如何?”“行。”我爽快地回答。第二天上许9时许，我第三次来到了沙府。出乎意料的是，一进沙老的家门，匡世先生就取出沙老的一幅书法作品馈赠予我。上书：

晴沚锦鳞衔絮 暖风赤鲤吹沤
倚槛方看鱼乐 隔花又见渔舟

这首明人花港观鱼诗，上有“孟祥同志雅正”的落款，落款处盖有沙老自制的一方印章，其书体疏密相兼，错落有致，可谓墨宝也!

我正在观赏此作，只听门声一响，从室内走出一位身材魁伟的老者，我一看便知这就是久仰大名的沙孟海先生。我急忙迎上前去，紧紧握住了老人的手。说声：“沙老，您好!”当年轻人正在“追星”“赶月”之时，我正在一条条小巷与老宅去追逐像沙孟海先生这样的老人。我把沙老搀扶在沙发之上，沙老示意让我坐在他的身边。此时此刻，我拿着老先生赠我的书法墨宝与老人合影。于是，一首七言“绝句”在我胸中荡漾：

翰墨丹青九十春，西泠印坛歌沙邨。

平湖秋月何处是？满目风光步步新。

六龄童的来信

我桌上放着一封信，来自浙江绍兴，是浙江绍剧院院长章宗义先生的一封亲笔信，信中说：

六龄童剧照

胡孟祥同志：

近好！

在绍兴与您匆匆见上一面，未能与您长叙并尽我地主之谊，甚歉。

今寄上约稿及画作、照片，望一并查收，稿子写得不太好，文笔也较粗，望您能给予修改一下，不吝赐教！有事请来函联系。

期待您有机会再光临绍兴，欣赏会稽山水、风光，并来寒舍一叙。

匆匆

顺致

大安！

章宗义（六龄童）

章宗义先生的这封来函，已是14年前的事了，先生写信的时间，是1988年5月23日，三天后，先生从绍兴寄出，挂号，等我收到这封信时，已是6月初。

看到这封信，回想起一些往事。上世纪80年代末，为了编辑“艺术名家丛书”，相继拜访了一些艺术名家，其中就包括章宗义先生。那天上午拜访了章先生之后，就急匆匆去“鲁迅故居”参观，中午又去了“咸亨酒店”，喝了顿“黄酒”。该酒店以鲁迅的小说《孔乙己》而扬名，成了绍兴的一块老字号招牌。

绍兴，这座历史文化名城，名人辈出，远的不说，近百年来就涌现了一大批赫赫有名的人物，比如：“五四”新文化运动的伟大旗手鲁迅，近代革命的先驱秋瑾、徐锡麟，著名教育家蔡元培，著名历史学家范文澜，著名生物学家竺可桢，著名翻译家周建人，著名民主人士邵力子，著名物矿专家孙越崎，创作《开国大典》的著名油画家董希文，至今还活跃于政坛的全国政协副主席孙孚凌。另外，还有原籍绍兴的周恩来总理，京剧艺术大师裘盛荣，著名数学家冯康，著名女画家王叔晖等。据资料显示，绍兴市现有博士生导师就有十余名。他们是：中国科学院学部委员钱志道（物理学家）、徐光宪（化学家）、高振衡（化学家）、电子学家许大中、物理学家朱继懋、化学家任绳武、数学家孙树本、物理学家吴心平、农学家宋达良、化学家陈洪钫、社会学家赵宝煦、化学家邵美成，医学家黄金方、化学家周维善、医学家居开元、地质学家屠厚泽、化学家傅崇说、农学家潘家驹、医学家潘家骧、文学史论专家章培恒等。一个市区人口仅有23万的小城市，竟涌现出这么多的知名人士，在全国实属罕见。因此，我走在绍兴的大街小巷，如同走进了历史文化长廊，一种浓浓的文化氛围扑面而来。难怪章宗义先生深深爱着这片土地。

我自绍兴回山东半月后，就收到章宗义先生的这封来信，信内有文稿、照片、脸谱。脸谱由章宗义先生亲笔所画，它长130公分，宽34公分，条幅下方章先生画8个猴戏脸谱，形态各异，惟妙惟肖。脸谱的上方书写十个大字："天下大舞台，戏台小乾坤。"上下句对仗公正，比喻生动形象，既富有哲理性，又体现了先生的艺术观。是一幅书画合璧、不可多得的艺术精品。先生出手不凡，既得力于他的艺术天赋，又得力于书画界朋友们的指导，其中有百岁寿星苏局仙，艺术大师刘海粟、沙孟海、常书鸿等。

章先生的文稿由三部分组成，第一部分是："艺术家的自白"，第二部分是："艺术家谈艺术"，第三部分是："艺术家谈家庭生活"。文稿附"六龄童"简历：章宗义，艺名"六龄童"，1924年生于浙江绍兴的梨园世家，六岁进上海同春舞台学艺，由绍剧著名武生演员吴月楼亲授，十二岁正式登台。上世纪40年代初开始，与胞兄七龄童一起编演了三十六本连台本戏《西游记》。其代表剧目是《孙悟空三打白骨精》。该剧目1960年由上海天马电影制片厂摄制彩色电影，远销世界七十多个国家和地区，获第二届"百花奖"最佳戏曲奖。章先生主演《大闹天宫》、《孙悟空三借芭蕉扇》、《孙悟空大闹乾坤》、《龙虎斗》等剧目。他曾多次受到毛泽东主席、周恩来总理的接见。历任全国政协第五、六、七届政协委员，中国戏剧家协会理事，浙江省戏剧家协会副主席，浙江绍剧院院长等职。

先生在"艺术家的自白"一文中，有如下描述：

我国是文化之邦，戏剧人才辈出，京剧艺术大师盖叫天、周信芳先生是我所崇拜的人物。小时候在上海时常看猴戏，我初次看盖老演的是《闹天宫》，简直看得走了神儿，狗咬孙悟空是这出戏最精彩的一节。戏演到最后，台上果真冲出一条狼狗来，它穿着件红背心，上边还写着"哮天犬"三个大字。这狼狗瞬间蹿出，直奔悟空，"呼"地一下子便咬住了悟空的小腿。此时大幕落下，戏也就结束了。真狗上台，而且真的咬了悟空，这太新奇了！直到我认识盖老之后，才揭开了谜底。原来这条狗是驯服的，盖老在上场前，先在脚上套上皮绑腿，外面再扎上一块牛肉，并让狗闻着，让它知道牛肉在盖老的脚上。当戏演到悟空腾空蹿出与二郎神激战，哮天犬也随之蹿出，一口咬住了悟空腿上的牛肉。但是台下的观众还以为哮天犬真的咬住了悟空呢！

章宗义先生谈他观看盖叫天演出时的感受，是说绍剧这门艺术如何吸取其他姊妹艺术的精华，来丰富提高自己的艺术水平。绍剧，也称“绍剧大班”、“绍剧乱弹”，是一个古老的地方剧种，一般认为它起源于明末清初。其唱腔与徽剧的吹腔、高拔子旋律接近，后又吸取了调腔的部分曲调。乐器以板胡、笛、斗子为主。解放前，该剧种没有多大发展，到了章宗义先生这一代，把绍剧推向了一个新的高峰，章先生也成了绍剧的代表人物。

章先生之所以在《孙悟空三打白骨精》的演出中，能把孙悟空这个艺术形象塑造得活灵活现，是得力于他兼容并蓄，吸收了南北两派猴戏的长处，拿来为我所用。南派猴戏的年代人物有郑法祥和盖叫天（张英杰）及其子张翼鹏，北派代表性人物有李少春和李万春等。南派以“猴相”取胜，北派以“大相”（即“人格化”）取胜。章宗义先生取两派之特长，把悟空塑造得形神兼备，既演成了“人猴”，又演成了“神猴”，赢得了亿万观众的赞赏。

在“艺术家谈艺术”一文中，章宗义先生最难忘的就是60年代初期，绍剧三次晋京演出。使先生更难忘怀的是1961年10月10日，党和国家领导人毛泽东、刘少奇、朱德、董必武、邓小平等同志，在中南海怀仁堂观看绍剧《孙悟空三打白骨精》演出时的情景。毛泽东同志曾六次热烈鼓掌，庆贺演出成功。同年11月17日，毛泽东同志又观看了同名影片，并写下了《七律·和郭沫若同志》一诗：

一从大地起风雷，便有精生白骨堆。
僧是愚氓犹可训，妖为鬼蜮必成灾。
金猴奋起千钧棒，玉宇澄清万里埃。
今日欢呼孙大圣，只缘妖雾又重来。

毛泽东同志的这首诗，当时主要针对国际形势的风云变幻，之所以“今日欢呼孙大圣”，是因为“只缘妖雾又重来。”

读了主席的这首诗，不由让人想起郭沫若同志如何创作“孙悟空三打白骨精”的一些过程。1961 年 10 月 18 日，浙江绍剧团在北京民族文化宫做首场演出，时任中国文联主席的郭沫若先生应邀观看演出，看后深有感触，本月 25 日，就创作了《看（孙悟空三打白骨精）》一诗，送绍剧团。其诗是：

人妖颠倒是非淆，对敌慈悲对友刁。
咒念金箍闻万遍，精逃百骨累三遭。
千刀当剐唐僧肉，一拔何亏大圣毛。
教育及时堪赞赏，猪犹智慧胜愚氓。

郭沫若的这首诗，后来传到了毛泽东同志那里，就产生了《七律·和郭沫若同志》一诗。到了 1962 年 1 月 6 日，郭沫若到广州看了主席的这首诗之后，改变了原诗对“唐僧”的偏激看法。

六龄童的一场猴戏演出，竟引起毛泽东、郭沫若的极大兴趣，并由此派生出两首诗词相流传。真是戏缘加诗缘，人间留美谈。

梁上泉的诗赞

1990年4月4日，庄严的人民大会堂内掌声雷动，第七届全国人大代表大会第三次会议通过了《中华人民共和国香港特别行政区基本法》。它标志着香港即将结束一个半世纪的殖民统治，中华民族扬眉吐气的时刻来到了！这一具有划时代意义的基本法，随着红色的电波传遍了世界各地。与此同时，一首题为《啊！紫荆花》的诗在《人民日报》公开发表：

紫荆花，开在南方，
南方更明丽漂亮，
就是吹过的风，
也平添温馨的翅膀。
紫荆花，开在香港，
开在这特别行政区区旗上，
开在这特别行政区区徽上。
那五星花蕊，
给国土增辉，
随红旗飘香，
将结束一个半世纪的割离，
迸射出“一国两制”的霞光，
使它动态更美，更美，
花期更长，更长……

该诗言简意赅，寓意深长。它出自全国第七届人大代表、我国著名诗人梁上泉先生之手。该诗告诉人们：1997年将是中华民族“洗雪百年国耻，重振华夏雄风”的一年；1997年是英国国旗下降，五星红旗冉冉升起在香港上

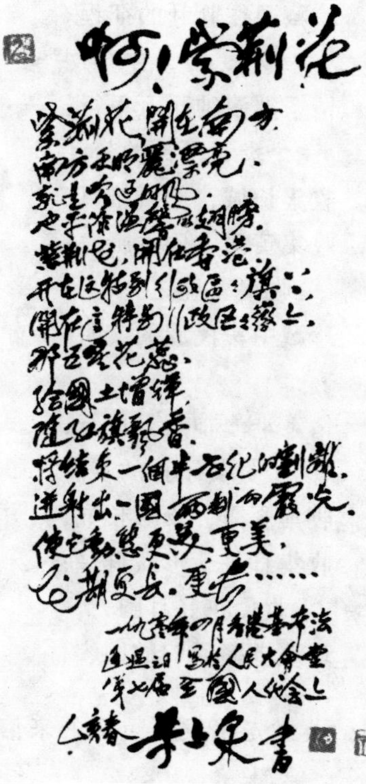

梁上泉诗书手迹

空的一年。这将是一个多么激动人心的场面啊！为了迎接这一历史时刻的到来，宣传“一国两制”的伟大意义，笔者身背相机，孤身一人进行“情系港澳神州万里行”文化活动。历时八载，行遍神州，北到北极村，南赴天涯海角，东奔图们江，西达伊犁河，开始一次长达数年的漫漫苦旅，于是，《一个炎黄子孙的梦》在我心头涌动：

情系港澳神州万里行，
一个炎黄子孙的梦。
收集民意，珍藏心声，
收藏企盼，珍藏憧憬；

收集金光大道，
珍藏通往胜利的征程。

情系港澳神州万里行，
一个炎黄子孙的梦。
收集长城，珍藏雄风，
收集黄河，珍藏腾龙；
收集敦煌之光，
珍藏中华民族的文明。

情系港澳神州万里行，
圆了炎黄子孙的梦。
收集彩霞，珍藏长虹，
收集日月，珍藏群星；
收集花好月圆，
珍藏港澳回归的国容！

1995年2月，我收到梁上泉先生发自重庆的来信，内装《啊！紫荆花》手书一帧。

费新我的手书

俗话说："上有天堂，下有苏杭。"苏州，作为举世闻名的"人间天堂"，吸引着中外的观光客。然而，我去苏州，不是去游览"吴中第一名胜"的虎丘，也不是去游览"亭台楼榭"的拙政园；不是去游览"瑶华闻香"的沧浪亭，更不是去游览"夜半钟声到客船"的寒山寺。而是去光顾我心中的"胜景"——书法大师费新我。

费新我影像　作者摄

1989 年春末的一天，我从山东启程，来到了苏州，走进书法大师费新我先生的家。先生的寓所就坐落在苏州市中心干将路的中段，大门坐西朝东，是个独门独院的老宅。西大厅隔着一个小院，正冲大门口，是个开放型的庭院，给人一种四通八达的感觉，似乎无论客从哪里来，先生都能热情接待。先生的客厅摆设十分简朴，最醒目的就是那个大画案，画案上堆满了文房四宝与书籍。靠画案的窗下，有个老式漆桌，桌上摆一只古色古香的花瓶，花瓶上竖立几个画轴，画案后有个小橱柜，上面放一台黑色电视机，橱柜前有把折叠椅。就是这么一个客厅兼画室，成了费老晚年驰聘书坛的艺术天地。

那天，我进了先生的家门后，才知费新我先生与老伴肖常娥老人都出门上街了。家人让等等。大约过了半个小时左右，费先生从外归来，一进门，费老就懊丧地说："今天出门不顺，把拐杖丢了。"原来，先生与老伴在公园散步，把拐杖放在了旁边，不一会儿就不见了。先生继续说道："这把拐杖是前几年潍坊市政府送的一把嵌银百寿杖，丢了实可惜！"我一听，便安慰先生说："费老，我现住山东，下次我来苏州再给您老带一把。"话是这样，可费老并未当真。费新我先生对来访者极为热情，尽管先生是位名扬海内外的书法大师，已有86岁的高龄，但对晚辈十分随和。他戴一副黑边眼镜，上穿一件洁白的衬衫，显得温文尔雅。临别时，先生顺手在画案上取出一幅条幅馈赠于我，条幅约两平方尺，是先生书写的格言："博彩约收"四字，落款是："戊辰冬初新我左笔"。最后，先生又在条幅的两边加添了三行小字，右边书："己巳春末，孟祥同志下顾见而索之，新我又志。"左边是："方入市，遗失潍坊所惠杖，归得，潍坊来客稍舒怅茫。因记之。"

时隔一个月后，我携带一把嵌银百寿杖再次去拜会费新我先生，先生见后十分感激，在携带的册页上奋笔疾书，写下了郑板桥的名句：

册繁就简三秋树
领异标新二月花

先生书写的这十六个大字，一气呵成，是我至今见过先生的书法作品中最为上乘的佳作之一。这次拜会先生，还有个愿望，就是请费老为现代舞的创始人吴晓邦先生题书格言。费老对吴先生并不陌生，二位先生是同龄人。费老只比吴老大3岁，虽说互相没有来往，但吴先生1906年12月18日生于江苏太仓沙溪镇，离苏州城只有30华里。早年吴先生东渡日本，去学习芭蕾舞与现代舞。30年代初回国后，在上海创办"晓邦舞蹈研究所"，并三次举办了“舞蹈创作发表会”。抗日战争爆发后，吴先生多次在京沪铁路线上演出，这期间，先后演出了《大刀进行曲》、《流亡三部曲》、《游击队员之歌》等舞蹈，后又去延安鲁迅艺术学院和沈阳鲁迅艺术学院教授现代舞蹈。解放后，吴先生一直担任中国舞蹈家协会主席一职，共演出121场次，观众达21万之多。直到他73岁高龄，以演出代表作《义勇军进行曲》而告别舞台。对于这样一个被誉为“中国现代舞之父”的吴晓邦先生，费新我先生早闻大名，所以，我一提出请费老为吴晓邦先生题书格言，先生就立即应允。只见他手挥大笔，饱蘸浓墨，题写了“为人生而舞蹈”六个大字，落款是：“晓邦语，新我左笔。”自此，两位艺术大师结下墨缘，为文坛留下了一段佳话。

1992年5月5日，费新我先生与世长辞，三年后，吴晓邦先生又撒手人寰，二位先生均享年89岁。

黎雄才的画卷

1990年秋，我按照友人提供的黎雄才先生的住址，去寻访我心目中的广州市“同福中路”。我沿着同福路自东向西足足走了半个小时，也没有找到同福中路的地理位置。按照北方人的习惯，既然是“路”，那一定是宽敞明亮的大道了。可广州的这条“同福中路”恰似北京的一条小胡同，实在是又窄又短，最后，我不得不求助于当地居民的指点，才找到了同福中路。我沿着同福中路自北向南大约走了50米，只见靠一条小巷有一座二层的小灰楼，是筒子型的建筑结构，楼房紧连一排民居，楼底有个小木门，高不过2米，宽不过1米，门下有个用砖石垒就的小台阶。“难道这就是艺术大师黎雄才先生的寓所吗?”我真有些怀疑。再仔细端详门牌号码，这才确认无疑，便轻轻按了一下门铃。小木门开了一道小缝，从门内闪现出一位老者的身影。“你找谁?”

作者与黎雄才

"我找黎雄才先生，您是……"老者没有回话，只是把小木门打开，示意让我进了门内。随即，关紧了房门。老者一转身把我带进了楼下的客厅，说是客厅，其实也过于狭窄，满打满算不超过6平方米，客厅内仅摆放一张老式木桌和两把小木椅。房间虽说不大，但桌子上方悬挂着的一幅黎雄才先生的山水画，使小屋满堂生辉。仔细端详坐在我对面的这位老者，只见他方方的脸庞，高高的前额，稀疏的白发，温和的表情，眼睛里闪现出光芒。老人上穿一件深蓝色的衬衫，下穿一条浅灰色的长裤，其健壮的体魄显露出豁达开朗的性格。"您是黎老吧？"我试探着问了一句。"你找我有什么事？"老者很和气地问道。我急忙向黎老说明来意："我从山东而来，特意请先生为编纂《中国当代文化名人书画集》作画，望黎老给予支持。"黎老听后没有立刻回答，他沉思片刻，便带我登上了小楼梯，来到了二层的房间。二层比楼下的客厅宽敞多了，似乎别有洞天。这是先生的一间画室，长长的画案占据了房间的大半，画案上的文房四宝散发着书香。先生站在画案前，深思片刻，一转身，从背后取出一幅画卷，我刚刚瞧了一眼，先生又取出了另一幅。很显然，黎老想让我从中挑选。随后，我选中后取的一幅山水画。这幅作品，近景为高高耸立的绿树青松，岸边的船泊整装待发。中景为群帆扬波，乘风远航。远处是淡淡的朱砂轻轻一抹，似水非水，似岸非岸，天水一色。最有情趣的是，在画幅的右上方有堆沙滩，沙滩旁停靠一只小船，小船上稳坐两人，船下的沙滩上站有三人，正在眺望远方。眺望什么呢？是送别远航的亲人？是迎接归来的货舱？给人以回味，给人以遐想。随即，黎老在画幅上题字："昔日江行所见，何尔忆及，写此。庚午之秋于广州。雄才时年八十又二。"观景生情，我不由赋诗一首：

绿岸青松望大江，帆船点点意悠长。
莫言远客无知己，人到天涯有书香。

随后，我打开一本册页，请黎老画上几笔。黎老提笔凝神，紧接关山月先生的墨梅之后，先画一块顽石，再画顽石顶端的一只小鸟。小鸟的后面画几株怒放的兰花与荆条。画幅的左上方题行小字："孟祥仁兄，庚午秋，雄才时年八十又二。"过去只知道"黎家山水"、黎家松"在中国画坛独领风骚，却不知黎老的花鸟画同样是如此绝妙。此行，黎老还为我的画作题签："孟祥仁兄酷爱艺术，特题。”

1991 年 1 月中旬，我携带巨幅中国画《泰岳松风》半成品自京城出发，直奔珠江岸畔的广州。说《泰岳松风》是“半成品”，只是因为这幅巨作尚未完成。1991 年元旦刚过，我就托山东同乡孙大石先生把何海霞、秦岭云两位老先生请到他的画室“思禅堂”，在丈二匹宣纸上画泰山。先由秦岭云先生开笔，再由孙大石先生泼墨远景，后由何海霞先生绘画主峰，统筹润色全貌，一幅气势磅礴的泰山全景跃然纸上。何老画意未尽，在画面左上方又题书诗行：“泰岳自古先得日，诸峰无雨不成云。”

泰山的画面占据了整个丈二匹宣纸的二分之一强，山下有意留下了大片空白，到底请谁来画呢？最后，我还是听取了孙大石先生的建议：到广州去，请黎雄才先生画劲松、云海。于是，我奔赴广州，见到了先生，说明来意后，黎老立即应允：“此画我给你完成，一星期后来取。”七天后，我如约而至，老先生正在画室等候。我环视画室四周，一幅丈二匹山水画已悬挂在墙：只见高耸的泰岳诸峰，在松涛、云海、飞鸟的烘托下，显得特别巍峨、壮观。山因得云而挺拔，松因得鸟而空灵。这就是“黎家山水黎家松”啊！我情不自禁地心中赞叹。再看画面的左上方，又添黎老的题书一行：“荡胸生层云。”更为有趣的是，这年恰逢 1991 年的元月，远在京城的何海霞先生落款处写的是“辛未开春”，而黎老的落款处则是“庚午之冬”。原来黎老是按其农历来计算的，因为这年的新春佳节是 2 月中旬。黎老情趣昂然地站在画幅前，我手举相机留下了一幅纪念照。镜头记下了 1991 年 1 月 24 日这一天。据黎老介绍，他与何海霞先生从未合作过，这是仅存的一幅传世之作。

黎雄才先生的画室内，有一件高大的壁橱，竖立在画室的北墙边，与画案仅隔半米之遥。它高有 2 米，宽有 1.5 米，紫红色的油漆橱面格外明亮。每次先生站在壁橱与画案之间挥毫作画，都令人浮想联翩。尤其是他那一身深蓝色的装束打扮，在壁橱的映照下，就如同一尊玲珑剔透的花岗石雕像，显得气势非凡，神采飞扬！

要说先生八十开外，谁都不大相信，他耳聪目明，老当益壮，走起路来噔噔作响。再加上他那爽直而豁达的性格，更显示其艺术生命力华盖群芳。先生像位守护神，不知多少年了，一直守护在壁橱旁。壁橱内放着什么？只有黎老才真正知道它的分量。壁橱不会轻易打开，只有亲朋好友才会赏光。

不知为什么，就是在1991年1月24日的这一天，先生走近了壁橱，双手轻轻一拉，打开了两扇橱门，我顿觉眼前一亮，壁橱内闪出宣纸的道道白光。嚯，白白的宣纸，白白的画轴，一卷摞着一卷，塞满了整个橱窗。

12岁时的画卷取出一叠，青年时的山水画取出一小箱，中年时的花鸟画一幅连着一幅，晚年时的书画一排一排连成了行。哎呀，真是大开眼界，神怡心旷！这里，有先生的硕果累累；这里，有先生的艺术长廊；这里，有先生的风风雨雨；这里，有先生的艺术辉煌。这里啊，连着岭南，这里啊，连着井冈；这里啊，连着苗寨，这里啊，连着敦煌……

观看黎老的画卷，不由想起关山月先生的作品。怎么，黎老的绘画选题与关老的绘画选题竟然如此的相似？黎老有《敦煌壁画摹本》，关老有《敦煌千佛洞》；黎老有《黄河》，关老有《黄河魂》；黎老有《阳朔》，关老有《漓江百里图》；黎老有《井冈山》，关老有《井冈山颂》；黎老有《韶山朝晖》，关老有《毛主席故居》；黎老有《长征第一山》，关老有《娄山关》；黎老有《黄山云海》，关老有《雨后黄山》；黎老有《三峡》，关老有《江峡画卷》；黎老有《青海湖草稿》，关老有《青海湖速写》；黎老有《八十里长峡龙羊峡》，关老有《龙羊峡》；黎老有《江河壮丽》，关老有《江山如此多娇》……共同的经历，共同的道路，共同的理想，把这两位享誉中外的艺术大师紧紧连在了一起。正如关山月先生1995年在广州观看了《黎雄才手卷展》之后所云：

同窗同路又同行，艺海航程代代争。
造化外师勤探索，佩群健笔力深耕。

于是，我从中发现了一个人所共知的秘密：高一剑一父，这位岭南画派的创始人，您有多么远大的目光！您发现了黎雄才，培育了关山月，从此，岭南画派就有了希望。哦，关一山一月，黎一雄一才，黎一雄一才，关一山一月，中华民族的艺术栋梁！您走到哪里就把美洒向哪里，为社会提供了丰富的精神食粮。高一剑一父，我呼唤您呵，就是呼唤——呼唤雄才辈出；高一剑一父，我呼唤您呵，就是呼唤——呼唤山月高扬！把“山月”、“雄才”镌刻蓝天，去光照大地，去呼唤辉煌……

季羡林先生

有这样一件趣闻：某年适逢北京大学新生入学报到之日，燕园新生报到的楼前挤满了莘莘学子，其中一位见前方走来一位穿着朴素、貌不惊人的老者，便打招呼："哎，老职工，给看会儿行李！"老者按照青年人的吩咐，急忙来到行李旁守护，一直等到那位新生归来为止。这位老者是谁？他就是原北京大学副校长，人称"国学泰斗"的季羡林先生。

作者与季羡林

这件事是否属实，因未曾调查，不敢断言，反正此事作为新闻见诸于报端。且不论这件事情的真实性，说季老先生平易近人，是一位穿着朴素的布衣学者，恐怕无人反对。不信，以照片为证。

一次，我去北大校园拜会著名历史学家邓广铭先生，在未名湖畔巧遇季老。他身穿一套不随时尚的深蓝色的中山装，戴一顶针织的紫红色的毛绒帽，手提一件褪了色的旧提兜，提兜内鼓鼓囊囊。他背不驼，腰不弯，走起路来活像个中年男子。熟悉季先生的人都知道，他又是往北大图书馆去查阅资料了。先生的寓所离图书馆只有一湖之隔，老先生来往于寓所与图书馆之间，月复一月，年复一年，连季先生自己也记不清到底走了多少次。这条路，几十年来似乎没有多大变化，而季先生在这条路上永不停息地向前迈进，路，越走越长，路，越走越宽。燕园的一山一水，一草一木，都寄托着季先生的无限情思。在庆祝北大九十华诞之际，季先生以《梦萦未名湖》为题，倾诉了校友们对母校的共同心声：

母校像是一块大磁石吸住了他们的心。让他们那记忆的丝缕永远同母校挂在一起，挂在巍峨的红楼上面，挂在未名湖的湖光塔影上面，挂在燕园的四时不同的景光上面：春天的桃杏藤萝，夏天的绿叶红荷，秋天的红叶黄花，冬天的青松瑞雪；甚至临湖轩的修篁，红湖岸边的古松，夜晚大图书馆的灯影，绿茵上飘动的琅琅书声，所有这一切无不挂上校友们回忆的丝缕，他们的梦永远萦绕在未名湖畔。

季先生把燕园描绘得如此有声有色，情景交融，没有对母校的深深眷恋，岂能写出这如诗似画的美文?!

季先生年过九旬，仍交往甚广，不过大都是慕名而来。上至国家领导人，下至刚刚入学在校新生，就连我这个名不见经传的小人物，也不免去打扰先生。记得第一次拜见先生，是在1990年的夏天。北京的夏季骄阳似火，但季先生的寓所因临湖而居，再加上绿树环绕，却有阵阵爽意。先生的寓所在高楼的最底层，两套住房门对门，西套房为居室，东套房为书室。走进先生的寓室，我自报家门："季老，我是山东临清人，咱们是同乡。"也许是季老先生对此类客套话听得太多了，或许是并没在意，我的这几句"开场白"，既没有引起"老乡见老乡，两眼泪汪汪"的热烈场面，也未曾呈现"月是故乡明"的一道风景。季先生镇静自若，稳坐桌前。我洞察先生，先生也用审视的目光在打探我的来意。我请先生题书他的人生格言，先生没有回绝，顺手从桌上取过一张稿纸大小的宣纸，题笔蘸墨，写下了两行小字："业精于勤荒于嬉，行成于思毁于随。"落款处："季羡林，1990 年 8 月 16 日"。这到底是先生的人生格言，还是对后生的谆谆教诲？我没有细问，先生也没有直说。临别时，季先生很有礼貌地把我送出门外。趁此机会，我在大门外给先生抓拍了一张肖像，当我骑车离开未名湖畔时，老先生仍站在大门外，目送我的远影。

第二次拜见先生，是 1994 年的一个春天，记得当时新闻媒体正在报道季先生的私家图书馆。其实，说图书馆有点名不符实，要说季先生藏书颇丰却是名不虚传。我走进先生的寓所，提出要观看先生的藏书，老先生一听，立即喜上眉梢，在先生看来，既然为了参观图书而来，那必定是个爱好读书之人。读书——教书——写书，贯穿于季先生的全部人生。这下，我和先生缩短了距离。同是"寒窗读书人"，岂能怠慢？于是，先生立即取出了东套房的钥匙，打开了两扇门，向我敞开了一座知识的宝库。

只见一排排高大的书架，一直顶到了天花板，中外图书琳琅满目，整整挤满了三个房间，只留下侧身而过的狭窄通道。先生在前引路，我在身后紧紧跟随。一边走，一边看，简直把我看得心旷神怡："哎呀，这足有上万册的图书吧？您老的藏书实在太多了！"我情不自禁地发出了赞叹。先生解释说："经过十年浩劫，藏书损失了大半，不然，这个地方可就装不下了。"在先生的书房尽情地浏览，似乎在文海中自由地划船，这既是一种精神的享受，又是与先生进行的一次思想沟通。看着，看着，不觉来到了窗前。临窗摆一套桌椅，此处光线明亮，是先生读书写作的地方。窗外，是碧波荡漾的未名湖，身后是散发书香的宝书万卷；再看远方，是高耸入云的巍巍塔楼，是绿绿葱葱的小青山。这一片得天独厚的热土，到底涌现出多少中华英才？在这里，我仿佛看到了马寅初；在这里，我仿佛看到了冯友兰……只有这时，季羡林先生的形象才显得如此高大。于是，诗潮在我脑海中荡漾，留下了一首《季羡林的书房》：

季羡林的书房，
通向知识的海洋。
先生在此划桨，
年复一年，日久天长。

季羡林的书房，
架起友谊的桥梁。
先生在此打夯，
年复一年，夏酷冬凉。

季羡林的书房，
洞开文化的天窗。
先生在此拓荒，
年复一年，叶绿花香。

第三次去看望先生，是时隔两年后的1996年的一个秋天。去前，我特请著名装帧艺术家张守义先生为季先生在信封上造像，因信封篇幅较小，为画肖像增加了一定难度。不过，张先生是画坛高手，把季先生的肖像画得惟妙惟肖。我拿给季先生观看，先生笑而不语。我请先生在邮封上题字，先生题："祝港澳回归祖国　季羡林"，并写上我的通信地址。临别时，索取先生亲笔撰写的"季羡林简历"手稿一份。有关先生的条目，见诸于名人辞典、科技名家录的书籍颇多，但真正出于先生之手笔的"简历"却不多见。这份手稿字数不多，一共不超过800字，是名副其实的"简历"。为了给读者提供一份翔实的资料，现转抄如下：

季羡林，1911年8月6日生。山东省清平县（现归临清市）人。青少年时代在济南读中小学。1934年清华大学西洋文学系毕业。1935年考取清华大学与德国交换研究生，同年秋赴德国就学于哥廷根（Gottingen）大学，主要学习梵文、巴利文、吐火罗文等印度及中亚古代语言。1941年获哲学博士学位。时值第二次世界大战，因交通断绝，被迫滞留德国。遂在哥廷根大学，继续从事佛教梵文研究，同时跟随西克（Eeieg）教授学习吐火罗文。

1946年回国，受聘为北京大学东方语言学系教授兼系主任，1978年曾任北京大学副校长兼南亚研究所所长。1956年加入中国共产党，同年任中国科学院哲学社会科学学部委员。现任国务院学位委员会委员、北京大学校务委员会副主任。1954年起连续被选为第二、三、四、五届全国政协委员，1983年当选为第六届全国人大常委。1978年后，担任全国外国文学会、中国南亚学会、中国外语教学研究会、中国敦煌吐鲁番学会、中国东方文化研究会、中国教育国际交流协会、中国翻译工作者协会、中国作家协会等学术团体的会长、副会长、理事等等。

目前主要从事印度古代语言、文学和印度史、佛教史、中印文化关系史研究。正在进行的研究项目包括：中国西藏所藏梵文贝叶经整理与研究，悉昙章研究、吐火罗文残卷译释、印度佛教语言及历史、中印文化关系史、唐史及东方文学史等。同时坚持散文写作。

主要著作：印度古代语言集（1982年，中国社会科学出版社），中印文化关系史论文集（1982年，三联书店），原始佛教的语言问题（1985年，中国社会科学出版社）、大唐西域记校注（与他人合注，1985年，中华书局）、季羡林散文集（1986年，北京大学出版社），佛教与中印文化交流（1990年，江西人民出版社）及翻译作品多种。

拜读先生的这份“简历”，不由让人想起老舍先生于1938年2月在《宇宙风》第60期发表的一篇“略历”，二者虽经历不同，但异曲同工。均为文化巨人，同把自己的赫赫业绩写得如此简略，大学者也，真乃大家风范！

别人看季先生，是才高八斗、学贯中西、满腹经纶的“国学大师”。然而，季先生看自己呢？他在《一个老知识分子的心声》一文中这样评价自己：

我平生优点不多，但自谓爱国不甘后人，即使把我烧成灰，每一粒灰也还是爱国的。可是我对当知识分子这个行当却真有点谈虎色变。我从来不相信什么轮回转生。现在，如果让我信一回的话，我就恭肃虔诚祷祝造化小儿，下一辈子无论如何也别再拨弄我，千万别再把我弄成知识分子。

诸位，当您看了这段文字之后，又当做何推论？

王亚平诗人

一提起王亚平老人，心就震痛，因为老人的晚年实在可怜。一位年近 80 的老人，一到冬天就哮喘不止，一个人孤单单地住在京城一个大杂院内，两扇街门破烂不堪，风一刮忽啦啦直响，室内透不进阳光。一位在诗坛享有盛誉的著名诗人，到了晚年竟落到如此地步，岂不叫人心寒？诗人在逝世的前一年，即 1982 年，在《我的创作室》一诗中，倾诉了他晚年的凄凉：

门洞改装的小房，
八平米仅容旋羊，
横竖摆满两张床，
终年射不进阳光。

案上堆满书报纸张，
有旧稿还有刚起头的文章。
床头床下皮箱木箱，
箱里箱外填满了用品和衣裳。

龌龊的空气憋闷我的胸膛，
却挡不住我带翅膀的幻想；
我似蜗牛蜷曲在蜗壳里，
又时刻想到蓝天碧空翱翔。
小屋虽小胜过监房的地铺，
也没有日夜贼亮的灯光；
比起抗战时的宿舍坟场，
那更是一个地狱一个天堂。

如果把解放后自己生活、创作的“小屋”与“监房”、“坟场”相比拟，这还有什么幸福、安康而言？诗的字里行间渗透着泪水和辛酸。可是，我们的诗人啊，即使“蜷曲在蜗壳里”，心底还时刻想到“蓝天”，龌龊的空气也挡不住他“带翅膀的幻想”。中国的文化人啊，一颗被扭曲的心！怎么竟然落得如此下场？

王亚平，原名王福全，曾用罗伦、李荫等笔名。1905 年生于河北威县一个农民家庭，从小受苦受难。在家乡师范读书时即开始写诗。1932 年参加中国诗歌会，1933 年后去青岛与老舍、洪深、王统照、臧克家、吴伯箫、孟超、西蒙等 12 人，共同创办《避暑录话》，主编《现代诗歌》、《诗歌季刊》等。诗人臧克家在《无边的思念》一诗中，记下了两位诗人的情缘：

论交情已有四十九年，
给我们友谊作证；
崂山的青峰，
东海的波澜。

栈桥的夕照，
樱花的公园。
还有《避暑录话》——
十二名亲爱的文艺伙伴。

1937 年，抗日战争爆发后，诗人来到了上海，编辑诗刊《高射炮》。后由郭沫若先生介绍，参加抗战服务团。这一时期，诗人走遍了江、浙、鄂、湘、赣五省，夜里行军，白天宣传抗战，写了不少的短歌小调，通俗的诗。

1939 年，诗人从前方到山城——重庆，1942 年，组织“春草诗社”并任社长，其成员有臧克家、戈矛、云远、柳倩、方殷、力扬、高兰等诗人。曾主编《春草诗丛》5 种，写成《大雾》诗集等专著。

1946 年秋，诗人离开重庆，回到了阔别多年的家乡。他刚刚来到冀鲁豫解放区，新华社就立即发出专电进行报道。1947 年《胶东大众》第五十五期刊登了诗人李根红的一篇文章。他在《人民的声音——“王亚平来了”》一文中说：

诗人王亚平，到解放区来了，去年秋天，我们的新华社曾播出一则消息……诗人王亚平曾在国统区混乱的状态下，紧握着一支战斗的笔，使上所有的力量，深扎在无耻的反动派的心脏……

诗人没有辜负人民的期望，他在冀鲁豫区党委的领导下，积极组织当地的作家、文艺家、能演会唱的民间说唱家，成立了冀鲁豫文联并任主任。创刊通俗读物《新地》、《平原文艺》、《平原画刊》等。1948 年被选为华北文协理事，三年内创作了大量的诗词和唱词。

在冀鲁豫解放区，诗人最值得称道的是，他在担任区文联主任期间，积极组织、团结民间艺人，说新，唱新，编新，演新，发现并培养了一大批卓有成就的民间说唱艺术家。如“艺人功臣”沈冠英，老百姓的“红人”黑三，盲艺人王吉星等等。在区文联，他还专门组织成立了民间艺人训练班。学成后，又分散各地进行传、帮、带文艺活动。据不完全统计，三年内总计受训的民间艺人高达千人以上，除对旧剧、旧说唱曲词进行审查改编外，还创作了新编唱词百余篇，新编剧本十多种，新编年画 40 多套，大大促进了解放区民间说唱文学和民间艺术的发展。

冀鲁豫解放区，是我国民间说唱艺术最重要的发祥地之一。我国众多的民间说唱艺术形式就产生在这里。像山东快书、山东琴书、山东落子、河南坠子、犁铧大鼓等等。诗人王亚平的到来，对旧有的民间艺术形式进行了认真而成功的改造。他不仅组织领导了新说书运动的开展，而且还深入农村集镇进行实地调查，写出了一篇篇很有指导性的艺术论文。如刊登在《平原文艺》第 2 卷第 2 期的《艺人的改造》，刊登在《华北文艺》第 2 期的《改造民间艺术》等。

诗人不仅是解放区新说书运动的倡导者、组织者和领导者，而且还是在新说书运动中涌现出来的卓越的说唱文艺家和艺术理论家。前者以说唱文学专著《百鸟朝凤集》为代表，后者以说唱论文专著《从旧艺术到新艺术》为代表。《百鸟朝凤集》共收入唱词 19 篇，其中，将近一半为新创作的曲目。这些作品，既有传统曲词情节曲折、形象逼真、语言风趣等显著特点，又有新曲词格调清新、语言明快、手法多样的艺术情趣。可以说，它是既具有诗歌艺术的抒情性，又具有说唱艺术的叙事性的新型文学样式；是能唱的诗，是能歌的词。《从旧艺术到新艺术》共收入论文 13 篇（不含序文），附录 4

篇，成书于1949年12月。诗人的这些文章，如同一篇篇实地考察的艺术报告，写得有事实，有论据，为撰写解放区说唱文学史、艺术史，提供了极其珍贵的历史资料。新中国成立后，诗人先后担任中华全国曲艺改进会筹委常委，中国文联秘书长、中国作家协会理事、中国戏剧协会理事、中国曲艺研究会秘书长等职，并曾编辑《说说唱唱》。可以说，在中国现代文坛，要按作家对说唱文学、艺术的贡献而论，只有老舍、赵树理能与诗人媲美。老舍、赵树理、王亚平，如同鲜艳的三面旗帜，在现代曲坛迎风飘扬。

早在1983年，我沿着京城的一条小巷，去拜访文坛上的这位宿将——王亚平老人。我与王老一见如故，大有相见恨晚之感。我把搜集整理的“华北解放区曲艺作品选”目录送上，请王老审阅。他看后连忙给予鼓励：“搜集整理解放区的说唱文学作品，是件很有意义的工作，可据我所知，对说唱文学作家作品的研究实在太少了。现在你们搞起来了，这很好，祝你成功。”

谈到冀鲁豫解放区的新说书运动，老人兴奋不已，我当时写的一篇日记，记下了与王老谈话的内容：

一九八三年二月三日下午四时至五时半 北京

王亚平老人今已七十八岁的高龄，当谈到冀鲁豫解放区的新说书运动时，老人十分激动，因为那里是他曾战斗、生活过的地方。他谈坠子，谈洋琴，谈民间艺术，谈民间艺人，谈他的创作，谈他的童年……

王老告诉我，有人瞧不起说唱这门艺术，他当时写说唱文学作品，就有人对他说：“你写那个干什么？”看，人家称说唱叫“那个”，总认为是一种“小玩艺儿”。可是王老的童年就是在说唱艺术的环境中成长起来的。老人回忆说：“在我的幼年时候就酷爱民间说唱艺术，是祖母把我带大的。祖母是农村‘李有才板话’式的人物，她会讲故事，会说快板，会唱民谣，那时祖母教我学唱儿歌：‘板凳板凳立着，里边坐着大哥，大哥出来挑水，里边坐着小鬼，小鬼出来打油儿，里边坐着孙猴儿……’后来，上中学、师范了，就看‘水浒’、‘西游’，这都是民间的东西。再后来，当了教师，就到处搜集民间文学，在重庆写的《血的斗笠》一诗，其中未婚妻送王阿泥的一段歌谣，就是说唱，到了冀鲁豫解放区，一遇见沈冠英、黑三这些民间说唱艺人，对我的影响就更大了。只要沈冠英一唱《百鸟朝凤》，无论从形式到表演，都被他的艺术吸引住了。四面八方的鸟都汇聚而来，这连中外诗人都没有这种手法，这使我联想起说唱大书《杨家将》的大四门，也有类似的表现手法。这说明人民的创作气魄很大，人民是伟大的。沈冠英还有一段河南坠子《孔二小姐坐飞机》唱得很生动，很精彩。黑三拿手段子是《打黄狼》。”最后王老送我一句话：“远名利，近读书。”

临别前王老挥毫泼墨，亲笔题书杜甫诗句赠我：

读书破万卷，
下笔如有神。

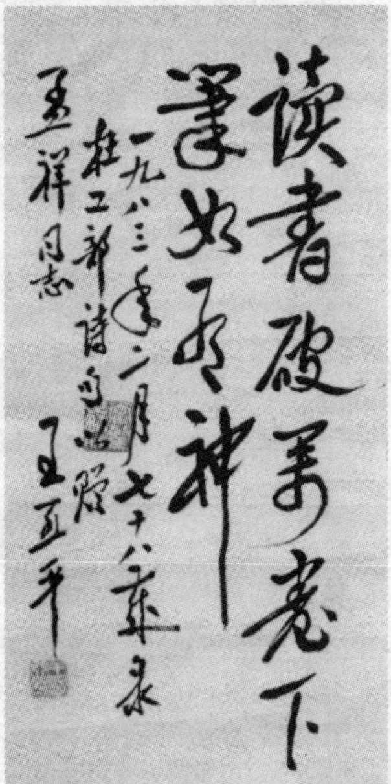

王亚平书法手迹

使我万万没有想到的是，仅隔两个月，诗人与我们长辞了。听到王老逝世的消息，心中万分悲痛，我眼含热泪向诗人默悼：

无边的悲痛，
无边的思念，
一生的操劳，
谁说死无遗憾？

捧一方热土
扎百八十个花圈，
敬献给您啊——
我心中的诗贤！

赵朴初佛家

20世纪90年代初，在京的一位友人帮我在赵朴初先生的寓所求得书法一帧，是赵老书写的一首“饮茶歌”。横幅，长88公分，高28公分，行书，共计200多字：

云窝访茶洞，洞在仙人去，
今来御茶园，树亡存茶艺。

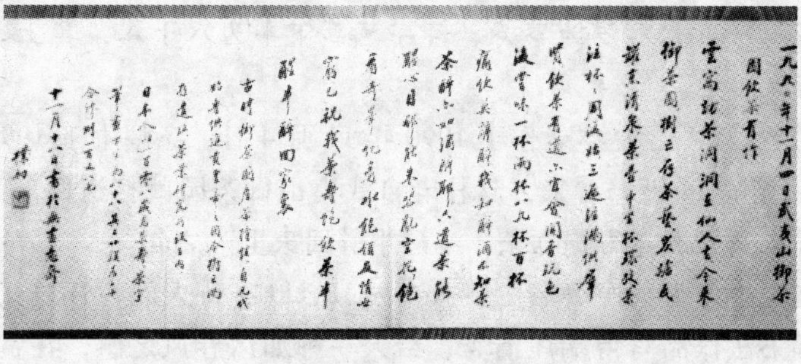

赵朴初书法手迹

炭炉瓦罐烹清泉，茶壶中坐杯杯旋，
茶注杯杯同复始，三遍注满供群贤。

饮茶有道不宜会，闻香玩色后尝味，
一杯两杯八九杯，百杯同饮莫辞醉。

我知醉酒不知茶，茶醉不如酒醉耶？
只道茶能醒心目，哪能朱碧乱空花？

饱看奇峰饱看水，饱领友情无穷已，
祝我茶寿饱饮茶，半醒半醉回家里。

这首“饮茶歌”，朗朗上口，情趣盎然，生动形象。我似乎看到先生稳坐在茶桌旁，面对高耸入云的武夷山、清澈见底的九曲溪水，推杯换盏，闻香玩色，完全沉醉在大自然的怀抱之中，如痴如醉，好不快活！特别是“饱看奇峰饱看水，饱领友情无穷已”二句，连用了三个“饱”字，把先生的情趣推到了极致。拜读先生的诗词，不由让人联想起白居易的“绿蚁新醅酒，红泥小火炉，晚来天欲雪，能饮一杯无”的诗意。虽说二者的时间、地点、描写对象不尽相同，但诗意中所营造的艺术氛围与情趣则是相通的，大有异曲同工之妙。

赵老在“饮茶歌”的后面，还有一段文字说明：

古时御茶园产茶特佳，自元代，专供进贡皇帝之用，今树亡尚存遗址，茶叶研究所设在内。

日本人以一百零八岁为茶寿，茶字笔画下半为八十八，其上艹为二十，合计则一百又八也。

这首“饮茶歌”，是赵老作于1990年11月4日，条幅书于1990年11月18日，前后相隔14天，看来，赵朴老自武夷山御茶园就打道回府了。所以，诗的结尾处有“祝我茶寿饱饮茶，半醒半醉回家里”之句。

赵朴初先生作为我国著名的诗人书法家，既有诗人的情怀，又有书家的才气。这幅书法作品写得端庄清秀，给人一种如沐春风之感，在赏心悦目中得到了艺术的享受。近年来，游历了不少名山秀水，凡有名山秀水的地方，就有禅堂寺院，有禅堂寺院，就有赵老的墨宝光耀人间。不仅如此，在一些名人故居、历史遗址、观光胜地，也有先生的手迹刻石，雕刻在名山大川之上。如秭归的屈原祠，杭州的岳飞墓，济南的李清照纪念堂，海南的天涯海角，四川的峨眉山等等。

为什么人们如此喜爱赵老的书法呢？我认为，除了先生书法本身造诣很深，有独到的艺术特色之外，另一个重要原因，就是赵老作为我国著名的佛学家，长期担任中国佛教协会会长，在社会上有着广泛的影响力有关。可以说，在当今中国，赵朴初先生是高举佛教文化大旗的统帅人物。谈中国的现当代佛教，就必须要谈赵老，而谈赵老，就必然要谈现当代佛教。二者的不可分离，把我带进了一个佛学的世界。

那么，佛教的教义是什么呢？我认为，如果用一个字来概括，那就是一个“善”字。“阿弥陀佛，善哉！善哉！”这是佛家的口头禅。不论佛家如何去修身养性，智圆极果，其目的都是为了“大慈大悲”，以爱心给予众生之安乐，以怜悯之情怀祛除人间之痛苦，可谓“一叶一菩提，一花一如来”。

善与恶，作为对立的双方，自从人类诞生那天起，就已经存在于世了。不过，原始的宗教信仰，却被带有神秘色彩的“图腾”所取代。人类只有进入了文明社会，真正的宗教才会有赖以生存的根基和土壤。佛教作为外来文化，自东汉明帝永平十年，即公元67年从古印度传入中国之后，就与中国的传统文化融为一体，形成了具有中国浓郁特色的佛教文化，影响了中国近两千年的历史，至今仍久经不衰，其中的奥秘让历史学家去探究吧。然而，既然存在就有它的合理性，就有它不可取代的社会价值。

就拿善而言，人类社会需不需要善呢？答案是肯定的。因为善是爱的基础，没有善就没有爱，没有善就没有社会的安定。从某种意义上来说，善是社会发展的一块基石。如果人类社会一旦抛弃了善，这个世界一刻也不得安宁。其实，善不是宗教固有的精神产品，无产阶级的革命领袖也讲善，毛泽东同志不是就阐述过“善有善报，恶不恶报”因果报应的关系吗？有论家认为，佛家文化，基督教义，在普济众生、大同理想等方面，是与马列主义一脉相承的。不然，前苏联领导人戈尔巴乔夫为何会说“马列主义是从《圣经》里诞生的”呢？我不知赵朴初先生的佛学思想与马列主义、毛泽东思想是如何合二为一的，但有一点可以肯定，当人们见到赵老时，似乎人们的心灵得到了净化，一种和谐的清风扑面而来。沈鹏先生在2000年《中国书法》第4期刊载的《平常心——赵朴初先生给我的启示》一文中说：

赵朴初先生仙逝的信息传来，我当即浮想联翩……那些天，还有后来的日子，稍有空闲喜欢闭目养神，一合上眼，活生生的赵老的形象便来眼前，有时是他的照片，有时是他活动中的形象，或者，两者合为一体，慈眉善目，深邃平易，使我心境恬然松静。

我与赵老接触甚少，对佛学文化也缺乏研究。但不知为什么，当我最初动笔草拟《我与大师》一稿时，鬼使神差地却用了一个“缘”字来贯穿全书。本来，缘是佛家的常用术语，如缘分、缘起、缘沉、因缘、化缘等等。我不信奉佛教，但对“缘”字情有独钟。我相信机缘，不然，偌大的世界岂能走在一起，相识相交？

记得1993年11月11日上午10时，坐落在北京沙滩的中国美术馆，正在举行大型书画展开幕式，就是在这次大展的开幕式上，我有缘领略赵朴初先生的神采。赵老手拄拐杖，外穿一件深黑色大衣，长长的花围脖飘洒胸前，红润的脸庞放着光泽，慈善的面容在一头白发的映衬下显得神采飞扬！这就是赵老给我的第一印象。

我在进行“情系港澳神州万里行”的文化活动中，不能缺少赵朴初先生这样的重量级人物，早想去拜访先生，但一直没有机会。这天，机缘来了，我急忙举起手中的相机，把赵老的形象摄进了镜头。

赵朴初影像书法手迹

时隔一年后，我携带赵朴初先生的肖像与“港澳归来”地理艺术图卷，再次来到京城去拜会先生。然而，赵老有病住院了。当时，曹禺先生与赵朴初先生同住北京医院，于是，我在探视了曹禺先生之后，随即又去赵老的病房。真是不巧不成书，那天赵老的心情特好，正在伏案疾书。我先拿出一幅肖像，送给先生，后来取出装帧在册页上的一幅肖像，请先生在照片旁为港澳回归题字。赵朴老看罢他的肖像，面带微笑询问拍摄的情况。少许，先生用硬笔在肖像上签字，然后提起毛笔在肖像旁题写了“众星依前斗，灵景曜神州”十个大字，在落款处醒目地写上了“贺港澳回归　赵朴初”一行小字，并加盖“赵朴初”印章一方。接着，我打开了“港澳归来”地理图卷，赵老在东三省的一个空白处，郑重地签上了“赵朴初”三个字。

待我刚刚把作品装进箱内，准备离开病房之际，突然，门声一响，门外走进来赵夫人。夫人一见，忙问：“你是干什么的？怎么跑到病房来了？”夫人的质问，我一时不知如何回答才好。面对如此尴尬的局面，不料，赵老给我解围了：“他是来看望我的，送照片来了”。哎呀，多么善解人意的佛学家，多么具有菩萨心肠的赵朴老！

欧阳山尊导演

提起欧阳山尊先生，在当今文艺界可是大名鼎鼎的人物，他不仅是我国话剧舞台上的著名导演，还是著名的戏剧表演艺术家和艺术活动家。先生1938年奔赴延安，1942年参加了著名的延安文艺座谈会，历任“抗大”总校文工团副团长，一二〇师战斗剧社社长兼演员、导演，晋西北“鲁艺”分院院长，北京人民艺术剧院副院长兼副总导演，中央戏剧学院兼职教授，文化部剧本委员会办公室主任兼艺术二局顾问等职。先后出访苏、德、日、美、法、朝、匈、捷等10多个国家和地区。导演了《王贵与李香香》、《白毛女》、《日出》、《上海屋檐下》、《北京人》等50多个剧目。主编出版了《延安文艺丛书·话剧卷》、《世界著名电影剧本选》、《<日出>导演计划》、《中国魂》等。

欧阳山尊影像（2004年2月作者在北京摄于先生寓所）

现年93岁的欧阳山尊先生，是亲历延安文艺座谈会尚可健在的老艺术家，而且在座谈会前后还收到毛泽东同志的两封亲笔信。

第一封信是在座谈会召开期间的1942年5月初。5月2日，延安文艺座谈会正式召开。会场设在一间同中央礼堂连接的会议室。出席者有100人左右。当毛泽东在门口出现时大家都站起来，毛泽东走过来与出席者一一握手。当走近欧阳先生时，毛泽东亲切地说：“欧阳同志，你从前方回来了。”听了此话使欧阳先生十分激动，他万万没有想到，毛泽东还记起这位离开延安已有三四年的年轻人。开完会后，欧阳先生鼓起勇气给毛泽东写了一封信，信的内容是建议加强党对文艺工作者的领导和文艺工作者要到实际斗争中去。很快他就收到毛泽东的回信，信上只有7个字：“你的意见是对的。”

延安文艺座谈会以后，延安文艺工作者纷纷下乡、下部队，深入火热的现实生活。欧阳先生所领导的战斗剧社，相继创作了一批反映前线战斗生活的新剧目，受到延安观众（包括毛泽东等中央领导同志）的热烈欢迎。1942年11月23日，毛泽东又给先生写去第二封信，对他们编演新剧目进行了鼓励，并对战斗剧社多演些反映敌后斗争生活的戏剧寄予希望。

再此倾听欧阳先生讲叙延安文艺座谈会的有关情况，是2004年2月20日上午11时许。当我与先生见面时，先生便问：“你说让我干什么？”我把一封信交给了先生，先生一边看信，我一边对先生讲：“请您老为《在延安文艺座谈会上的讲话》题字。”先生说：“现在参加‘座谈会’的人剩下的已不多了，都去见马克思了，过去我为‘座谈会’写过不少文章，你等一等。”先生说罢，起身离开了客厅。这时，我仔细观赏客厅内悬挂的一幅罗工柳先生题赠欧阳老的书法条幅，上书：“落花无言，人淡如菊”八个大字。我正在观赏此作品，只听外面传来开门声，原来是欧阳老的夫人徐静媛从外面走了进来，夫人热情待人。大约过了20分钟，欧阳老拿着我带去的一本册页回到了客厅，他随走随说：“你看我写的行不行啊？”我打开册页一瞧。上写：

毛泽东同东《在延安文艺座谈会上的讲话》是马克思文艺思想的宝藏，在过去半个多世纪里曾对我国文艺事业的发展起到了巨大的作用。毫无疑义，也必然会在今天以及将来对于有中国特色社会主义文艺事业的发展起到同样巨大的作用。

读罢以上手书，我连忙对先生说：“很好，很好。”“还让我干什么？”先生问。“请您拿着册页与笔，我给先生拍张照片。”“那好，你当导演，我当演员。”先生话音刚落，夫人急忙走了进来，给欧阳老梳理了一下头发。“好，夫人来当化妆师。”先生很风趣地说。

这已是第三次去拜访先生了。第一次去拜访先生是上世纪 90 年代初，第二次拜访先生，是 1997 年 7 月 1 日，这一天是香港回归祖国的大喜之日，我携带纪念香港回归祖国的首日封，请欧阳老在此题字，先生在首日封上题书了诗文：

盖因禁毒战端开，弱肉强食任割宰。
万般无奈吞苦果，奇耻大辱胸中埋。
百年遗恨今方雪，游子投入慈母怀。
天伦团聚情理事，翘首但俟后人来。

马三立的幽默

在当今社会，提起马三立的名字，无人不知，无人不晓。要说哪儿的人最熟悉马三立先生的相声，那得属天津人，是天津的热心观众培育了马氏相声艺术。

在相声界，马三立先生是辈分最高的一位，连侯宝林先生都尊称他为“师叔”，那马季呢？当然要尊称“师爷”，至于姜昆、冯巩之晚辈，那就要尊称“祖师爷”了。祖师爷是祖师爷，马三立先生可没有祖师爷的架势。舞台上，他逗人乐；生活中，他待人亲。平易随和，这既是马先生的生活写照，又是马先生的艺术特征。

马三立先生不仅辈分高，而且论艺术水平也是独占鳌头。别看人长得特瘦，可艺术肥大，这是电影导演谢添先生的一句赞语。干脆，我就请谢导演把这句赞语题写在马先生的画像上。画像出自何手？漫画名家方成。我真佩服方先生的才气，寥寥数笔就把马三立先生勾画得活龙活现：长长的脸庞，尖尖的鼻梁，小小的眼睛，瘦瘦的身形。穿一身可体的马褂，下身微蹲，头部微斜，两手冲前，露一丝笑容。似乎是正与观众交流，又像是刚刚抖落了一个“包袱”。谢导演一见此画，立刻题笔疾书，他倒写如流（谢添先生是倒着写字，堪称一绝），上写：“人瘦艺肥”四个大字，上首有“题相声泰斗马三立像”一行小字，落款处：“癸酉年冬月　谢添”。我把肖像与题字拿给马三立先生瞧，他“噗嗤”一笑，在画像旁添上了“马三立”三字。

上世纪 80 年代初期，相声演员可没有现在这样红火，现在的相声演员只要在电视上露上几次面，混个脸熟，就被戴上了“笑星”的桂冠。稍有一点名气，那就成为“大腕”，再往前长进，那就进了“文化名流”的行列。20 年前不行，连马三立先生这样家喻户晓的人物，也只能称为“著名相声表演艺术家”。成了“家”就已经不得了了，一般都称相声演员，或美其名曰

“著名相声演员”。至于解放初期，那叫“民间艺人”，再往上推，那就被打入了“三教九流”的行列。所以说，过去有身份、有地位、有教养的家庭，是不会让子女去加入这种行当的。这一社会偏见，影响了几代人，就连马三立先生的家庭也未能幸免。直到20世纪80年代初，我在先生的老宅兴隆里的一个小院与他聊天时，马先生还无可奈何地感叹：“哎，吃着相声，喝着相声，还瞧不起相声，真没办法。”

马三立漫像　方成画　谢添题

现在变了，变得使人眼花缭乱，目不暇接。我们的舞台上，电视上，银幕上，到处都是笑星、歌星、影星、舞星……是“星光灿烂，闪亮登场”！过去有“造神运动”，现在是“造星时代”，年轻的一代追星族，正像早晨八九点钟的太阳，朝气蓬勃，蒸蒸日上。我们的新闻媒体火上加油，炒得漫天风云，不亦乐乎！这是喜？是忧？各抒己见。

按说，我们这个有着10多亿人口的大国，就是有成千上万个明星也不算多，可问题是这些所谓的“明星”是怎样涌现出来的。就拿相声来说，不能只凭着嘴皮子利索，能说上几段相声，就成了“笑星”、“大腕”。至于说“文化名流”、“艺术大师”的桂冠，更不能轻易往头上戴。马三立先生就不喜欢“大师”这个头衔，甚至叫声“马先生”他也总觉得不舒服。那叫什么呢？“叫老马。老马，老马好，老马识途；叫马老，马老，马老好，马老了不吃草！”听，这就是马三立的幽默。

纵观中外文化艺术史，真正能够承前启后、继往开来的艺术明星和艺术大师只占极少数。俗话说，物以稀为贵。如果明星、大师遍地跑，那还有多大的存在价值？话虽这样说，现实生活并非如此。没有名气，有人吹，不够红火，有人炒！你给我吹捧，我给你抬轿，拉拉扯扯哥俩好！于是乎，明星荟萃，笑星崛起，成群结队，粉墨登场！恰似“忽如一夜春风来，千树万树梨花开”。

演艺圈这种浮躁风气之盛行，大大影响了艺术事业的健康发展。那么，相声的出路在哪里呢？我认为关键是在于创作。环视神州，偌大的中国能够真正称得上相声作家的到底有多少呢？恕我孤陋寡闻，如果把相声演员兼创作的排除在外的话，那仅有这么几位：武汉的夏雨田（现已病故），山东的李凤琪，天津的王鸣禄，河北的崔砚君，哈尔滨的原建邦，北京的沈永年、廉春明。至于说相声理论家，那更是少得可怜，只有当年与侯宝林先生同著《相声溯源》一书的南开大学教授薛宝琨、北京大学教授汪景寿、山东大学教授李万鹏三位先生。就是这么一支创作理论队伍，你那些“笑星”、“大腕”的涌现，岂不是无源之水，无本之木？难怪20年前我听了牛群、李立山合说的一段相声《假话真情》之后，撰写了一篇小文见诸于报端，却使牛群“激动不已”，立即来函，表示“衷心地感激”！其实，那只不过是“山中无老虎，猴子称大王”罢了。

别人不创作，不评论，相声演员自己动手如何？在这方面，马季先生做出了表率，他自编自演，并著书立说，在相声界独领风骚。后继起的是姜昆先生，可惜，这样的相声艺术家实在太少了。

有人说，现在的相声不景气，是因为相声演员不务正业所致。我看并不尽然。问题并不在于某某相声演员拍了几部电影，某某相声演员经营了一个网站，某某相声演员当了一任县长。拍电影并不是坏事，因为各种艺术门类都是相通的，如果能够触类旁通，从其他姊妹艺术中吸取营养来丰富自己，把拍电影作为发展相声“欲穷千里目，更上一层楼”的阶梯，我看这是一件好事。经营网站也不为过。在当今信息社会，新的科技、新的知识层出不穷，每个人都需要不断充实自己，相声演员也不例外，再说，如果网站经营有方，还能为相声艺术的发展奠定经济基础，这何乐而不为？至于说相声演员去当县长，我看也未尝不可。不是有不少科技专家在各级政府挂职委任吗？小到县长、市长，大到省长，乃至全国人大副委员长。既然科技工作者能够委任一方，那么，文艺工作者为啥不能当一个小小的“七品芝麻官”呢？问题在于既然为官一任，那就要造福一方，为当地老百姓切切实实地做几件好事。更重要的是，千万别忘记了自己的老本行，借此机会，深入下层，体察民情，积累素材，为发展我国的相声事业尽心尽力。

历史的经验值得记取。曲苑中之所以能够产生像马三立、侯宝林先生这样的相声大师，是得力于久演不衰、百听不厌的优秀传统曲目。而优秀的传统曲目的产生，又是几代艺术家历经磨合、千锤百炼的结果。这并不是说只看重传统，不注重创新，因为这里不是在谈论继承与创新的相互关系，只是强调没有优秀的相声作品，就不可能产生优秀的相声演员，这是其一；其二，是得利于有较高水平的欣赏群体。如果说相声艺术有什么规律可循的话，那就是它从群众中来，又到群众中去。它扎根于民间，繁荣于民间，它在民间的这块沃土上生根、开花、结果、繁衍。人民大众是相声艺术赖以生存的根基，是鱼水情深的脉脉相承。一部中国相声史，就是与人民大众不断密切结合的发展史。马三立先生说过，观众是他的老师，人民是他的衣食父母。侯宝林先生在弥留之际，也留下了话，说他一辈子感谢观众。

然而，当今的相声，就在这最根本的问题上出现了偏差。也许有人会说，现在的相声不是也置身于人民群众中间吗？恕我直言，看看当今的相声，到底有多少真正是在人民群众中“立”起来的呢？我们的笑星们那一张张熟悉的面孔，不是大都在电视荧屏上崭露头角的吗？本来，在舞台上说相声已经给听众拉开了距离，产生了隔膜，而电视相声、广播相声的出现，则把广大听众推出了十万八千里。于是，我们的电视导演、广播主持不得不另出绝招，人为地拼凑一些临时观众，做些以假乱真的现场表演式的恶作剧来烘托气氛。这样做的结果，既害苦了演员，也愚弄了观众。诚然，电视广播的出现，是现代文明的一种标志，但对于相声这门地地道道的民间艺术来说，不仅无济于事，甚至把相声推进了危险的边缘。这并不是说，相声演员不能“触电”，但有一点可以断言：电视广播中产生不出马季，更涌现不出马三立、侯宝林。要问这到底为什么？那就请从北京的天桥、天津的“三不管”杂耍地去寻找答案吧！

韩起祥的评传

韩起祥是我心中的“说书英雄”，早在我上小学时，就曾听到过他的大名。后来，接触文艺界的朋友多了，对有关他的传奇性故事更是发生了兴趣。尤其是自1982年以后，我在搜集、整理解放区说唱文学艺术资料的过程中，韩起祥的形象逐渐在我的心头“立”了起来。这就是我撰写《韩起祥评传》一书的缘由。

作者与韩起祥

韩起祥生于陕北横山的一个贫苦农民家庭，自幼双目失明，童年时代便沿街乞讨，后以算命、说书为生，1938年定居延安。延安文艺座谈会后，开始编演新曲目，后来参加了延安文协说书组，结识了丁玲、陈明、林山、贺敬之、柯蓝等新文艺工作者，并与他们相结合，编演了大量的说新唱新的新曲目。在延安，他给毛主席说书，给朱德总司令弹唱，赴前线慰问抗战军民，受到陕、甘、宁解放区广大人民群众的热烈赞许，当时的中共中央机关报《解放日报》曾先后20多次报道他的先进事迹，成为解放区新说书运动的典型代表人物。新中国成立后，他担任全国政协委员，中国曲艺家协会副主席，中国盲人协会副主席等职。

为了掌握第一手资料，我曾两下延安，三进京城，对韩起祥进行了面对面的采访和实录。我是学着林山、柯蓝的样子——与韩起祥“牵棍串乡”往前迈进的。

1987年春，适逢全国政协六届五次会议在京召开，我在北京全国政协委员文艺组的驻地远望宾馆，拜访了全国政协委员韩起祥。为韩老牵棍引路，去游览故宫与天安门广场。故宫，这座曾经是帝王将相的“紫禁城”，每天都吸引着成千上万的观光客。韩起祥步入人群中间，不仅不需要我牵棍引路，而且还大踏步地走在最前面，还不时转身向他的女学员讲解：“这叫保和殿，那是乾清宫……”“您是第几次游故宫了?”我问韩老。“这是第三次。”看得出，韩老对这座昔日的“紫禁城”很感兴趣。离开了故宫，我们一行来到了天安门广场，当通过金水桥畔时，韩老停了下来，他用手抚摸桥上的玉石栏杆，睁大了眼睛，似乎在想着什么，就在这一霎间，我举起了相机：“咔嚓!”为韩老留下了一幅纪念照。也许是我被眼前的情景所打动，于是，一首“即兴诗”留在了我的记忆里：

雄伟庄严的天安门广场，
你举世闻名，盖世无双！
我迈开双脚从这里走过，
七旬的老人顿觉变成少年郎，
我仿佛看到——英雄的纪念碑，
人民的大会堂，
那高高悬挂的五星红旗——
在迎风飘扬！
我手摸着金水桥上的玉石栏杆，

历史的长河在耳旁回响。
这里，曾是帝王将相出入的地方，
如今哟，我瞎子也能把故宫逛！
盲艺人十进北京城呵，
讨饭娃跨进怀仁堂。
谈政治、议国事共商大计，
游长城、观北海我热血激荡……
唱不尽心中的美景和美事哟，
天安门前留张相。

这次，我与韩老整整游览了一个上午，当我们乘车返回远望宾馆时，已经是中午 12 点了。韩老把我带进一座餐厅，与骆玉笙、谢添等全国政协委员同桌共餐，一叙情长。

这一次拜访韩老，还有一个意外的收获，那就是谢添导演为我题书赠言："人们都爱惜生命，然而，有些人往往忽略了生命是用时间来计算的，希望咱们都不忽略，与孟祥同志共勉。87 年春谢添。"

在撰写《韩起祥评传》一书的过程中，曾得到贺敬之先生的热情支持，他就韩起祥在文艺界的地位与影响，与我进行过多次畅谈，先生在《为人民艺术家立传——贺敬之谈韩起祥》一文中说：

关于《韩起祥评传》一书的写作，我谈几点感想：

一、对韩起祥的评价，我没什么意见，你在《历史的功绩》一节中都谈到了。我觉得如果写得引人入胜，最好分析他的说书艺术。为什么他的演唱受人喜爱呢？除了政治意义之外，里边还有艺术。对于他的演唱，我是很倾倒的，作为说唱艺术而论，他的声音、他的语言、他的创作都是很惊人的，表演也是第一流的。他演唱起来很有激情，该粗犷的粗犷，该细腻的细腻，人物刻画入微，是很动人的。他那么早就参加了革命，用自己掌握的艺术，自觉地去为革命战争服务，为人民大众服务，并且发展了自己的说唱艺术，这是有中国特色的革命文艺、社会主义的文艺。一个是曲艺独特的形式，一个是民间艺人，不是大学毕业，留学国外，而是土生土长的社会主义文艺中一个方面的代表人物，应该给予应有的评价。

二、这个人物选的是很对的。文艺的普及与提高，新文艺与民间文艺，知识分子与民间艺人的相互关系，到底怎样处理好，韩起祥是个例子。专业的新文艺工作者对他是有帮助的，不论是在思想上，还是在艺术上。我们这些人也向他学习到很多的东西，特别是对文艺创作的民族化、大众化的理论和实践上对我们有很大启发。这不仅是对曲艺，搞其他艺术也是很有启发的。

三、过去，没有人给韩起祥作传，你们写了，希望多花点工夫，把它写好。

三年之后，我请著名画家阿老先生为韩起祥画像，贺敬之先生为之题词："卓越的民间说唱艺术家韩起祥的名字是不朽的，他的艺术创造为我国民间艺术宝库增添了新的珍品。"柯蓝先生也为之题书："延安相识，化装牵棍，文坛传为佳话。1945 年，在延安文协担任曲艺改革工作，帮助盲艺人韩起祥编写新书，我曾打扮成文化货郎，同时为韩起祥牵棍串乡搜集民间故事，引起轰动，争相传诵，被誉为下乡模范。全国解放后，韩起祥被选为全国曲协副主席，不幸现已谢世。"

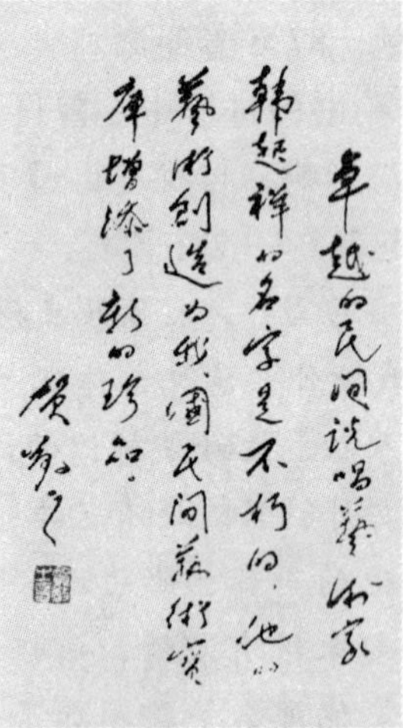

贺敬之为韩起祥肖像题词

《韩起祥评传》于 1989 年 9 月由中国民间文艺出版社出版。时任全国人大副委员长的习仲勋同志为该书题辞："民间艺术家的一代典范。"

说　马　季

马季走了，走得那样突然，使人们不愿接受这一现实，因为喜欢他相声的观众仍沉浸在以往的笑声中。

我与马季是老朋友，20多年前的1986年3月26日，我去京城拜访先生。他住在中国广播说唱团的一栋公寓内。生活中的马季待人热情诚恳，平易近人，我与他面对面地促膝交谈，一聊就是两小时。临别时，马季在我的笔记本中写下两句话：“孟祥同志：干事业离不开新闻战线朋友的帮助，感谢您的辛勤劳动。”这次造访，我以《相声伯乐——马季》为题，撰写了一篇千字小文，见诸于报端。自此以后，我又多次拜访过马季，他馈赠我的三幅书法作品，除一幅赠予友朋外，另两幅一直珍藏至今，其中的一幅是马季题写在他的画像之上的，画像由方成先生所绘，马季题书道：“攀登艺术高峰，也是人品的较量。”

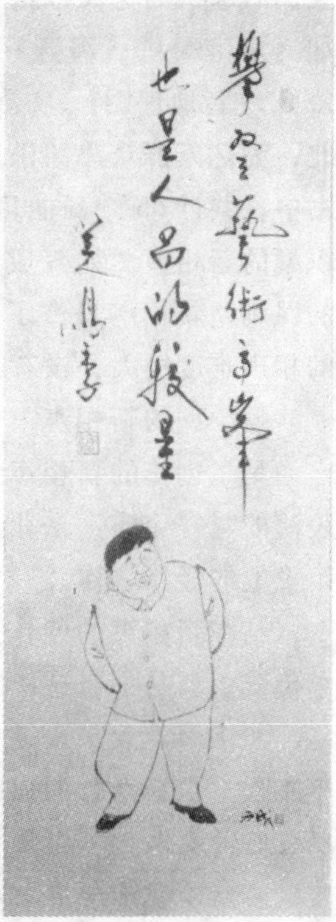
马季漫像　方成画　马季题

马季从艺长达半个世纪，不断攀登艺术高峰，在这座艺术之峰巅，镌刻着“相声大师——马季”的大名。马季的艺术生涯几乎与新中国同步前行。历史的变革，时代的变迁，赋予了马季相声艺术新的历史使命，那就是创新。然而，相声作为讽刺与幽默的喜剧性语言艺术，如何进行创新则是相声发展史上一个崭新的重大课题。

在现当代相声史上，有两次大的创新变革活动，一次是在抗日战争与解放战争时期，一次是在新中国成立初期。由于历史条件的制约，这两次的相声创新变革活动，只是停留在“旧瓶装新酒”与对传统相声进行整理与加工的初级阶段，尽管有少量的新相声面世，但真正意义上的歌颂型新相声尚未形成气候，更未造成社会影响。值得庆幸的是，60年代初期，马季在曲坛异军突起，他在继承传统的基础上，对相声大胆创新，一手抓表演，一手抓创作，一批歌颂型的新相声脱颖而出。记得40年前我在济南军区八一大礼堂第一次观看马季的演出，就是听他创作表演的新相声《画像》。该作品以全国农业劳动模范张富贵为题材，通过主人公一组组“闲不住”的身影，风趣而真实地讴歌了社会主义时期所涌现出的新一代农民形象。后来，马季又以饱满的政治热情，相继创作了一大批脍炙人口的新相声。如《友谊颂》、《海燕》、《登山英雄赞》、《劳动号子》、《女队长》、《舞台风雷》、《新地理图》、《营业员之歌》等等。这些新相声，传遍了祖国的大江南北，为亿万群众津津乐道。在2005年6月出版的《马季表演相声精品集》一书中，共计65个新曲目，其中的歌颂型相声就占了近一半，另一部分是属知识型的新相声，如《成语新编》、《对春联》、《行业术语》等。一些针砭时弊的讽刺型新相声只占了少数。众所周知，讽刺是相声的最大强项，而歌颂型的相声难度极大，没有驾驭语言的深厚功底和对生活素材的长期积累，创作表演歌颂型的新相声很难成功。马季知难而进，其艺术成就有目共睹。

马季创作的新相声，虽说讽刺型的相声数目不多，但影响极广，他创作表演的《“宇宙”香烟》、《特种病》、《一仆二主》、《五官争功》等，堪称相声史上的经典之作。

马季新相声的创作，得利于两点：一是继承传统，二是深入生活。在继承传统上，马季有这样的文字说明：

相声的沿袭一直是师徒之间口传心授，据我所知，最早系统地整理是六十年代，根据老艺人们的口述“记录”出来的“四大本”（说记录是因为按照当时的要求，不允许整理，只能保持原汁原味），那是多少代相声艺人舞台实践的结晶，千锤百炼，字字珠玑。因为内容有很多旧社会的痕迹，不允许公开出版，只铅印了六十本，封面上还有“内部资料，不许外传”的字样。它不仅滋养了一代相声演员，还有极高的研究价值，就连毛泽东都曾经派专人索要。我年轻时候学相声，那“四大本”就是我的“葵花宝典”。[①]

在继承的基础上创新，在创新的指导下继承，是马季新相声创作成功的一大秘诀，至于说深入生活，马季同样深有感触：

解放后，大量新作品出现，创作者既有专业作家（老舍先生就有相声段子见报），也有爱好者。但是，大多要经过演员在舞台上的二度创作。演员能够拿起笔杆，两条腿走路，一直是我所提倡和努力实践的。五十年代至七十年代，文艺为工农兵服务，深入基层、体验生活是主旋律，创作的作品反映时代风貌，那是我创作的第一个高峰。常常是白天采访，晚上动笔，第二天就上台试演，虽然难免粗糙，但是时效性强，反应热烈，久而久之，也有精品留下来。②

以上是马季对继承与创新的亲身感受，也是他启迪后人的成功经验所在。马季，堪称继承的高手，创新的典范。马季走了，身后留下了“相声大师”的美名，同时也留下了一个未解之谜，那就是：马季是怎样成为一代相声大师的呢？这是一个承前启后、继往开来的重大研究课题，谁能在理论上破解之谜，谁就给相声艺术的发展指明了方向。马季所走的是一条通往大师的成功之路，马季研究值得重视。

注：①②引自《马季表演相声精品集》“编后记”一文。

谈何迟

前不久，我去天津，向坐在我身边的出租车司机询问："你知道说相声《买猴儿》的演员是谁吗?"他不假思索地回答："马三立。"我又问："《买猴儿》的作者是谁?"这下可难住这位司机，我告诉他："是你们天津的大作家何迟。"

作者与何迟

何迟满月　老舍祝贺

何迟，原名赫裕昆，满族，1920年阴历7月23日出生于北京，他的父亲曾经通过殿试考中拔贡，当过前清的七品小京官。辛亥革命后担任劝学员员长职务。劝学员是在教育部领导下，以推广创立新学教育的人员。这个机构大约有几十人。

为了庆贺何迟生日，在满月那天，何迟父亲的朋友和劝学员们都来道喜。其中就有后来成为大文学家的舒舍予先生，即老舍先生。由老舍倡议劝学员集资请了一台杂耍，据说，当时北京杂耍中的著名艺人，像焦德海、刘德智、快手卢、徐狗子都到了。这台杂耍小戏，实际上就是现在的曲艺。所以后来何迟风趣地说："在我满月的时候，就跟曲艺联系上了。"

五岁识鲁迅

1925 年，何迟年仅 5 岁，他的父亲当时在教育部当科员。一天，忽然接到教育部的发薪通知，于是，何迟随父亲去教育部。他们父子二人刚刚跨进教育部院落，从迎面的台阶上走来了一个消瘦的老人。何迟的父亲急忙上前打招呼："树翁多日不见，您好！"这位老人也前走了几步，忙说："杏翁，你好！"（何迟的父亲名赫春林，字杏村）。说罢，二人各拉一把藤椅，坐下聊了起来。

少许，消瘦的老人看站在身边的何迟，又看了看赫春林，问道："这是你的……"赫春林急忙把何迟推向前去，说道："给周伯父行礼。"何迟深鞠一躬，说声："周伯父！"年幼的何迟岂能晓得，坐在他面前的这位"周伯父"，竟是大名鼎鼎的鲁迅先生。

相逢"大武汉"

1941 年，晋察冀戏剧协会派何迟到唐县去作创造模范村剧团的工作。在唐县县政府所在地，有"抗联"一种群众组织。"抗联"是由工、农、青、妇、文几个团体联合组成的"抗日救国联合会"组织。其中有一位唱西河大鼓的民间艺人王尊三，他当时编演的新曲目《保卫大武汉》，受到抗日军民的热烈欢迎。为此，群众送他一个绰号"大武汉"。

何迟来到唐县后，随即去拜访王尊三并向他学唱西河大鼓。他们曾同吃同住在一起生活了一个多月。何迟在掌握了西河大鼓的演唱规律的基础上，便创作了鼓词《十女夸夫》，由王尊三来演唱。在晋察冀解放区，何迟与王尊三是知识分子与民间艺人相结合的代表人物。

张家口第一次解放时，何迟把王尊三推荐到张家口文化站工作，把张家口市的曲艺改革工作交给了他。

1949 年 7 月，全国第一次文代会在京召开。何迟与王尊三又见面了，老友重逢，格外高兴，他们一起聆听毛主席与周总理的讲话。就是在这次文代会上，王尊三被推选为全国曲艺改进会筹委会主任委员，何迟被推选为常务候补委员。

营救郭兰英

1945 年，张家口第一次解放后，何迟随“抗敌剧社”来到了张家口，当时，张家口市委把何迟、刘流、贾克等同志抽调地方，做戏曲改革工作。

张家口有个同德戏院，主持戏院的班主叫越步桥，在这个班子中就有郭兰英。当时她不过十七八岁，曾因主演过《白毛女》、《血泪仇》而深受群众欢迎。何迟就是在这时与郭兰英母女相遇的。

张家口撤退时，贾克先撤走了，临别时贾克嘱咐何迟：“郭兰英是个人才，你撤退的时候想办法把她带出去。”之后，何迟跑了不少地方，总算弄了一辆大车，就急忙去找郭兰英。

当时剧团已停止了演出，何迟在同德剧院的后台找到了郭兰英，急忙告诉她：“现在张家口就要被国民党傅作义的部队占领，你演了那么多新戏，还留在同德戏院是很危险的！快，你和你母亲赶快收拾行李，大车就在戏院门口等候。赶快随我们撤退。”在何迟的动员下，郭兰英母女随何迟一起上了车。

就这样，何迟把郭兰英救出了张家口，从此，她被送往由周巍峙领导的西北战地服务团。很快，郭兰英就成为一名革命的文艺战士。

《买猴儿》与《“统一”病》

相声《买猴儿》创作于1953年，首次发表于1954年7月的《北京日报》，该作品是何迟相声创作的代表作，它以讽刺夸张的艺术手法，成功地塑造了“马大哈”这一艺术典型形象。作品发表两年之后，即1956年，围绕着艺术的讽刺与夸张，在《文艺报》展开了一场持续两个多月的大争论，就连老舍先生也参加了这场“谈讽刺”的大论战之中。

争论的结果使何迟赢得了声誉，而“马大哈”从此更出名了。仅1954年全国就有13个刊物发表了相声《买猴儿》，并译成英、俄文向海外发行。

相声《“统一”病》创作于1957年1月，但作品未等“出笼”就“自投罗网”了。何迟回忆说：

我连夜写成《“统一”病》这篇相声之后，就寄给了《曲艺》编辑部。当时编辑部来信肯定了我这篇相声，并且准备发表（这封信现在仍在我手中）。可是我却反复考虑，作为一名共产党员，发表与当时大多数人政治观点不协调的作品，究竟应该不应该？尤其是作品发表后，那就不单是个人的认识问题而要产生很大的影响，于是我便去信把《“统一”病》从《曲艺》编辑部要回来，很快收到编辑部的回信，说《“统一”病》这篇相声已在编辑部内传阅讨论，大家都觉得很好，决定在《曲艺》创刊号上发表。

为了慎重起见，我把从《曲艺》编辑部要回来的《“统一”病》作品于1月29日寄给了中宣部，并附了一封信，我以为如果这篇作品观点不合时宜，那么领导同志便会给我指出来加以纠正。如果我还坚持自己的观点，不拟更正的话，那么作品顶多是不发表了事。

然而，何迟太天真了，他写了“统一病”，却犯了“幼稚病”。从此，他写的《“统一”病》不仅被打入“冷宫”，而且何迟本人一夜之间竟成了“十恶不赦”的“大右派”、“修正主义分子”、“反党集团首领”等等。

何迟的思想太敏锐、太犀利了。早在1957年他就“异想天开”地创作出一个“统一市长”，不仅让全市的街道、门牌统一，而且连市民看戏、购物都要统一，甚至连全城人的起居作息、动作姿态都要统一：

甲 我们这个城市建设上统一，在文化艺术上统一，连全城人的起居作息，动作姿态也完全统一。

乙 那怎么统一呀?

甲 我做的就是这个工作。市政府里有一个信号室，我就在那儿担任信号室主任工作，领导着十个信号员，专门掌握全市一百万人的作息起居时间。

乙 嗬，合着一百万人都由你这统一?

甲 哎。信号室里有好几个电闸，一合电闸，信号儿就响。早六点一合电闸:“门儿——”全市起床；八点钟一合电闸:“门儿——”全市工作；十二点一合闸:“门儿——”全市吃饭；十二点半一合电闸:“门儿——”全市午睡；晚七点一合电闸:“门儿——”全市开灯；晚上十二点一合电闸:“门儿——”全市熄灯。这还不算。

乙 还不算?

甲 街上行人一律排成四列纵队，开正步走，警察在岗楼上喊口令:“一、一、一二一……”广播电台在每条街上都安上十个扩音器，从早到晚广播进行曲:“打打打地打打打地打打；打打打地打打打地打打”，广播员一高兴:“一二三四!”街上行人好几十万人一块儿喊:“一二三四——”

乙 这是走道儿啊?

甲 不，这是练兵!我哥哥站在市政府大楼上朝下这么一看哪，心里这个乐呀!

乙 都统一了嘛，他还不乐!

甲 基本上都统一啦，可是有一样儿最重要的东西，太不一样了!

乙 什么东西哪?

甲 人?我哥哥这么一看:全城一百万人，怎么长得都不一样啊?

乙 多新鲜哪，是不能一样了!

甲 (学他哥哥):“哎呀!得想办法统一。”

乙 啊，人没法统一!

甲 我哥哥有办法:号召全市医学家、药学家、生理学家、动物学家共同合作，发明一种药。

乙 什么药呀?

甲 统一药。

乙 统一药?

甲 我哥哥心想，要发明这么一种药，吃下去以后就能把全城一百万人都能统一起来，那可就省事多啦！

50年后的今天，我们拜读这篇“结构乱弹”的奇文，仍感心有余悸，何况是处在全国“大跃进”的前夕？尽管何迟预言中的“统一病”，在尔后的一段岁月里不幸而言中了，可对于何迟来说，则因言中而招来了大不幸！

批斗会上的幽默

如果说相声《买猴儿》为何迟带来了声誉的话，那么，《“统一”病》的创作则把何迟推进了万丈深渊。

何迟自1957年因创作相声《“统一”病》被划为“右派”，一直到1978年12月彻底平反，期间的22年中何迟都是在受苦受难的岁月中度过的。他的肉体与灵魂都受到严重的折磨和摧残。

1961年下半年，“右派”的帽子虽然被摘掉了，但“摘帽右派”的那顶帽子仍牢牢地戴在他的头上。因此，“文革”一开始，何迟就被当做“牛鬼蛇神”揪了出来。

1968年，他被强行押送到104干校去劳动改造。在一次干校的批斗会上，校长特意点何迟的名，让他背诵“老三篇”。何迟有意背不上来。凭他的记忆，别说是“老三篇”，就是全部“语录”，也能背得滚瓜烂熟。在他的背后，是女作家袁静，她急得给何迟提词。何迟心想：你不要提了，你怎么提我也背不上来。于是，气得校长暴跳如雷：“何迟，你连老三篇都背不上来，文化大革命都去干什么去了！”何迟不急不慢地说：“文化大革命中，我跟群众对立过去了，所以没有看老三篇，也没有看新三段。”

校长讲完了话，大家在所谓的互相帮助的时候，有人问何迟：“斗你以前，你是什么心理状态？”何迟笑道：“我和阿Q赴刑场的心理差不多，我本来想唱‘手持钢鞭将你打’，可是，我的全身都被所谓的革命群众捆起来了，所以连一句唱词也没唱出来，就糊里糊涂地被砍了头。”说得“同犯”们哈哈大笑。

到了1969年，干校被审查的要一个一个地进行检查，然后经过群众评定，再决定是否解放，当让何迟检查的时候，他一开口就背语录，但把语录背得颠三倒四。见此，工宣队人员拍案而起，说：“就凭你这种态度，还能解放！”接着何迟演起戏来，忙说：“我对不起党，对不起毛主席，对不起革命群众，对不起人民，对不起党对我的培养。”接着，运用演戏的技巧，从眼缝里挤出几滴辛酸的眼泪。一场戏弄，果然生效，何迟被“解放”了。

多产作家

何迟自1938年开始撰写《告陇海铁路工人书》（政论文）开始，到1989年的50多年间，共创作了数百万字的文稿。据不完全统计，他先后创作了话剧剧本18个，戏曲剧本17个，电影剧本2个，相声剧本7个，相声段子25个，诗词92首，鼓词、快板4篇，论文54篇，杂文13篇，散文9篇，口述《何迟自传》33万字，改篇《笑话百种》，京剧3个，相声4个。整理《张寿臣单口相声》一部，主编评书《聊斋志异》一部、《双港公社村、家史》40万字。出版了《何迟相声集》、《何迟相声创作选》、《何迟诗选》等专集。

何迟不仅创作了大量的文学作品，并且自导自演了秧歌剧、快板剧10多个。相继导演话剧《曙光照耀着莫斯科》、《把眼光放远一点》、《群猴》，歌剧《李大娘送子归队》，河北梆子《包估》、《血泪仇》，艺术纪录片《杂技艺术表演》等等。他是我国享有盛誉的著名作家和艺术家。

病床上的奇迹

10年浩劫，何迟受尽了折磨，在屡遭毒打摧残之后，他自1970年全身瘫痪，只能仰面而卧，不能行动寸步。就是这样一位被病魔夺去生活能力、骨瘦如柴的老人，凭着“理想是支柱”、“老骥志千里”的一颗赤子之心，在短短的6年之内，就发表了数十万字的作品。其中包括十多个相声、四个小戏、一批杂文，以及一些讽刺与幽默的文章。还结集出版了《何迟诗选》、《何迟相声创作选》、《马大哈进北京》、《舞台艺术真实感》等专集。创作了京戏《东西庄》，还口述了33万字的《何迟自传》。这么多的文艺创作，对于一个健康的人来说，已经是很可观了，何况是一位长期卧床不起的老人呢。这真是一个奇迹！何迟是以怎样的惊人毅力来进行创作的呢？他赋诗道：

欣逢盛世锁眉扬，
身欲奋飞病在床。
老马嘶风为呐喊，
衰牛犁土不彷徨。
推敲好句歌红日，
结构乱弹战黑帮。
荡垢涤尘喜展望，
阳光普照耀八荒。

是的，何迟一生笔耕，都是为了“推敲好句歌红日”的，他18岁奔赴延安，20岁加入中国共产党，在延安亲耳聆听毛主席的讲话。后来，三千里行军，在火线剧社，在联大文工团，在晋察冀军区的抗敌剧社，与丁里、汪洋等老战友转战太行，解放区的文艺史上应留下何迟的名字。新中国成立初期，他出任中华杂技团总导演。1950年底，中华杂技团成功访苏，为刚刚成立的新中国赢得了荣誉。

50年代初期，何迟创作的相声《买猴儿》，被论家认为是相声史上的经典之作。它久演不衰，有着很强的艺术生命力。继相声《买猴儿》之后，何迟又创作了大量的脍炙人口的相声佳作。其中《“统一”病》，把何迟的讽刺艺术推到了极致，它把“左”的思潮抖了一个底朝天！《“统一”病》比相声《帽子工厂》早诞生20年之久。可以说，何迟是文化艺术界最早向极左思潮开战的勇士！他以极其敏锐的眼光和深邃的洞察力，意识到社会主义的初期阶段，不应把“社会主义改造统的过严、过死，国家自己给自己背上包袱”。何迟觉得：“社会主义不等于统一。社会主义社会应是最能发挥每个人的特长、每个部门的积极性的社会，是最能发挥各行各业经营特点的社会。那种认为社会主义就等于统一的观点是错误的。”这就是何迟为什么要创作相声《“统一”病》的根本原因。

然而这篇针砭时弊的相声力作，至今未能得到应有的重视与评价。

一封来信

何迟同志是在我党我军培养下，经过战争考验并做出突出贡献的著名作家和艺术家。同时又是屡遭不幸、深受“触及”致残最具代表性的人物，可以说他的命运是与党的命运紧紧连在一起的。每当我党健康发展之时，他就心情舒畅，全家欢乐；每当我党受到挫折之时，他就飞来横祸，妻女遭殃。他一生酷爱喜剧，给他带来的却是一个个苦果，他悲剧喜演，有时以哭当歌。因此，为何迟老出版“自传”，不仅是为作者个人正名，同时也是为拨乱反正的时代所需要。为此，我主动向何迟同志的家人提出，愿为《何迟自传》的编辑出版尽心尽力。

1989 年 2 月底，我收到何迟同志的第一封来信：

孟祥同志：

你好！你的出版计划完成得怎么样了？念念！

我的传记即将完成，蒙你设法出版，十分感谢。但这部传记是三个人共同完成的，历时两年之久。如由你处出版，我们的意见是只要最低稿费千字十元。不知可以满足这个要求么？请百忙中赐复。

我的病又加重了些，只有听其自然了。

即此敬祝

健康！

何　迟　　1989. 2. 27

我收到何迟同志的来信后，急速赶往天津，与何迟同志洽谈出版事宜。

出书“协议”

按照当时我的条件来说，包揽《何迟自传》的编辑出版，是“力不从心”的。因为我既不是出版社的负责人，又不是腰缠万贯的富翁，只是以文养文。

《何迟自传》所具有的史料价值和学术价值是不言而喻的。但它不是那种社会流行的畅销书，出版社由于受经济利益所驱动，往往对此类书不感兴趣。好是当时我正在主编“东方说唱艺术系列丛书”，于是，就把《何迟自传》入编该“丛书”之列。

1989 年 3 月 11 日，我在天津与何迟同志签订了《关于编辑出版 <何迟自

传 > 的“协议书”》：

一、双方商定：《何迟自传》由胡孟祥负责联系出版，交中国民间文艺出版社，列入“东方说唱艺术系列丛书”。

二、胡孟祥负责筹集三千元的稿费付作者。

三、《何迟自传》全书约 28 万字，作者同意压缩，但压缩篇幅不要低于 25 万字。作者同意胡孟祥写篇评介文章，列入书中。

四、《何迟自传》在出书前，作者同意由胡孟祥联系，在刊物上发表有关章节。发表的章节稿费由胡孟祥代存，最后交付作者。

五、1989 年 5 月 31 日交稿，年底出书。

千里赠诗

签订出书“协议”的一个半月后，我又收到何迟同志的一封来信：

孟祥同志：

你好！多日不见十分想念！蒙你看在多年友情的基础上为我出书，并筹划三千元稿费，十分感谢。现《何迟自传》的稿子已完成，我已看了两遍，多少压缩了一些，等待着你来取。请在百忙中拨冗来津一行，早日取走，以便你为此书写文章。你的文章实际上是一篇对我的评价和序言。另你叫我录的磁带也录好了，来取稿件时可一起带走。一切见面详谈。望注意健康！

即此敬祝

编安！

何迟　1989.5.3

随函另有何迟老亲笔题书撰写的“赠孟祥”七律诗一首：

平生得一知音难，
为我成书非等闲，
深感友情深似海，
方知谊厚重如山，
十年来往终身友，
千里相隔魂梦牵，

但愿孟祥成就大，
酒擎三盏祝平安。

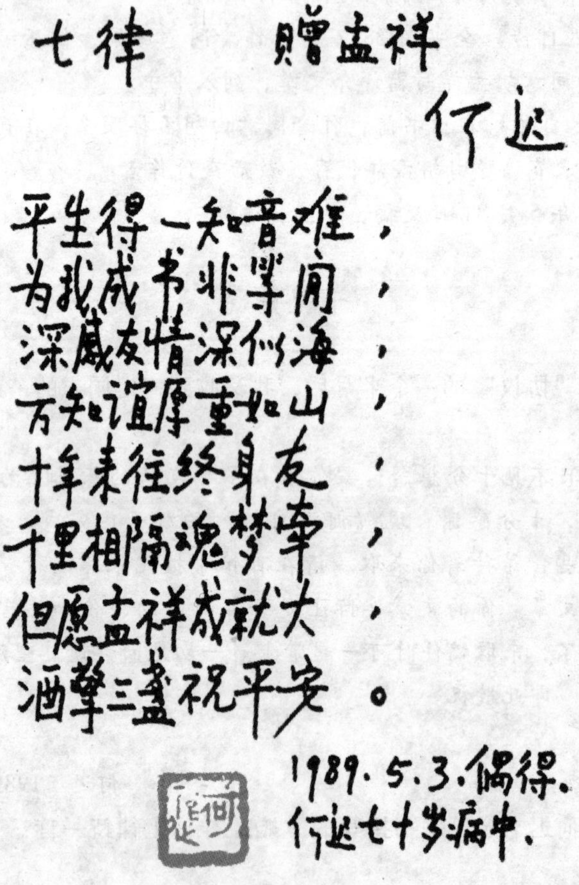
七律　赠孟祥

何迟

平生得一知音难，
为我成书非等闲，
深感友情深似海，
方知谊厚重如山，
十年来往终身友，
千里相隔魂梦牵，
但愿孟祥成就大，
酒擎三盏祝平安。

1989.5.3.偶得。
何迟七十岁病中。

何迟诗书手迹

回首往事，平生到底有多少“十年来往终身友，千里相隔魂梦牵”的“知音”呢？记得二十年前我第一次去拜访何迟老时，就给我留下了终生难忘的印象。当时尽管他病魔缠身已数载，可他那惊人的记忆力却不减当年，尤其是他那出口成章的天赋和才华更使我惊叹不已。也许是他有着一种超人的内在思辩活力的缘由吧，才使他致残的身躯仅留下一副健全的大脑。望着这位骨瘦如柴、卧床不起的多灾多难的老人，不由产生了一种悲凉之感。如果说我对“文革”所酿成的家庭悲剧有所感受的话，就是从何迟老的遭遇开始的。自此以后，每逢我去津门，总愿去探望这位病床上的老人，我们每次会面，他对我总是热情鼓励，希望年轻人有所作为，真是“但愿孟祥成就大，酒擎三盏祝平安”。

值得欣慰的是，我没有使何迟老失望，他口述的一部33万字的《何迟自传》，未经任何压缩，于1989年11月由中国民间文艺出版社在京正式出版了。

歌古元

古元的家，
明亮光华。
大厅内
摆一套木制的沙发；
墙壁上
挂两幅鲜艳的水彩画。

客人来了
送一杯暖茶；
客人走了
带一脸朝霞。

好客的主人，
不善讲话。
但心中有一团火，
那是来自延安的火把。

我在与古元先生多年的交往中，先生给我留下了深刻的印象。1990 年，我请先生提供资料，别提他是多么的细心。早期的木刻印刷品提供 7 件，画下都有先生的注文：《探望老房东、老战友》、《铡草》、《离婚诉》（一稿、二稿）、《家畜》、《牛群》、《羊群》。什么《信念与追求》，什么《创作琐记》，什么《醇造甜美的蜜》……把资料整理完毕，一件一件都装进信封里。信封上写行小字："古元资料"，先生做事就是这样的认真。临别时赠一幅手拓的版画，看"层林尽染"，是何等的艳丽！

1993 年，我请先生题书楹联，他写"歌港澳回归，颂中华伟业"。字字端正，笔笔传神。这就应验了那句老话：字如其人。我请先生画幅水彩，没过多久就传来喜讯：画已作毕，等待来人。画幅不大，立意超群。中间画错落的民居，前面画插秧的男女，后面画峻峭的群峰，远方画雁飞的天梯。观画面，生机盎然，一片翠绿；看整体，山高地阔，水天如洗。呵，《大雁归来》，这是献给港澳回归祖国的一首赞歌，这是留给中华民族的一份厚礼！

我请先生画幅肖像，没过几天，他就画好了自己。先画黑白对比的头像，再题："南国一孺子，陕北求真知。不觉已白首，愚叟志不移。"诗写得质朴无华，没有任何豪言壮语。可是，这是先生的人生写照，字里行间记录着先生的风风雨雨……

后来，听说先生病了，住在协和医院里。我想去看望先生，又怕打扰他的病体。也许是上帝做出的安排，"协和"的名字适合先生自己。他一生追求协和，对事业，对艺术，对工作，对学习，对同志，对妻女……他追求生活的圆满，他追求人生的美丽。像他那一幅幅的彩画，像他那一支支的彩笔。

古元，1919 年生于广东省中山县（现为珠海市）。我国著名的现代版画家、水彩画家、美术教育家和新兴木刻版画的开拓者，被徐悲鸿誉为"中国艺术界中一卓越之天才"。历任延安鲁迅艺术文学院美术系教员，人民美术出版社创作室主任，中央美术学院副院长、院长，中国版画家协会副主席，中国美术家协会副主席等职。先后当选为第一、二、四届全国人大代表，第七届全国政协委员。

1996 年 8 月 10 日，古元先生离我们而去。先生走了，那天我远离京城，在千里之外的高原雪域，不能为先生送行，但悲痛的泪水流在了心里。我站在高原仰望北京，想唤回高高的白云，翱翔的大雁。请白云捎给先生一片哀思，请大雁带给先生一份心意。我知道，先生是一位老共产党员，党员是不信奉天主的。然而，戈尔巴乔夫却认为：马列主义是从《圣经》里诞生的。于是，我为先生祈祷：愿先生的英灵早升天堂，愿先生英名永驻大地……

记彦涵

提起了彦涵，就想起了古元，提起了古元，就想起了彦涵，二位先生均来自革命圣地延安，都经过抗日烽火的洗礼。建国后，又同执教于中央美术学院，在文化艺术界，彦涵与古元齐名，均为艺术大师享誉画坛。

1995年春，我收到彦涵先生的第一封来信，也是唯一的一封信，信中寄来先生的自画像一幅，约两平尺，画像下面有先生题书的四个大字：感悟不易。自此以后，每次见到先生，谈论最多的就是“感悟”二字。感悟，似乎是只可意会，不可言传，感与悟，应从两个层面而论，只有有所感，才能有所悟。但作为一个艺术家来说，要想从艺术本质上来把握感悟却不是一件易事，彦涵先生从艺70余年，还发出“感悟不易”的感叹，由此可见，感悟对艺术家来说是何等的艰难。我觉得，对艺术的感悟不仅靠长期的艺术实践，也要靠艺术家的天赋与才华，从某种意义上来说，一个艺术家的成败与否，则取决于他的悟性之高下，而这种悟性是伴随着艺术家不断实践而逐步升华的，艺术无止境，悟性无了结。这就是彦涵老关于“感悟不易”对我的启迪。

只要走进彦老的家，就如同走进了一座艺术的殿堂，偌大的客厅被一幅幅“似是而非”的新画作装饰一新，就如同走进了一个梦幻般的世界。先生不仅以刀代笔，创作了大量的版画，还创作了大量的油画、国画乃至书法。一位年过九旬的老人，竟然能有如此的心态，真使我惊叹不已！

然而，近期与先生的一次通话，却使我深受感触。今年2月1日晚7时30分，我拨通了彦老家的电话，接电话的就是先生。彦老问：“你找谁呀？”我回答：“找彦涵您老。”“我是彦涵，你是谁啊？”我生怕先生听不清楚，就放大了声音，通报了姓名，尽管我的声音很大，彦老在电话中继续说道：“我耳聋了，听不清楚，你到底是谁呀？我眼睛得了白内障，看报都很困难，心脏还不好。”听彦老熟悉的声音，我心中十分沉重，我请彦老多多保重身体，不知先生听到了没有。

我与彦老交往多年，先生送我两本书，一本是1997年夏我去京拜访先生时送我的"彦涵传"《感谢苦难》，先生在书的扉页上还亲笔写上了"孟祥先生正"的题字。该书由作家孙志远著，管桦作序，人民文学出版社于1997年在京出版。该书为"彦涵传"，但醒目的书名却是《感谢苦难》，由此，我发出感慨：

感谢苦难？
让人毛骨悚然。
苦难啊，
你带给世人多少不幸？
苦难啊，
你带给家庭多少悲惨？
然而，苦难也能催人奋进，
苦难也能奏响琴弦。
于是，
我看到书中的身影，
一个———
"趴在地上战斗"的彦涵。

2005年新春，我去京城拜访彦老时，先生又送我一本精装的大画册《文学之画》，并在书的扉页上题签。该书由江西美术出版社于2005年1月出版，是一部文学插图与组画的合集。其收编的作品从创作年代算起，前后已有半个多世纪，它反映了几个不同历史时期的方方面面。马克先生以《耐人深思的"文学之画"》为序题，对画册进行了理论性的阐释："在跨越20世纪到21世纪的中国画坛上，彦涵先生是位把自己的命运与时代和民族紧紧联系在一起，并通过自己切身感悟表达时代脉搏和人民心声的杰出画家，也是一位经历丰富、才华横溢、善于吸收、勇于创新、敢于开拓的艺术闯将。他在从艺60余载的探索生涯中，虽历经坎坷挫折，但坚强不屈，始终如一，不忘记人民画家的使命，紧握手中的刀笔，勤于耕耘，奋进不息。无论在版画、油画、中国画或在书法以及插图、组画、封面等创作中，均有可喜的建树。"

是的，彦涵先生1916年生于江苏连云港，自1935年考入国立杭州艺专至今，从艺长达70余年，历任延安鲁艺木刻团成员、中央美院教授、中国美协常务理事、中国版协副主席，曾荣获“中国美术金彩奖”，连云港建有“彦涵美术馆”。可以说，先生硕果累累，艺术辉煌，是享有国际声誉的艺术大师。同时，还是后学的良师益友。记得有一次我携带一幅习作《大鸡图》，请先生为之题字，彦老随即为之题书：“一唱雄鸡天下白。”并在落款处题写了“孟祥先生画，彦涵题”。

十见臧克家

昔日北京城的赵堂子胡同，是清一色的民宅民房，一眼望去，一片青砖灰瓦，显得古朴而宁静。靠近赵堂子胡同的最东首，有个坐北朝南的四合院，这就是饮誉海内外的大诗人臧克家先生的家。走进臧老的客厅，最使人赏心的就是客厅四壁所悬挂的名人字画，这里，有王统照先生的亲笔手书，有老舍先生的书法手迹，最醒目的就是一人高的大“寿”字中堂，这是出于书画大师刘海粟先生之手笔，特为祝贺臧老八秩华诞所书。

客厅的西套房，是臧老的卧室兼书房，窗下放一条木制小桌，桌旁放一把木制小椅，晚年的臧老就在此写作。臧老在这座老宅生活了几十年，很惋惜的是，今日的臧克家故居已荡然无存，只留下一条宽阔的马路在车流的喧嚣声中往前延伸……

我曾十次去京城拜访臧克家先生，最早的一次是20年前的1985年1月。臧老出生在山东诸城，其童年与少年时代是在鲁中平原度过的。而我的家就安置在与诸城接壤的潍河岸畔。更为有趣的是，早在1934年诗人就在我的故乡临清执教，45年后的1979年，诗人以满腔的热情，讴歌了这座运河岸上的古城：

临清，你这运河岸上的古城，
像一只飞鸿，我曾在你身边留影，
留影也留声，我的几百篇诗歌
就在你这块土地上产生。
那时候，心头上压着块石头，
今天回忆起来还觉得沉重，
那时候，内忧外患一重又一重，
像运河的浊浪冲击人的心胸！

当时的临清守着个安静，
大寺的喧腾，高塔的投影，[1]
孩子的天真，“大仓”[2]的歌声，
给了我欣喜，给了我无限诗情。

第一次拜访，我与臧老谈诗歌，谈家乡，谈临清的宝塔，谈潍坊的风筝，老人认下了我这个小老乡，并为我所在的报社题写了增刊“蜂花”的刊头。

第二次拜访先生是同年12月。这次造访臧老在我的笔记本中留下了一句名言：“生活，文艺创作的土壤”。

第三次拜访先生是1987年的2月，那年臧老82岁，一进客厅就听臧老说：“哎呀，忙啊，忙！”是的，一位年过八旬的老人，每天除了写作之外，还要应酬突如其来的造访者，臧老的善解人意使我深受感动。这次拜访，诗人用诗的语言来祝贺我所在报社创刊十周年：“四化大动力，万里飘油香。”

时隔3个月后，即同年5月6日，我在北京人民大会堂出席纪念毛泽东同志《在延安文艺座谈会上的讲话》发表45周年开幕式，开幕式之前巧遇臧老。这是我第四次见到臧克家先生，那天，他穿一身米灰色的布褂，满面春风地走进了会场，这里我想用“闪亮登场”一词来描绘臧老的到场，因为诗人一出现，顿时被一群友人和新闻记者围了起来，尽管当时有成群结队的文艺界明星在场，但只要有臧老出现，其他人就显得黯然失色。

作者与臧克家

1988年2月，我再次走进臧老的寓所，这是我第五次面会先生。这次造访，臧老为我题书了他的从文格言：

你会觉得心的太阳到处向你照耀
当你以自己的心去温暖别人

臧老题赠我的这幅书法墨宝，就像一股滚烫的暖流，时刻在温暖着我的心。臧老把全部的爱恋都献给了我们的祖国，我们民族，我们人民。他用"心的太阳"去"温暖别人"，唯独忘了自己。这次，臧老还为我即将出版的《胡孟祥说唱文学论文集》题写了书名。

1991 年 7 月 9 日，我第六次登门拜访臧老，这次造访，我与先生拍照肖像，并与先生合影在寓所的丝瓜架下。

1991 年 9 月，我再次走进臧老的家门，临别时，臧老在我撰写的《韩起祥评传》一书中为之题字："多少天才艺术家来自民间，韩起祥同志就是典型的一例，为之立传，名传千秋。"这是第七次拜会先生。

1992 年 4 月，我创意策划的"首届东方年历艺术博览会"在潍坊国际风筝会期间举行，此前，我专程去北京特请臧老为之题写了贺词："年历放光彩　风筝飘四海"。

1993 年 11 月，我第九次去拜访臧老，这次拜访，诗人为港澳回归祖国题书："酒擎三盏贺回归"。同时，臧老还在我与他的合影照上题签。

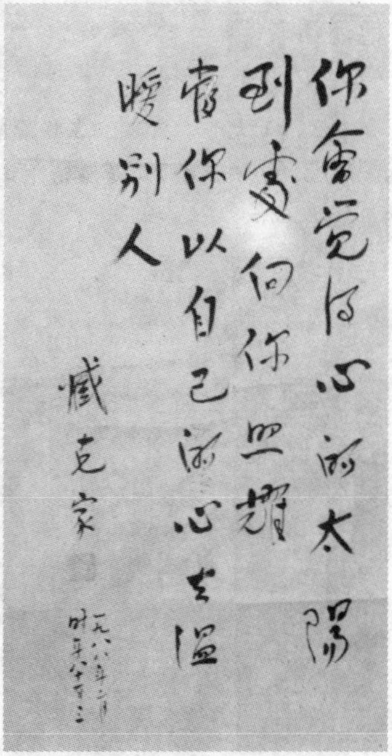

臧克家书法手迹

最后一次走进先生的家门，是 1996 年 3 月 13 日上午 9 时许，我携带由李俊琪先生为臧老绘制的画像请其题字，臧老在他的画像宣纸上方题书道："生活，诗的土壤。"那年，先生 90 华诞。

臧老是文坛上的一颗巨星，有"诗坛泰斗"之声誉，历任华北大学研究员，人民出版社编审，《诗刊》主编，中国文联委员，中国作协名誉副主席、书记处书记，中国诗歌学会会长等职。先后当选为全国人大代表和全国政协常委，有12卷本《臧克家全集》出版。在长达80年的创作生涯中，其硕果累累，功绩卓著，被评家论为“几乎可以说就是一部足以现身说法活生生的中国新诗史”。因此，先生所说的每一句话，写的每一个字，我都细心珍藏。先生说：“我不是书法家，但找我题字的人很多。”是的，人们大都是慕名而来，像臧老这样德高望重的老诗人、老作家，在全国已经是屈指可数了。我抢时间请名家为臧老画像，为之珍藏。

2004年2月5日晚8时35分，享年99岁的臧老与世长辞，我眼含热泪用他当年纪念鲁迅的话为之送行：“有的人活着，他已经死了。有的人死了，他还活着。”

注：①大寺、宝塔，在临清颇有名。

②“大仓”，是临清中学新校舍所在地。

难忘陈大羽

神州大地的这片国土，我去的最多的地方就是北京与南京。南京到底去过多少次，连我自己也记不清了。近 10 多年来，我先后数十次拜访过匡亚明、戈宝权、程千帆、陈瘦竹、陈白尘、刘海粟、谢海燕、陈大羽、魏紫熙、萧娴、武中奇等先生。这里，着重谈谈我与画坛名家陈大羽先生的交往。

陈大羽影像　　作者摄

陈大羽，原名汉卿，后更名为翱，字大羽，遂以字行。1912 年 5 月生于广东潮阳。中学毕业初在家乡当小学教师，后赴上海美专进修。1937 年辗转青岛，任教于崇德、圣功、文德三所中学，课余所画。1944 年，游学京华，拜师齐白石先生，深得恩师器重。相继在京、津、沪、港、澳等地举办画展，为世人所瞩目。1947 年，出版《陈大羽画集》，并应刘海粟校长之聘，回母校上海美专任教。其后，任南京艺术学院教授、美术系名誉主任，中国书协常务理事，江苏省美协、书协副主席。相继出版《陈大羽画辑》、《陈大羽画选》、《陈大羽书画篆刻作品集》、《陈大羽画集》、《陈大羽花鸟册页》等。1988 年，赴日本举办画展，并出版《陈大羽作品集》。

大羽先生以书画印“三绝”名噪文坛，享誉海外。观其艺术作品，气势高远，风骨豁达而雄健，具有阳刚之气魄。大到丽山秀水，小到花鸟草虫，其豪放之情怀溢于画图。

明珠生辉

1989 年春夏之交，我从山东来到了南京，在时任南京艺术学院副院长郁宏达先生的陪同下，先是拜会我国著名书画家、教育家谢海燕先生，后是拜会书坛大家萧娴先生和书画名家陈大羽先生。

陈大羽先生的寓所，靠近西康路中段的一个居民小区。南京真是藏龙卧虎之地，就是一座极普通的民房，里面却居住着一位赫赫有名的大书画家。有郁宏达先生陪同，陈老热情地接待。第一次见到陈老，就有相见恨晚之感。陈老个头儿魁伟，膀大腰阔，高高的鼻梁，厚厚的嘴唇，一头的白发倒梳脑后，戴一副明亮的眼镜，显得豪爽而文雅。

“我与山东有缘。”先生打开了话匣……

先生的讲话嗓音洪亮，若不是他那浓重的潮汕口音，准误认为他是一位山东大汉，就连他那率直的性格，也与山东人没有两样。据陈老讲，他二十五岁移居青岛，一住就是七年，那时他患了肺结核，很严重，没想到学着山东人吃大蒜，却治好了先生的病。

“奇迹，我人生闯过了第一关！”先生无比感叹。

我身带一本大册页，特请先生画上几笔。陈老在他的画室内，打开了那本刚刚开笔的大册页。只见他凝神屏气，挥毫胸前，展现了一位绘画大家的艺术风范。

先生先用小笔稍蘸淡墨，轻轻勾绘葡萄的轮廓，再用硬笔劲画葡蔓与枝条。然后，用粗笔饱蘸浓墨，横扫败叶。待宣纸似干非干之际，再用翠绿点染葡粒，最后统筹全局。看整个画面，淡淡浓浓，疏疏密密，层次分明，色泽鲜艳。看串串葡萄，似欲滴的翡翠，像闪光的珠宝。观此画幅，得七言拙句：

明珠翡翠画中摇，葡藤枝蔓节节高。
秋果方知甜滋味，全凭春雨用心浇。

先生画毕，紧接画幅后题诗一首："十年磨一剑，霜刃未曾试。今日把似君，谁为不平事。"落款处："贾岛诗五绝己巳年大羽。"贾岛（七七九一八四三），字浪仙。范阳（今北京市）人。文宋时为长江（今四川蓬溪县）主簿，故世称贾长江。是唐代有名的"苦吟"诗人。他那"二句三年得，一吟双泪流"的执著精神，以及由"推敲"而引发的传说故事，历来被人们津津乐道。陈老年逾古稀，仍以"十年磨一剑"激励自己，可谓"老骥伏枥"、"壮心不已。"

法书襟怀

第二年初秋，我再次去南京拜会陈大羽先生。我请先生书写"格言"，先生写道：

悟道不惑
功在锄耘
庚午初秋 陈大羽于南京

这年，先生年近八十岁。然而，陈大羽先生在漫漫的人生征途，执著地追求，艰难地跋涉，辛勤地耕耘在这片艺术的天地里。他画山水，画人物，画花鸟，画《漓江奇趣》，画《秦琼卖马》，画梅、兰、竹、菊，画葡、榴、枇、瓜，画青松、翠柏、画荷、藤、鱼、虾……他书《赤壁怀古》，其书法浑厚雄放，笔走龙蛇。他才华横溢，是书画大家！刘海粟先生在《陈大羽画选》题书中，留下了这样的一段话：

大羽弟从予游五十余载，又师白石老人、赵之谦、八怪，上追青藤，融篆法印味之画，妙师造化，深掘心源。求真率于霸悍之外，得含蓄于豪辣之中。近年笔共人老，境随画高，依然夜以继日，苦耕砚田。沧海横流，直道可贵。园丁百岁，更爱繁花。弟今选印画集书法，以留鸿爪。一艺难成，学海无涯。当与弟共勉。

百岁老人刘海粟这段题书，情深意长。当视为对陈老"悟道不惑，功在锄耘"的最好诠释。先生那一方方自刻的印章，如"十年磨一剑"、"天道酬谢"、"岂偷一日闲"等，既是先生的座右铭，又是先生"美意延年"、"笔共人老"的艺术生涯真实的写照。

高歌黎明

1993年春，我携带田世光先生开笔画的顽石宣纸，自北京直奔南京，特请陈大羽先生在丈二的宣纸上画鸡。

提起陈老的鸡画，就如同徐悲鸿的马，齐白石的虾，关山月的梅，黎雄才的松同样有名。早年，齐白石先生在陈老的一幅《雄鸡图》上题书：

论艺术要能有天分过人，有此画鸡之天分，天下人自有眼目，况天道酬谢，大羽弟应得大名。

真让白石老人言中了，没过多久，陈老的鸡画就大名远扬。陈老画的金鸡，雄姿百态，神态各异：有的引吭高歌，有的翩翩起舞，有的雄视远方，有的双栖花塘，有的力挽狂澜，有的俊俏羽扬。鸡，富于了人的情趣；鸡，富于了人的志向。大羽先生借鸡抒怀，早已把鸡人格化了。哦，金鸡——大羽，大羽——金鸡！只有这样，才能"下笔之超雅，陈生过我"（齐白石语），只有这样，才能"妙师造化，深掘心源"（刘海粟语），只有这样，才能"乔松寿石，浑厚华滋"（黄宾虹语），只有这样，才能"一唱雄鸡天下白"、"大羽一呼奏华章"。艾煊先生在1991年江苏美术出版社出版的《陈大羽画选》序言中记载了一件事："曾记否，二十年前大羽的一幅怒鸡啼晨，震撼了黑沉沉的长夜。此正举国破晨报晓之啼。与毕加索的一只驯鸽而高翔于时代云端，颇有同旨同趣之似。”

我请先生画鸡，先生打开了丈二匹宣纸，一看中间有块顽石，便问：“你这幅画叫什么名?”我回答：“叫《金鸡报晓》”。

“既然叫《金鸡报晓》，那我的金鸡站在哪里?”先生提出了质问，我急忙向先生道歉：“计划不周，真是抱歉，您看……”

“这样吧，我处理一下，两天后来取。”先生爽快地留下了作品。

两天后，我走进了先生的画室，先生已把画好的作品挂在了墙上。我留神观看，只见在顽石的顶端，挺立一只高约一米的金鸡，昂首高歌，鸡冠竖立，鸡尾冲天，精神抖擞，威风凛凛。“好!”我情不自禁地在先生面前叫起好来。

第二天，我携带画卷，离开了南京，直奔广州，去请黎雄才先生画松，关山月先生画红梅旭日，后成五言拙句：

大羽歌黎明，雄才画劲松。
世光存顽石，山月梅花红。
金鸡连三月，一唱舞春风。
相遇阳光道，笑望旭日升。

1994年秋，我携带由古元先生题写的“情系港澳神州万里行”地理艺术邮卷，来到了南京，请陈大羽先生在地理图卷上题写楹联。陈老见了这幅已有众多文化名人签名的地理图卷，兴奋不已，就鼓励说：“这是件好事，很有意义，港澳回归是中华民族的一件大事，我坚决支持。你说，让我干什么?”我向先生说明了来意。随即，陈老就在我为他拍照的肖像前题书：“港澳回归，理所当然!”接着，又在丈二匹的地理图卷的两旁，撰写了一副对联：

八载春秋千日功
万里江山一路通

从此，我托陈老的福，身背中国大地图，东到图们江，西至伊犁河，北达北极村，南赴天涯海角。走遍了长城内外，大江南北。为了中华民族的“百年梦圆”，为了生者，也为了死者，向所有支持过我的朋友们，献上一首

《行吟歌》，唱给大家听：

地图随身挎　伴我走天涯
心系港澳情　八面春风刮
初识椰林雨　目睹戈壁沙
长城览胜景　黄山看云霞
泰岱凌绝顶　东海观古刹
雁荡采石贝　九曲放竹筏
姑苏辞晓月　远航游三峡
走过张家界　探幽神农架
醉卧桂林水　漓江山倒挂
攀枝入滇谷　芙蓉染奇葩
洗尘黄果树　银河开天闸
瑶寨起歌舞　苗岭摄茶花
虎门思前贤　英魂绕山崖
晋西奔壶口　惊涛卷龙蛇
黄陵祭轩辕　炎黄是一家
延河留身影　井冈忆火把
京九贯长虹　特区赏窗花
几度牡丹秀　中原尽潇洒
挺进海拉尔　呼伦跑野马
黑水迎远客　北极品鱼虾
三过兴安岭　夜宿白山下
旅渡渤海湾　飞越青铜峡
雾中瞧峨眉　金顶披白纱
云冈登石窟　敦煌攀土塔
高昌寻遗址　伊犁贴邮花
横窗丝绸路　拜读古文化
取道青海湖　畅饮酥油茶
遥指日喀则　镜头对拉萨

珠穆朗玛峰　天吻雪莲花
居高望香江　激流浪淘沙
明珠镶南国　港澳接海峡
一条风景线　万民同描画
齐心偿夙愿　宗师敬可夸
沪宅会巴金　京城访克家
夏衍吐真情　冰心传佳话
曹禺献墨宝　作人笔生花
古元泼重彩　工柳有题跋
金鸡唱大羽　福星照十发
雪石连大石　岭云映海霞
彦涵梁树年　开渠高冠华
立辰周沧米　絜青与青霞
雄才关山月　丹青绘梅花
脚底起风雷　壮哉我中华
豪吟一路歌　高扬基本法
百年雪国耻　众盼红旗插

结交罗工柳

1990年4月，香港特区《基本法》颁布实施，不久，我便着手进行“情系港澳神州万里行”文化活动。同年8月，我请时任中国美术家协会主席吴作人先生为纪念香港回归祖国作画。1997年7月1日是香港回归祖国纪念日，因这年是牛年，我特请吴先生创作了题为《天长地阔》的牦牛图，此画作立意高远，生动传神。为进一步揭示纪念香港回归祖国的伟大意义，我首先想到了请罗工柳先生为此画撰写楹联。

作者与罗工柳

罗工柳先生是享有盛名的油画大师，同时还是人民币的主要设计者和组织领导者。晚年的罗先生专功书法，还特制棕树皮大笔撰书草体。一次，关山月先生自广州来京到罗先生家做客，见到此笔大为惊叹，说："此笔可申请专利了！"

我请罗先生为吴先生的画作撰联，没过几日，先生就把题写的对联交给了我，先生撰书的楹联是：奋鹏程齐抒壮志，迎牛年同谱新曲。上联处还写行小字：贺香港回归祖国。

自此以后，我与罗工柳先生结下了忘年之交的好友，每次到先生家，都是罗先生的夫人杨筠开门，只要与老夫人一见面，她就兴冲冲地向屋内喊："工柳，客人来了！"老夫人与罗先生同为延安鲁艺的老同学与老战友，当年两位年轻人都是鲁艺木刻团的成员，不觉半个世纪过去了，一对志同道合的老艺术家已走过了金婚之岁月。

记得第一次拜访罗先生，我是陪伴时任中国延安鲁艺校友会会长金紫光先生一同前往的，罗先生 1916 年生于广东开平，1936 年入国立杭州艺专，1938 年奔赴延安，参加了著名的延安文艺座谈会。历任北方大学文艺学院美术系主任，中央美术学院绘画系主任、副院长，中国美术家协会常务理事等职。1955 年赴苏，1958 年回国，从事革命历史画的创作。早期的创作有《鲁迅像》、《李有才板话》等版画，新中国成立后，又相继创作了油画《地道战》、《前仆后继》、《整风报告》、《毛主席在井冈山》等作品，成为现代革命油画艺术的红色经典。

就是这样一位德高望重的艺术大师，每次拜访都是有求必应。一次，我请先生画自画像，他画了一大一小的两幅作品，其中的一幅我请远在广州的胡一川先生为之题字，胡老在罗先生的自画像上题书了四个大字："异军崛起"。又一次，我请罗先生在古元先生的自画像上题字，罗先生题书道："一身正气在丹青"。三位老先生都是来自延安鲁艺的这所革命大学校，他们同路同窗又同歌，我想，当三位先生作画题书之时，也许当年响彻陕北的那首延安鲁艺的校歌，又在他们心头回响：

我们是文艺工作者，
我们是抗日的战士，
用艺术做我们的武器，
打倒日本帝国主义，

抗战到底。

学习学习再学习，

理论与实践紧密联系。

是的，尽管当年抗日的硝烟已经散尽，但帝国主义的殖民统治尚未结束，面对香港、澳门即将结束一个半世纪以来的隔膜，怎能不使这些来自延安鲁艺的老艺术家激动不已？因此，当我1997年春陪同山东电视台《夙愿》摄制组采访罗工柳先生时，先生心情激昂，话音铿锵有力：

破国方知人种贱，这是秋瑾写的。这是我们国家衰亡以后，我们的民族，我们的人格，人家不当人看，这是我亲眼在香港看到的，给我的是这个印象。

记得90年代初期，我身背特制的大地图请罗工柳先生题字时，他大笔一挥，饱蘸激情，写下了四个大字："港澳回来！"就是这幅由罗先生统领题书的地理图卷，2000年4月21日被中国革命博物馆（现为国家博物馆）作为国家珍贵文物收入典藏。

2004年10月22日深夜，享年88岁的罗工柳先生静静地离开了我们，我为先生写下了这样的诗行：

近九十个春秋，
不断地登攀。
即使身患绝症，
仍锐气不减。

看他法书飞扬，
观他油画长卷。
一幅幅"井冈"、"地道战"呵，
"异军崛起"座座山。

拜会汤文选

早闻先生大名，一直未能相见。三年前，惊喜地收到汤文选先生之子汤立先生的一封来信，信中装有一本《画廊》杂志双月刊（2004 年第 2 期），该期刊为《汤文选专辑》。收到信后，很快便与汤老的家人取得了联系。

2004 年的 8 月 8 日，是个吉祥的日子，我乘车直奔北京汤老的住地。约上午 10 时许，在汤立先生的陪同下，登上了位于海淀区的一栋高层公寓，与汤老相会在京城。

汤文选馈赠作者的《鱼乐图》

“爸，给您引荐一位新朋友，他叫胡孟祥。”坐在客厅内的汤老先生闻听此言，满面笑容地从沙发上起身。我急忙赶上前去，紧紧握住先生的手，说声：“汤老，您好！”

这次拜会先生有两个心愿，一是采访先生，为撰写《拜会汤文选》一文做准备；一是聆听先生的教诲，向先生“取经”而来。第一次见到先生，大有相见恨晚之感。观先生温文尔雅的大家风范，不由让我想起岭南画派大师关山月，尽管二位先生的经历、出身、画风各不尽同，但他们的气质与学养似乎是一脉相承。这就是汤先生给我的第一印象。

“汤老，我看过不少的虎画，大都表现老虎的威严与凶猛，而您画的虎另辟蹊径，大都天真可爱，充满了人情味，您把虎完全人格化了。”“十分感谢你对我绘画的理解。”我们的谈话，就是从先生如何画虎开始的。

先生告诉我说：任何事物都有它的两重性，虎有凶猛威严的一面，同时又有与人们息息相通的自然本性。我以物喻人，借虎传情，用我的爱心与真情去捕捉虎的感情世界。先生强调说：画虎就是画人，画我自己。这种“虎中有我，我中有虎”，主客体相互交融的艺术画论，在《汤文选谈艺录》一书中，先生把它提到了“天人合一”的哲学高度加以认知。先生认为：“天人合一，就是自然抒发自身的性灵。天即自然，人即性灵，性灵与自然和谐，就是天人合一。”又说，“主观的思想感情和客观的对象融为一体，二者的结合就是天人合一。”

“天人合一”，是中国哲学思想史上的一个重要命题，强调“天道”与“人道”或“自然”和“人为”的关系。最早提出这种理论的是战国时期的子思与孟子。后来汉儒董仲舒即强调“天人之际，合二为一”。宋儒张载则说：“天人异用，不足于言诚。”朱熹则认为：“天人一物，内外一理；流通贯彻，初无间隔。”他们多从“理”、“性”、“命”等方面来论证天人关系的合一。后来天人关系一直成为哲学上争论不休的话题。而汤文先生则把深奥的哲理，用极其通俗易懂的语言加以阐释，化哲学为画论，并把这一哲学理念始终贯穿于他的长期艺术实践之中，通过大量的花鸟、人物、山水等绘画作品，来体现这一思想文化的内涵。可以说，“天人合一”已成为汤文选先生创作思想的核心。我们说中国画的博大精深，就在于它深深扎根于中国优秀传统文化的沃土之中，结出了串串堪称世界之瑰宝的艺术硕果。而在这一发展进程中，汤文选先生身体力行，脱颖而出，在当今画坛做出了里程碑式的贡献。他的大写意水墨虎画，不仅可以与齐白石的虾，徐悲鸿的马，吴作人的牛相提并论，而且在抒发性灵、物化人生诸方面已大大超过了他的同仁与前辈。

他代表着中国画发展的前进方向。

汤文选先生从“主观的思想感情和客观的对象融为一体”的画论出发，其绘画艺术无论是花鸟、山水还是人物，一个最显著的特征，就是画作充满了自然的审美情趣。艺术作为一种社会精神产品，画家的一笔一画，一墨一色，都带有明显的感情特征。人们之所以喜爱比现实生活更具魅力的艺术品，其根本原因就在于艺术家赋予了所表现客体更多的情感与关爱。而汤文选先生正是在创作思想上“与丰富动人的宇宙产生心灵感应，与自我主体的性灵旨趣相勾通”，把自己的真实情感融为客体的最具代表性的杰出艺术家。先生无论是继承还是创新，都把体察生活、感悟人生作为创作的前提，所以，他的每一幅作品都深深打上了情感的烙印。所谓“一草一木总关情”，先生深得其真谛。他的画以情动人，以情感人，达到了“物我两忘”的最佳境界。这种来自“天人感应”的哲学理念又一次被先生创造性的化为己有，甚至庄子的“虚无”宇宙观也被他不露声色地加以运用。纵观先生的绘画作品，无论是咫尺小品，还是宏幅巨制，都留下让人赋予联想的大片空白，显示了宇宙的空灵和缥缈，以及万象更新的勃勃生机。这种“于无声处听惊雷”的创作手法，是浪漫主义与现实主义相结合的产物。正因如此，先生的绘画不仅显得活灵活现，而且大气磅礴，神趣天成。中国美协副主席杨力舟先生在《千锤百炼铸新风》一文中说：“汤先生很注重花鸟画的诗情画意。他把一只鸡、一只老虎、一只小猫、一头小猪的描绘都让它注入人的情感，画出动物自有的神趣，画出作者对它们的感受，借物喻情，借物喻意，这种拟人化手法汤先生运用自如，这是非常可贵的。就这一点，我觉得他超过了前辈大师。”

从“天人合一”到“天人感应”，汤先生把“通理”的“真情”融会于哲理之中，尽而，使哲理不再神秘。他随心所欲而又不失法度地去抒发性灵，遵循的是宇宙生态的客观规律，达到的是无我境界的艺术极致。这种高深莫测的哲学内涵和崇尚自然的艺术追求，一旦被绘画所涵盖，其艺术的魂灵即刻凸现。要知道什么是具有中国特色的高雅艺术吗？请到汤先生的绘画中去寻找答案。哦，汤——文——选，艺术通天！

一幅创作于1995年名为《壮心》的虎画，引起了我的注意。此画作前面画一只蹲坐的老虎，二目炯炯注视着前方。虎的背后是一株参天挺拔的劲松，先生大刀阔斧地用焦墨画松，而用淡墨画虎，使松下的虎与虎旁的松，在反差极其强烈的明暗对比中融为一体。它既体现了对立统一的辩证法则，同时又体现了老干横生、性灵飞动的松虎神态。观此画，不由让人想到画家自己。先生的画，抒发的是自己的真性灵，张扬的是自己的才情和学识，折射的是自己的执著追求和锲而不舍、求新求变的开拓精神，以及中国绘画艺术的博大精深。先生厚积薄发、一泻千里的雄奇艺术风格，沁人心脾，把人们带到了一个难以忘怀的最佳艺术境界。这种“借物传情”、“以物言志”的创作手法，以及以意求神、以神带形的创作理念，既来源于传统，更师法于自然。先生是继承与创新、生活与艺术集于一身的行家里手。应该指出的是，汤先生的高明之处就在于画外之功，如果就画论画，很难把握汤氏艺术的真髓，只有透过画面去揭示形式美的背后所隐藏的深层次的内涵，才能悟出其中之奥秘。面对这样一位脱俗超凡、大智若愚、开拓进取的一代大家，岂不让人由衷得赞叹？正是：

汤家笔墨育华章，情趣昂然意飞扬。
虎气洞开新生面，领异花鸟歌庭芳。
承前启后贤为道，继往开来路悠长。
疑是丹青好颜色，哪有红花不向阳？

临别前，我拿出几幅绘画习作请先生指教，先生一一评点，他那宽厚待人、激励后学、不薄古人爱今人的博大胸怀，使我终生难忘。

阿甲的手稿

近期，在图书馆查阅资料时，偶尔发现1992年5月8日的《中国文化报》的头版，刊登了一个“编者按”。按语说：“自本期起，本报开辟‘文苑英华’栏目，以图文并茂的形式介绍文化部系统享受国务院颁发的‘政府特殊津贴’的专家及人事部评定的‘有突出贡献’的中青年专家，展示其献身社会主义文化艺术事业的精神风貌。”靠“编者按”的右边，刊登了阿甲先生的一幅照片。照片下方以“壮心不已耋耄翁”为题，简略介绍了阿甲先生的主要经历和艺术成就。

《中国文化报》是文化部主办的一张机关报，“文苑英华”刊登的首位人物就是阿甲先生，其后是“丹青妙手”的吴作人，沙漠宝窟的“守护神”常书鸿，“文不甘死”雄心在的王朝闻，“话剧泰斗”恋人心的曹禺……编者如此精心地编排，可见阿甲先生在文化艺术界的地位和影响。

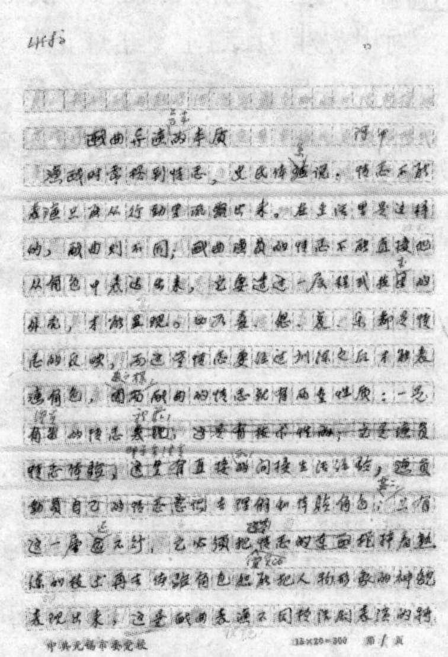
戏曲导演的本质 阿甲

阿甲文稿手迹

拜读“文苑英华”，不由让我想起1989年春，拜访阿甲先生时的情景。在无锡的曹张新村，有一幢二层小楼，青砖红瓦，周围花木环绕，香气扑鼻。那里住着83岁的阿甲先生，他一头白发倒梳脑后，长长的银髯飘洒胸前，尽显艺术家的风采。先生在书案前，摆满了自书自画的作品，谈话就是从先生的书画开始的。

阿甲先生1907年生于江苏武进，自幼和父亲学习书画，并喜好京剧。1938年奔赴延安，考取的就是延安鲁迅艺术学院美术系，当时延安到处都是抗战歌声。一次，鲁艺召开一个欢迎晚会，大家让阿甲先生唱歌，于是他就把贺绿汀创作的《游击队之歌》，用京剧“西皮流水”的板式，唱出了它的音乐形象。没想到唱腔刚落，掌声四起。就是这样的一次“逢场作戏”，决定了先生的终生命运。之后，阿甲被调入延安鲁艺实验剧团，搞起了京剧来。先生在延安演出的第一个剧目是《松花江》，该剧借用“打渔杀家”的旧有形式，来反映渔民抗日的新题材，剧本由王震之执笔，阿甲与江青合演。1939年，鲁迅艺术文学院成立了“鲁艺平（京）剧团”，阿甲任团长。1941年后，由贺龙领导的八路军120师“战斗剧社”与“鲁艺平（京）剧团”合并，成立了“延安平（京）剧研究院”，毛泽东同志专为研究院题词：“推陈出新”。研究院首任院长由康生担任，后由刘芝明、杨绍萱等同志担任院长。阿甲任该院研究室主任。建国后，在京成立了中国京剧院，梅兰芳先生任院长，阿甲先生任副院长兼总导演，后任该院名誉院长。上世纪60年代中、后期，阿甲先生对京剧《红灯记》进行了编导工作。该剧是由沪剧改编而成，阿甲先生先是与翁偶虹先生合作，形成初稿，后他又重新改编。这一剧目的演出成功，为京剧编演现代戏起到了示范作用。临别时，阿甲先生为我题书楹联一帧：

耋耄磨锈骨
忧患铸丹心

时隔两个月之后，即1989年6月19日，我收到阿甲先生发自无锡的来信，内装手稿28页，分别以“难忘的岁月”、“戏曲导演艺术的本质”、“漫谈师承”和“家庭”四部分，回答了笔者提出的问题。在“漫谈师承”的手稿中，阿甲写道：

我幼年在家乡时，看水陆班社的演出很多，我学唱最有利的工具是《百代公司》的留声机唱片，它就是我的开蒙老师。我是学唱须生的，最初的兴趣，仅仅注意腔调的动听和声音的洪亮，小达子的《狸猫换太子》、露芝春的《骂毛延寿》等是我喜欢听的。至于刘鸿声、汪笑波的唱片，也引起我很大的兴趣，觉得另有意味。最后才发觉谭鑫培、余叔岩、言菊朋、马连良等人的唱腔，更能吸引我。可惜我不会乐谱，连简谱也不会，没有办法把这种生动的声腔记录下来，整天鼻子里哼哼有腔，或把唱片连续不断的转动，放声同唱。

由此可见，阿甲先生最初是这样学唱戏曲的。在《戏曲导演艺术的本质》手稿中，先生做了如下的总结：

演戏时常提到情感，史氏体系说：情感不能表演，只能从行动里流露出来。在生活里是这样的，戏曲则不同，戏曲演员的情感不能直接地从角色中表达出来，它要透过一层程式技术的外壳，才能显现。比如喜、怒、哀、乐，都是情感的反映，而这些情感要经过训练之后才能表演角色。这样戏曲的情感就有两重性质：一是演员的情感体验，即是拿演员直接和间接生活经验去理解和体验角色；其二只有这一层还不行，它必须把演员的情感搅拌着熟练的技术再去体验角色，始能把人物形象的神貌表现出来，这是戏曲表演不同于话剧表演的特点。

阿甲先生经过半个多世纪的艺术实践和不断探索，总结出一套行之有效的戏曲理论体系，为振兴我国戏曲艺术做出了突出贡献，他是我国卓有成就的戏曲理论家，戏曲表演艺术家，剧作家和导演。

罗哲文的题跋

“您是罗哲文先生吗?”我在长途电话里问。“是我，你是?”“我叫胡孟祥，是罗杨主任的朋友，近期，我正在撰写《胡孟祥：我与大师》一书。多次联系，就缺先生您了，明天去采访您老，有时间吗?”先生回答：“明天不行，有会。”“那后天呢?”我问。“后天可以，下午3点来家。”这一天，我与先生通话的日期是：2004年9月8日下午6时。

按照约定的时间，10日下午3时许，我走进罗哲文先生的家门。先生居住在北京靠近北三环的一栋极普通的公寓内。16年前我曾在这里拜访过先生，室内的摆设比10多年前没有多大变化，只是在长长的走廊内堆满了1米多高的藏书，使来访者只能侧身而过。在客厅内一见到罗先生，他就十分抱歉地说：“实在对不起你，突然接到任务，下午4点半就要乘机去丹东考察，你看……”先生这突如其来的变化，打乱了我的采访计划。

罗哲文影像

来京前，我曾草拟了一个采访选题，题目叫《罗哲文与梁思成夫妇》。梁思成、林徽因夫妇，作为我国著名的建筑学家和教育家，曾培养了一批像罗哲文、吴良镛等先生这样闻名遐迩的大学问家，林徽因1955年过早地去世，至今已有半个世纪，梁思成离开人世也有30余载，能够结识二位先生的人现在已经不多见了，如果能有机遇让梁思成夫妇的亲授弟子谈谈梁思成夫妇的有关轶事，即便是只言片语也是难能可贵的第一手资料。没想到情况有变，我灵机一动，急忙把随身携带的一本册页递给了罗哲文先生，请先生在册页上为梁思成夫妇写几句话。先生用炭素笔在册页上郑重地写道：

难忘的记忆

永远的怀念

纪念恩师梁思成　林徽因

百年诞辰

罗哲文　2004 年初秋

先生写毕，又在题书的左下方另加两行小字：

思成师 103 年

徽因师 100 年

谈到罗哲文先生与梁思成、林徽因夫妇的交往，就要追溯到 66 年前的四川宜宾李庄。李庄，这个在地图上找不到的偏远小镇，在抗战时期曾与重庆、成都、昆明并列为我国四大抗战文化中心。当年，大名鼎鼎的傅斯年、李济、梁思成、林徽因、童第周等文化大师都曾居住过这里，这里至今还保留着中央研究院社会科学研究所的旧址。而地处长江岸畔的李庄，就是罗哲文先生的故乡。1940 年，年仅 17 岁的罗先生，考取了中国当时唯一从事古建筑调查研究的学术机构中国营造学社，师承梁思成等先生学习并参加古建筑的调查研究工作。当时，正处在抗战时期最艰难的岁月，战乱、流亡、贫穷、疾病，是这个时代最显著的特征，即便是宁静的李庄也难以幸免。林徽因，这位传说中的佳丽，似乎一直是美女的代名词，而李庄的林徽因，作为梁启超的儿媳，梁思成的爱妻，则穷苦潦倒，久卧病床，梁思成的兄弟梁思永也重病缠身。据说，就连傅斯年每餐也用藤菜、稀粥度日。大师们的生活竟然如此艰难，而作为学生的罗哲文就可想而知了。

何大草先生在《大师们的大书房》一文中，对李庄的大师们做了这样的评述："常识告诉我们，贫病会让最强健的身体坍塌，稀饭也撑不起一张平静的书桌。这之外一定别有东西支撑着他们不仅活下去，而且放出异样的光芒来。这就是信念、责任、尊严和骄傲，还有源自惺惺相惜的同情与互助。读到傅斯年为梁家兄弟写的救济申请，还有林徽因致傅斯年的答谢，那种恳挚与坚忍，会让我们在感动中沉默。很难确切地解释什么是‘精英’。”一部《世界华人精英大典》，闪现着“罗哲文”的大名。罗哲文先生自上世纪40年代初开始，跟随梁思成、林徽因夫妇多年。新中国成立后，他与恩师一起又参与了中华人民共和国国徽的设计工作。历任清华大学建筑系助教，国家文物局文物处副处长，中国文物研究所所长，国家文物局古建筑专家组组长，中国文物学会会长，国家古迹遗址理事会中国委员会副主席等职。是全国政协六、七、八届委员，六届全国政协文化组副组长，曾参加主持设计全国重大的古建筑保护维修项目。可以说，我国的历史文化名城和世界文化遗产都与他的名字连在了一起。60多年来，罗先生的足迹踏遍了祖国的山山水水，他9赴西藏，屡登长城，甚至年近8旬，还穿越“死亡之海”的罗布泊去探寻汉长城，被人们热情地称赞为“神州踏遍人未老，万里长城第一人”。

这次拜访，我请罗哲文先生在“情系港澳神州万里行”地理图卷上签名，并为《金鸡报晓》题跋，先生撰文400余字，后请方成先生把该文题写在五尺整纸的宣纸上：

1993年，是20世纪最后一个鸡年。为促进祖国和平统一大业，喜迎港澳回归祖国，藏家胡孟祥集纳国人最美好的祝愿，身背丈二匹宣纸，开始创意实施中国画《金鸡报晓》的征集。他先赴北京，请田世光先生开笔画石，再赴南京请陈大羽先生画鸡。后又赶赴广州请黎雄才先生画松，请关山月先生画红梅、旭日。画中昂首挺立的雄鸡引颈高歌，火红的红梅似长龙飞舞，一头连着旭日，一头连着远松。旭日、红梅、松石、金鸡，在关山月先生的统筹下前呼后应，相互映衬，显得华章博彩，万象更新。四位画师，三种艺术流派（关山月、黎雄才为岭南画派第二代传人，陈大羽从师齐白石，田世光从师张大千）不同的艺术风格，竟然配合得如此默契，真可谓珠联璧合的上乘之作。

关山月的梅，黎雄才的松，陈大羽的鸡，在当今画坛久负盛名。而三者的最佳组合，则是绝无仅有。再加上先生们均已仙逝，成为收藏界独一无二的传世孤品。其文物价值、艺术价值和经济价值不可估量。此画作曾在京鲁冀等地巡展，两次作为彩插编入藏家的专著出版。

12年之后的今天，这只昂立东方的金鸡，在红梅的映衬下又迎来21世纪的第一个鸡年。鸡祥如意，梅玉迎春，书画名家再次聚会为《金鸡报晓》题句撰书。画缘加墨缘，联手留美谈。

中国文物学会会长罗哲文跋 方成书 乙酉春日 时年八十七

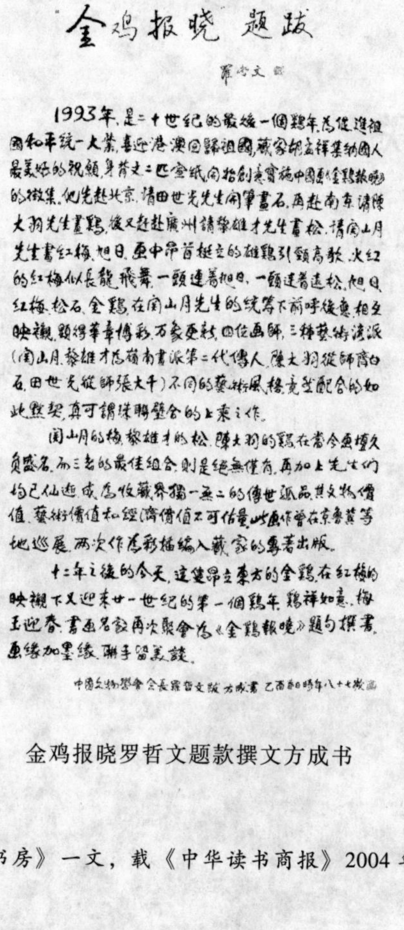

金鸡报晓 题跋

羅哲文

1993年，是二十世紀的最後一個鷄年。為促進祖國和平統一大業，喜迎港澳回歸祖國，藏家胡孟祥集納國人最美好的祝願，身背丈二匹宣紙，開始創意實施中國畫《金鷄報曉》的徵集。他先赴北京，請田世光先生開筆畫石，再赴南京請陳大羽先生畫鷄，後又趕赴廣州請黎雄才先生畫松，請關山月先生畫紅梅、旭日。畫中昂首挺立的雄鷄引頸高歌，火紅的紅梅似長龍飛舞，一頭連着旭日，一頭連着遒松。旭日、紅梅、松石、金鷄在關山月先生的統籌下前呼後應，相互映襯，顯得華章傳彩，萬象更新。四位畫師，三種藝術流派（關山月、黎雄才為嶺南畫派第二代傳人，陳大羽從師齊白石，田世光從師張大千）不同的藝術風格竟然配合的如此默契，真可謂珠聯璧合的上乘之作。

關山月的梅，黎雄才的松，陳大羽的鷄在當今畫壇久負盛名，而三老的最佳組合則是絕無僅有。再加上先生們均已仙逝，成為收藏界獨一無二的傳世孤品，其文物價值、藝術價值和經濟價值不可估量。此畫作曾在京魯冀等地巡展，兩次作為彩插編入藏家的專著出版。

十二年之後的今天，這隻昂立東方的金鷄在紅梅的映襯下又迎來廿一世紀的第一個鷄年。鷄祥如意，梅玉迎春。書畫名家再次聚會為《金鷄報曉》題句撰書。畫緣加墨緣，聯手留美談。

中國文物學會會長羅哲文跋 方成書 乙酉春日時年八十七歲

金鸡报晓罗哲文题款撰文方成书

注：①《大师们的大书房》一文，载《中华读书商报》2004 年 7 月 23 日

胡一川的楹联

胡一川先生早在1930年就担任左翼联盟执行委员，在鲁迅的鼓励下出版《无名木刻集》（该集由鲁迅作序）。1937年奔赴延安，后担任延安“鲁艺”美术教员，编辑出版《纪念鲁迅逝世二周年木刻集》，任“鲁艺木刻工作团团长”。新中国成立后，先后担任中央美术学院党委书记，广州美术学院院长等职。

作者与胡一川

我与胡一川先生结交17年之久，在交往中得知，先生的艺术创作道路大约经历了三个阶段。第一阶段从1929年至1949年的20年间。这一时期主要从事木刻创作、教学和组织领导工作。20年间的前10年，以木刻作品《饥民》、《到前线去》、《失业工人》、《闸北风云》、《组织起来》等为代表；后10年，以创作套色木刻《牛犋变工队》、《胜利归来》、《攻城》等为代表。第二阶段从1949年至1989年的40年间。这一时期主要是从事油画创作和美术院校的领导工作。这40年间的前20年，以油画《开镣》、《井冈神韵》等为代表；后20年以《挖地道》、《刘家峡水电站》、《敦煌莫高窟》等为代表。第三阶段从1989年至2000年的10年间。这一时期主要是从事书法艺术的创作，先生的书法与他的绘画一样，具有鲜明的艺术风格。

上世纪90年代初，只要我去广州，总少不了去看望先生，每次走进他的画室，总看到先生的书法作品挂满了四壁。先生曾馈赠我三幅书法作品，其中有一对书法楹联，专为贺港澳回归而作，上联写：同心兴大业；下联书：携手振中华。落款：甲戌年 胡一川。先生的字写得苍劲老辣，浑厚奔放，不难看出是出于大家之手笔。记得先生的晚年，在广州曾举办过一次大型书法个展，还特意给我寄来一帧请柬，但遗憾的是，当我收到请柬时，先生的大展已经结束了。

艾青的拐杖

作者与艾青

有一幅肖像，
我一直珍藏。
不是它照得好看，
只因为
里面的故事太长太长……

一天，
在北京的一条小巷，
我为艾青老人

送去了一把拐杖。
老人摇了摇头，
指一指身后的边墙。
说：拐杖实在太多，
粗的粗，细的细，
弯的弯，直的直，
短的短，长的长。
最后，老人感到盛情难却，
还是收下了这把百寿杖。
老人执意要送我一把，
说：友谊应该有来有往。
不，我摆了摆手，
还是请老人自己珍藏。
因为——
拐杖是友谊的象征，
因为——
拐杖是朋友们的希望：
希望老人走路平稳，
希望老人身心健康。
我请老人拄着拐杖，
拍下了这幅纪念像。
老人坐在了椅子上，
双目凝视着远方。
恰似铁打钢铸，
如同一尊雕像。
深邃的目光穿过时空，
温和的面容让人遐想……
多好的一位老人啊，
怎么，不幸偏偏
落在了您的头上？

北京的二月
春风荡漾，
但对于您
却像下了一场
厚厚的冰霜。
凛冽的寒风
扑面而来，
一阵阵冰打，
一次次霜降……
怎么，延安时期的
老共产党员，
却被扣上了
莫须有的“罪名”：
反对中国共产党?!
噢，1957 年的一个寒冬，
“反党分子”
“右派分子”的帽子
戴在了您的头上。
真是难以置信，
真是不可思量。
就是一张纸文
把您钉在了十字架上。

哭泣吗?
没有了眼泪，
控诉吗?
找不到方向。
把辛酸咽在了肚里，
把苦难刻在了胸膛。
都说“愤怒出诗人”，

可是，我们的诗人呵，
有言难辩，
有嘴难张。
哦，艾老，
您胸中的激情似潮水，
怎么，被人堵住了，
堵住了，
心窝堵住了
一道钢墙！

从此，您被开除党籍，
去了遥远的北大荒。
在那里，您触景生情，
写下了——
震天撼地的《烧荒》！
烧，火柱直冲云天，
烧，火焰席卷八方！
烧，烧出一个新天地，
烧，烧出一个米粮仓！
后来呢？
您离开了东北，
又举家迁徙
大西北的新疆。
是良种，
在哪里都能发芽；
是宝石，
在哪里都能闪光。
在新疆，您结识了好友，
在新疆，您治愈了心灵的创伤，
在新疆，您恢复了做人的尊严，

在新疆，您书写了诗歌一行行。
在新疆呵，您一住就是八载，
哦，石河子——
一座新型的城市，
成了您的第二个故乡。
您有一首歌，
冲着它来唱：
“我到过的许多地方
数这个城市最年轻
它是这样漂亮
令人一见倾心
……
你说它是城市
却有田园风光
你说它是乡村
却有许多工厂
它像一个拓荒者
全身都浴着阳光
面对着千里戈壁
两眼闪耀着希望
我透过这个城市
看见了新中国的成长”
然而，好景不长，
1966年，史无前例的
“文化大革命”开始了，
神州大地风骤雨狂。
艾老呵，
您被勒令搬家，
到“小西伯利亚”去流放。
随后是“抄家”，“批斗”，

一片狼藉，
一片凄凉……
一次，您被拉到了草场，
“打倒艾青”的喊声震天响！
您弯腰驼背，
浑身被抹满了油浆。
您昏倒了，爬起来，
爬起来，又昏倒了……
气喘嘘嘘，
遍体鳞伤……

大堰河的水哟，
你慢慢地淌，
儿女要向你表衷肠：
“大堰河，
我是吃了你的奶而长大的
你的儿子，
我敬你
爱你！”
“假如我是一只小鸟，
我也应该用嘶哑的喉咙歌唱：
……
为什么我的眼里常含泪水，
因为我对这土地爱得深沉……”
新中国诞生了，
您欣喜若狂，
笔下走来了
——《春姑娘》：
“春姑娘来了——
……

您把花挂在树上，
又把草铺在地上，
把种子撒在田里，
让它们找出了绿秧。”
哦，艾老，
我敢说：有“春姑娘”作证，
您是一片丹心向着党；
我敢说：有“大堰河”作证，
您是一颗红心《向太阳》！

1976年，
打倒了“四人帮”，
您像一位勇敢的战士
重返战场。
您赞美——
鲜艳的红旗，
红旗似火；
您赞美——
灿烂的阳光，
阳光是交响的乐章。
您吹着“芦笛”走来，
您举着“火把”高唱，
向着新中国
向着红太阳！

噢，艾老，
您有一首诗，
赞美礁石的胆量：
“一个浪，一个浪
无休止地扑过来

每一个浪都在它脚下
被打成碎沫，散开……
它的脸上和身上
像刀砍过的一样
但它依然站在那里
含着微笑，看着海洋……”

哦，艾老，
这座“礁石”
不就是您吗?
我抚摸着照片，
抚摸着——
照片上的这把拐杖……

溥杰的庭院

1990年4月间，第11届亚运会组委会在北京荣宝斋举行名家书画义卖活动。其中有一幅溥杰先生的诗书真迹，我以高价买下。就是这幅书法墨宝，把我引进了溥杰先生的庭院：

作者与溥杰

溥杰的庭院四季花香，
溥杰的庭院狭小又漫长。
说它小不超过一百平米，
说它长连接着中日友好的桥梁。

我与先生合影留念，
肩并着肩，膀靠着膀。
一位年过八旬的老人，
瘦弱的身躯面带着慈祥。

溥杰的一生，曲曲折折，
溥杰的一生，没有辉煌。
然而，他是一部鲜活的历史，
让你去熟读，让你去思量……

1993 年冬，溥杰在北京协和医院住院期间，我曾去医院探视先生。

溥杰，1907 年生于北京，满族，姓爱新觉罗。末代皇弟。诗人书法家。1929 年入日本东京学习院、日本东京都高等文学院、日本陆军大学学习。1945 年日本投降后随溥仪关押在前苏联，1950 年移交中国。1958 年在看守所关押期间，创作并演出相声《春联》、小话剧《瘸瞎》。1959 年获释后定居北京。1961 年随爱新觉罗家族受到周恩来总理的 3 次接见。1962 年赋诗 7 首。1978 年当选为第五届全国人大代表。1983 年当选为全国人大常委会委员、民委副主任。1984 年出版《溥杰诗词选》，并在《人民日报》发表《我与 < 我的前半生 >》。有《溥杰自传》、《末代皇弟 · 溥杰传》问世。

走进端木蕻良的家

北京的琉璃厂，是一条古文化街，而坐落在西琉璃厂的荣宝斋，则是东、西琉璃厂最富亮丽的风景。我佩服荣宝斋的创始人，为这座艺术的殿堂起了一个很具诱惑力的名字。哦，荣——宝——斋，我迎着郭沫若、徐悲鸿为殿堂题写的荣宝斋金字招牌，登上了二楼的展厅。嚯，这里正举办名家书画义卖，为我国举办亚运会筹款。

18 年前的事情，至今仍历历在目。展厅内一拉溜的名家书画使人看得眼花缭乱：何海霞的山水，崔子范的牡丹，卢光照的金鸡，许麟庐的花卉，娄师白的硕果，溥杰的书法……说来也怪，那时候不像现在，只要北京一举办书画义卖与大拍，都是人头攒动，而那时偌大的展厅参观的人却寥寥无几。

端木蕻良与夫人钟耀群　作者摄

展厅内靠近溥杰书法作品旁，悬挂着一幅泼墨荷花引起了我的注目。荷花的篇幅虽说不大，但画幅清新而高雅：一片大大的荷叶，中间开一朵含苞欲放的红花，亭亭玉立，耐人回味。画幅左上方写有栋亭诗意："一片秋云一片霞，十分荷叶五分花，若持芙蓉出清水，夜夜凉风香满家"。再看落款，一个耀眼的名字映入眼帘："端木蕻良。""噢，端木蕻良！"一看标价，两千六百元，我几乎没假思索，买下了。

在现代作家群中，能书绘画者，不在少数，比如：能画者梁斌、峻青、秦兆阳、管桦等先生，能书者郭沫若、茅盾、臧克家、周而复、贺敬之、杜宣、姚雪垠等先生。但像端木先生那样既能画又能书者却不多见。我就是在那次书画义卖中，才"初识"端木蕻良先生的。

记得1993年夏天，我第一次去拜会端木先生。他在京几经搬家，最后在邻和平门的一幢高层住宅楼安居下来。先生的寓所不算太大，客厅内布置得井然有序，靠东墙壁悬挂一幅关山月先生的水墨牡丹，上有关先生题句："端木、耀群兄嫂，属画墨牡丹，草此以应急绘之。八二年新春，漠阳关山月。"端木先生与关山月先生是同龄人，他只比关先生大26天，故关先生称端木夫妇为"兄嫂"。二位先生早在40年代就在桂林相识。相互交往已有半个世纪。关先生很少画此类题材，这是我见过的唯一的一幅墨牡丹绘画作品。

靠西墙壁悬挂的是一幅端木先生的泼墨荷花。上有端木先生的几行小字："官布嘱予每天画荷可不药愈病，受其声声，舞始花作此荷图。甲戌仲夏，端木蕻良志之以示鞭策之至意也"！

据端木先生的夫人钟耀群介绍，端木先生1928年在南开中学读书时，就担任学校美学会会长，组织学校"文艺联谊会"，编辑校刊《南开双周》。年少时就多才多艺，无师自通。后来，他指画鲁迅肖像，并为萧红的小说《小城二月》绘制插图，在文坛成为美谈。

端木先生的晚年，因患脑血栓病造成半身瘫痪，给语言、行动都造成很大困难。然而，只要客人来访，先生总要迈着艰难的步履与客人见上一面。他讲话十分困难，都由夫人替他代言。见了客人，先生只是给你一个微笑，给你一个甜蜜。话都埋在心头，情都含在眼里。先生听说我请他为港澳回归题字，心情十分激动。解放前他曾两次到过香港，一次是1940年1月，一次是1948年10月，先生亲眼目睹了殖民者对香港的统治，眼看被沦丧的国土即将回到祖国的怀抱，一种无比激动的心情难以言表。于是，他用右手支撑着病痛的身体，左手挥起大笔，写下了气势磅礴的一幅楹联：

沧桑百年归祖国
胞与两制振中华

上联再题："贺香港回归祖国"一行小字，下联落款："端木端良"。夫人一眼就看出了其中的破绽："瞧，怎么把自己的名字都写错了？"这时，我仔细一看，先生把名字中的"蕻"字写成了"端"字，先生听罢，只是微微一笑，又见他拿起一支小毛笔，在名字的下方又单独加添一个"蕻"字。也难怪，对于一个已有82岁的高龄并且长年患病的老人来说，能够挥起大笔为港澳回归题写楹联，已经是很不容易了。我望着老人瘦弱的病体，心中充满了无限敬意与感激。

端木先生姓曹名京平，笔名端木蕻良。1912年9月25日生于辽宁省昌图县鸶鹭村一个贵族地主家庭，30年代中后期崛起文坛。1932年考入清华大学历史系，参加北平左翼作家联盟，并开始创作第一部长篇小说《科尔沁旗草原》。1936年1月2日经南京去上海，2月中旬他以"叶之林"的化名给鲁迅写信。6月18日，他完成了又一部长篇小说《大地的海》，并把它寄给上海的《作家》杂志。不料，稿件未看就被退了回来。为此，7月10日他以"草坪"的名字又给鲁迅去了封信，鲁迅回信说，让把稿子寄给他。8月1日，他撰写的第一部短篇小说《鸶鹭湖的忧郁》经郑振铎推荐，发表在上海《文学》杂志第七卷第二期。第一次署名"端木蕻良"（夫人告诉我：先生原笔名是端木红粮，因家乡名产红高粱，后改为端木蕻良是红粮的谐音）。10月18日，经鲁迅推荐，短篇小说《爷爷为什么不吃高粱米粥》，刊载于上海《作家》第二卷第一期。11月1日，短篇小说《遥远的风沙》刊载于上海《中流》第一卷第五期。12月5日，短篇小说《万岁钱》刊载于《中流》第一卷第七期。12月30日，短篇小说《雪夜》刊载于《中流》第一卷第八期。为此，有论家称1936年是"端木蕻良文学年"。那年，先生成名仅24岁。

夫人告诉我，先生的创作从不写提纲，是自由式的写作。有时写着写着，其中有的人物就不见了。遇到这种情况，夫人总是提醒先生："某某人物哪里去了？"先生听罢，慢声慢气地回答："你别慌啊。"待小说写到最后，某某人物又突然出来了。这种“信马游缰式”的写作方法，只有像端木先生这样的大手笔，才能在文学艺术天地里自由驰骋。

1995年7月初，我携带一枚贴有邮票的信封，第二次去拜会端木先生，想请先生在邮封上画一荷花，来庆祝澳门回归祖国。先生在邮封的左下角，点染一叶墨荷，后画一朵荷花，上写“芙蓉国里尽朝辉”。在邮封的中间又写“贺澳门回归祖国”七个字。先生的这一手绘封，后被收入《情系港澳百家名人肖像邮封集珍》一书。

端木先生自70年代中、后期就开始着手撰写长篇巨著《曹雪芹》一书。我趁此机会向先生的夫人，也是该书稿的通力合作者钟耀群打探写作的过程。夫人告诉我，端木先生自幼与《红楼梦》有缘，八岁就偷着看《红楼梦》。尽管那时是“瞎读”一气，但《红楼梦》对他的影响的确很大，他有一种女人味道。先生与曹雪芹算是本姓，也是“汉旗”。他40年代就立下志向要续《红楼梦》后四十回。他认为高鹗的《红楼梦》续后四十回不符合原著之意。后来夫人劝说先生，不要先去续写《红楼梦》，而要先把长篇小说《曹雪芹》写出来。因为写《曹雪芹》就是写曹雪芹是如何把《红楼梦》创作出来的，这实际上也是对《红楼梦》作另一种诠释与说明。

1979年4月1日，《曹雪芹》第一卷，先在香港《文汇报》连载，1980年1月近30万字的《曹雪芹》第一卷又出版发行，近五十万字的《曹雪芹》下卷正在“组合”之中。《曹雪芹》的出版在社会上引起了强烈反响，台湾的《中国时报》、上海的《新民晚报》、山西的《太原日报》等报刊相继进行了连载。先生在《曹雪芹》前言中说:“本来这个题材，是属于社会的。曹雪芹的接触面是那么广泛，他的思想，又有极深远的继承性，应该坦率地承认，囊括这么浩瀚的素材，绝不是我一个人承担得了的……”“我愿以极度兴奋的心情来珍惜每一寸时光，把《曹雪芹》早日呈现人民大众之前，作为我衷心的奉献。”端木先生就是本着这么一种“奉献”精神，多年来一直支撑着病魔缠身的躯体，竟完成了上百万字的《曹雪芹》巨著，这不能不说是一个人间奇迹!

说到这里，不能不谈谈先生的夫人钟耀群。1960年3月，她与端木先生成婚，那年她已38岁，端木先生48岁，她39岁生有一女。40岁时，端木先生在滇西宝山患脑血栓病危，若不是昆明军区总医院及时抢救，先生是很难活了下来。“文化大革命”中，钟耀群在原昆明军区政治部话剧团，是所谓

“三名三高”的演员，她也在被批判之列。而原在北京的端木先生，则被赶进了“牛棚”，挨批挨斗，后又进了团河农场劳动改造。那时，这对“书信夫妻”连通信的自由都受到了限制。1973 年端木先生旧病复发，生命垂危，夫人火速从昆明赶赴京城。自此以后，她就一直守护在端木先生身边。若不是夫人精心护养，别说近百万字的《曹雪芹》不能问世，恐怕连先生的生命也很难保全。

1997 年春夏之交，当我再次叩响先生的家门时，不料，人去房空，端木先生已于 1996 年 10 月 5 日长辞人间。听说夫人也远赴香港去凭吊萧红。

2000 年 4 月，在北京我又一次见到了端木先生的夫人钟耀群。她送我一本新出版的书《端木与萧红》。该书是由她亲自撰写而成的。提起端木与萧红，众说纷纭。其实，端木与萧红从初识相交，到定情完婚，是堂堂正正的一门婚事，他们自 1938 年 5 月在汉口大同酒家结婚（结婚仪式还特请胡风、艾青等文化界人士出席），一直到萧红 1942 年 1 月 22 日在香港去世，他们共同生活了 3 年零 8 个月，萧红逝世后，端木先生万分悲痛，是他把萧红的一半骨灰安葬在香港浅水湾，另一半骨灰精心安葬在萧红去世的地方——圣士提反女校校园的一棵小树下。值得一提的是，在萧红的尸体火化前，端木先生用小剪子剪了一撮萧红的头发，放在他的小口袋内，以此寄托对萧红的哀思。就是这一撮头发伴随了先生 54 年，即便是经过“文革”之动乱，先生也把它奇迹般地保存了下来，可见他对萧红的爱恋之情意。

五十四年来，每当清明时节，端木先生就默祷萧红之亡灵。他留下在清明时节怀念萧红的诗词六首，其中《寄萧红》一诗这样写道：

风风雨雨柳色青
雨雨风风到清明
九九寒冬都历尽
乌云透过也见星

1997 年 5 月 10 日，钟耀群带着端木先生的部分骨灰飞往香港，在端木先生 50 多年前埋葬萧红骨灰的地方撒下了先生的骨灰：“让他俩人间天上、生死长相伴，以了却端木生前对萧红的无限眷恋之情，我也心安了。”这就是一位中国女性，对先生的前妻所尽的“妇道”之举。

跨过华君武的门槛

华君武先生可是个重量级人物，在当今画坛他不仅是公认的漫画大师，而且早在 20 世纪 40 年代的延安时期，就因受到毛泽东的接见而闻名遐迩。“‘情系港澳地理图卷’千万别忘了请华君武先生签名啊！”尽管一开始就这样提醒自己，没想到为了一个签名，一等就是 3 年。

华君武影像　作者摄

最初筹划

为迎接港澳回归祖国，自 1990 年 4 月香港特别行政区《基本法》颁布之日起，我就开始着手进行“情系港澳神州万里行”文化活动。到了 1994 年春，当整个神州大地走了大半，回头一瞧，却觉得少了些什么。少了什么呢？原来路是走了不少，却缺少记录万里征程的文化载体。如果画一张中国大地图，走到哪里就在哪里加盖当地当日邮戳，然后再请文化名人在此签名，这样，不就既能真实地记录了自己的足迹，又能把先生们的一片爱心留给后人吗？想到此，我急忙购置了地图、宣纸，把地图高高悬挂在卧室内，又把丈二匹的宣纸平铺在双人床上，对着地图画起“放大样”。妻子一看，说：“你这是中邪了？谁也没给你任务，你这样整天忙呼个啥！”别看妻子这样唠叨，可是心里还是支持。女儿在一旁打趣说：“爸，等把中国都走遍了，你就成了有名的旅行家了！”

整整用了一个星期的时间，一张大地图终于完成了。让谁来题写总款呢？当时首先想到了古元先生。古元先生不仅是有名的艺术大师，而且为人忠厚，深得书画界朋友的敬重，让古元先生题写总款，统揽全局，是最佳人选。对，就找古元。

主意已定，于是，我身背一张大地图，马不停蹄地急匆匆从山东赶往京城。当见到古元先生说明来意，这位一向助人为乐的老先生，立即把丈二匹宣纸地图铺在大厅之内，在偌大的地图上题写了“情系港澳神州万里行”九个大字，并把鲜红的“古元”大印章加盖其中，先生的这一神来之笔，为以后请文化名人在此题签帮了大忙。

从古元先生的寓所下得楼来，刚好路过华君武先生的楼下，既然路过华先生的家门，何不去撞撞运气？又一想：不行，因为与华先生素不相识。俗话说，头三脚难踢，开始应找些熟悉的先生签名才好。不过，像华君武这样有影响的先生，不能往后拖得太久，不然，对先生也是不敬。我这样提醒自己。

不觉两个年头过去了，到了1995年夏天，再看这张中国地图，嗬，上面密密麻麻盖满了大半个中国的邮戳：潍坊、北京、天津、南京、上海、苏州、杭州、武夷、福建、南昌、黄山、广州、武汉、西安……

再看签名：曹禺、艾青、臧克家、季羡林、张岱年、陈荒煤、荣高棠、姚雪琅、魏传统、张光年、吕骥、贺敬之、任继愈、周巍峙……上上下下，左左右右，签得是密密麻麻，足有上百个名家。行了，是时候了，该请华君武先生签名了。

寻找时机

我办事有个特点，喜欢几件事穿插进行，从不单打一只办一件事。这样也许会分散了精力，不过，这也有一个好处，就是省时、省力。在进行“情系港澳神州万里行”的过程中，我还见缝插针，办了另一件事：请名家画名家或请名家自画像。当时，我正请美术家苗地先生为电影导演谢晋、谢添、谢铁骊三位先生画像。与苗地先生接触多了。才方知苗先生与华君武先生交往甚密，就想请苗先生引荐，苗先生向华老书函一封：

华老，您好！

为庆祝港澳回归祖国，山东将在世界国际风筝会期间，举办“情系港澳艺术珍品博览会”，我特为华老作肖像一幅（肖像曾在《经济日报》上发表），现有该会胡孟祥先生来府上，请您老签名题字。

谢谢！

学生：苗地 1995 年 7 月 1 日

我拿到这封引荐信，立即去找华老。来到华府，一按门铃，从门内闪出一个老者的身影，虽说时间仓促，没看清老者的长相，但我随身携带一幅华先生的肖像，一眼就认出开门的这位老者就是华先生。“你找谁？”老者把上身探出门外问。“华先生，我找您老。”我站在门外回答。接着，便把苗地给先生的信函递了过去。华先生接过信函，还没来得及观看，便说：“上门要提前电话联系。”说罢，把手一抬，啪！随即关上了房门。

“电话联系？”天哪，这真是如雷轰顶！在拜访文化名人的过程中，我最头疼的就是“电话联系”这四个字。为什么呢？原因有三：其一，我拜访先生大都是文化艺术界德高望重的老前辈，因年事已高，身体欠佳，如果打电话联系，十有八九接电话的不是老先生，如果家人在电话中回绝了你，岂能再登家门？其二，在电话中因受时间的限制，很难把本意与对方交待清楚。再说，我既不是大腕、明星，也不是什么高官，电话中谁能认识我呢？其三，我每到一地，都是来去匆匆，风风火火，不可能电话联系一等再等，一拖再拖。开门见山，说干就干，是山东人的秉性，不过，这也确实带来了不少麻烦。

记得20世纪80年代中期，我在北京拜访廖沫沙先生，先生家的大门是木制结构，门的中间镶嵌着一块透明的玻璃，玻璃的里面挂一块布帘，谁若去造访先生，廖夫人先不开房门，只用手掀一下挂在门窗玻璃上的布帘，隔门而望，若是不熟悉的来客，绝不会轻易开门待客。我不懂先生家的规矩，硬是接连3次去敲先生的家门，不知我这种无礼惹怒了夫人，还是这种“不到黄河不死心”的闯劲打动了先生，待第三次去敲房门时，廖夫人把我领进了客厅，临走时，廖沫沙先生还题赠书法一幅：“有志者事竟成。”不过，这样的“经验”则不可取，遇到了像华君武先生的这样的情况，只好耐着性子寻找时机。

林默涵相助

转眼间，一年的时间又过去了，1996年春夏之交，我在京城拜访原中共中央宣传部副部长林默涵先生。林老问我：“我们这个大院住着三个大画家，你都找了吗？”林老所说的三个大画家，一是古元，一是蔡若虹，再一个就是华君武。我与古元先生是“忘年之交”，与蔡若虹先生的交往也有十年之久。至于说华君武，我只能向林默涵先生如实道来：“林老，古元、蔡若虹两位先生都找了，就缺华君武先生了。”“那为何不去找他？”先生问。“华老找过一次，先生说要提前电话联系。”我向林老解释说。先生听罢，说声：“这好办，我给你写个信，一定能成。”“那就太感谢您了！”我一边连声向先生道谢，一边忙给先生递过去一支笔，林老在信笺上题笔写道：

君武同志：

孟祥同志为港澳回归，进行神州万里行，请你在地理图上签个名，文化界许多同志都签了，请给予支持。

林默涵　一九九六年五月十一日

我接过林老的信，立即给华君武先生打去了电话，电话中传来了这样的回音：“明天下午两点到，只签名不叙谈，签完后就走。”我回答：“好，就按先生的办。”说罢，我放下了电话。

走近华君武

1996年的春夏之交的一天，我携带林默涵先生的亲笔信，按照与华先生的预约时间，提前来到了先生的大门外。这一天是1996年5月12日下午1时45分。在大门外，我仔细观看手中的表针在一秒一秒地走过，待时针指定了2时整，我准时按响了华先生的门铃，开门的正是华君武先生。

进得门来，我近观华老，只见他高高的个头，方方的脸庞，浓浓的眉毛，大大的眼睛，一头的白发。他上身穿咖啡色的衬衫，下穿浅蓝色的长裤，脚下，穿一双薄底的布鞋。一位八十开外的老者，潇潇洒洒，翩翩而立。只是在双眉下少了一副常戴的眼镜，原来，先生的鼻部有些不适。

进了客厅。我忙把林默涵先生的信函呈给先生。先生阅罢，示意我把地图打开，随后一幅丈二匹的地理图卷平铺在先生的大厅内。先生一见密密麻麻的签名，立刻给了我一个微笑。不过，偌大的地图上签名连着签名，邮戳连着邮戳，已经没有留下多少空隙供先生签名了。这下，可难坏了先生。“华老，这可别怪我，我是很早就找过您的哟。”这是我的心里话，没有直言。

只见先生脱去了双鞋，穿着一双线袜，小心翼翼地踏上了图卷，然后，用双手支撑着身体，趴在地图之上，寻找他签名的空隙。真是为难了这位老人。华先生在地图上足足呆了有3分钟，也始终没有找到他签名的地方，我怕累坏了先生，就指指位于海南的一个地方说：“您老就签在这里吧。”华老欠了欠身子，摇了摇头，说：“我要找我的朋友！”大约又过了2分钟，华先生终于在东三省的方位，选择了臧克家、胡絜青两位老人签名的空隙处，提笔签上了“华君武”的大名。这时，我举起相机，咔嚓一声！把华先生签名的身影摄进了镜头。

签名完毕，老先生亲自帮我裹卷地图，装进布袋，并示意让我坐下。看先生的表情，似乎有话要问，但因有言在先，我也不好多说。看来，华君武先生是位善良、可亲的老人，只是过去交往甚少罢了。

一篇日记

如果说为了华君武先生的一个签名，整整等了三年，可谓时间长矣！不过也有快的时候，快得让人简直不敢置信。

1996年春适逢全国政协八届四次会议在京召开。我利用看望全国政协委员、我国著名山水画画家孙瑛先生的机会，跨进了全国政协文艺组委员们的下榻处——北京西郊宾馆。政协文艺组的住处，可是名家荟萃，群星灿烂！我用日记的方式记下了这一难忘的一天：

一九九六年三月十二日（晴）北京西郊宾馆

上午10时许，在全国政协文艺组的住处北京西郊宾馆，我巧遇全国政协委员马季。一见面，马先生第一句话就问："你到这里来了？"我说："是有事找人。""噢。"在大院内，马季先生热情地拉着我的手，说声："来，咱俩合个影，咱们可是老朋友了。"刚刚照完相，从身后走来了全国政协委员、解放军总政歌舞团的青年舞蹈家刘敏。有马季先生作陪，我不免与刘敏也来了一张合影照。约11时半，政协文艺组讨论会结束，我巧遇全国政协委员、中国艺术研究院常务副院长李希凡。李先生与我算是"编友"，八年前在主编《东方说唱艺术系列丛书》时，我特请李先生为编委。所以，一见面，李先生就说："你来了？"随后把我领进宾馆南楼的5304房间。李先生与全国政协委员乔羽先生同住一室，我请李先生在地图上签名，李先生很是高兴，并说道："你这个地图可真下功夫！"话音刚落，门外进来了"乔老爷"，乔羽先生家住济宁，是山东老乡，我请乔先生签名，真是不费吹灰之力。先生的对门住着两位画坛高手，一是全国政协委员、中央美术学院教授郭怡孮，一是全国政协委员、中国画研究院院长刘勃舒。既然来到了此地，我岂能空手而归？于是，登门、签名、题字，又与郭先生拉起了山东的家常话。郭先生是画坛名家郭味蕖先生之子，祖籍山东潍坊。在潍坊，还建有一座"郭味蕖故居纪念馆"。我离开了南楼的三层，又跑到了五层。在五楼巧遇山东老乡彭丽媛。彭丽媛可是红遍全国的红歌星，不过，这个小老乡过去我只是在电视上见过面，这次相遇还是第一次。别看彭丽媛在舞台上花枝招展，光彩照人，生活中的彭丽媛穿着朴素，长相也没有在舞台上那样的高大、俊俏。我问彭丽媛是山东哪里人，她说是山东郓城，属菏泽管辖。待彭丽媛在地图上签名时，我顺便说了一句："你现在可是红遍全国的红歌星了！"彭丽媛语气平和地讲："我不是歌星，只是一名普普通通的文艺工作者。"看彭丽媛的言行、举止，是那样的稳重、大方，没有歌星的一点架势与张扬，更没有一些高官夫人那样盛气凌人。离开了彭丽媛住处，我去找全国政协委员、艺术大师齐白石之子齐良迟。齐先生也是住在南楼，我随身携带由李树彤篆刻的"齐白石肖像印邮封"，请齐先生在邮封上为港澳回归题签。齐先生说："我不写雷同的词句，就写'贺丙子年吉祥'。"我离开了齐良迟先生，又去找全国政协委员、著名影视导演谢晋先生。谢导很忙，正在计划筹拍《鸦片战争》的影片，就连来京参加政协会议，桌上还放着开拍的规划。一见面，谢导就问："要我做什么？"我说："去年给先生拍过一幅照片，请先生在照片旁为港澳回归题字。"我拿出照片，请谢导看，他说："不用看了。"随后，我递给先生一支笔，谢导在照片旁题书："一九九七年七月一日，香港回归祖国，是炎黄子孙划时代的历史大典。谢晋，一九九六年三月。"我请谢导在地图上签名，先生刚刚签上"谢晋"的大名，不料从对门走来全国政协委员、著名京剧表演艺术家李维康。不用说这位京剧大腕也得为港澳回归表表心肠。

离开谢晋与李维康，我又去找全国政协委员、山东同乡孙大石先生，与孙先生商谈明年在山东济南举办"情系港澳神州万里行艺术珍品展"之事。画坛大家吴冠中是全国政协常委，平时很难相遇，听孙大石先生说吴先生就住在他的对门 5207 房间，机不可失，我转身离开了孙老的住处，按响了对面的门铃。开门的正是吴冠中先生，我请先生签名，先生没有迟疑。随后，我把地图平铺床上，先生一挥而就，签上了"吴冠中"的大名。这时，孙大石先生走了进来，我为二老拍照留念。出了吴先生的房门，一看手表，已是下午 2 点，这时才觉肚内空空，方知还没吃午饭，因下午与喜剧名家王景愚有约，我顾不得吃饭，骑上自行车，又赶往靠近东三环的兆龙饭店。从西郊宾馆去兆龙饭店，一西一东，二者相距几十华里，要穿过大半个京城，待我赶到兆龙饭店时，已是下午 4 时。半年前，我特请漫画名家左川先生在邮封上为王景愚画漫像一帧，这次请王先生在邮封上题签，先生照办。我请王先生在地理图卷上签名时，先生在地图上发现了吴祖光的名字，便说："吴先生是我的老师。"吴祖光只是昨晚 7 时许在西郊宾馆才签上的名。签名时吴祖光先生问我："搞了几年了？"我说："三年。"随后我问先生："您与新凤霞老师都是全国政协委员吧？"没想到，吴先生说了句出乎我意料之外的话："我们家有三个全国政协委员，我弟弟吴祖强也是全国政协委员。""是亲弟弟吗？"我问。吴先生说："是，他在中央音乐学院当院长，有事去找他。"

这天，我一共花费了数个小时，就先后拜访了全国八个文学艺术门类的13名顶尖人物，他们是画坛名家吴冠中、孙大石、刘勃舒、郭怡孮、齐良迟，电影导演谢晋，词作家乔羽，文艺评论家李希凡，京剧名家李维康，笑星马季、王景愚，舞星刘敏，歌星彭丽媛，并一一请其签名、题字、拍照。朋友，你相信吗？

附录：

胡孟祥走近大师编年史话节选

（1961 年 9 月—1997 年 7 月）

第 一 章

双脚踏遍曲坛路
唯向说唱歌红缨

1961 年　9 月，作者在山东考取济南军区政治部前卫歌舞团，从鲁西北的一个偏远小村庄，来到了省城济南。先习舞蹈，后学舞美。前卫歌舞团，人才济济，名家辈出，像演奏家张长城、胡天泉、王维民、马德鑫、原野、王惠然，指挥家董宏德、何化钧、张式业，舞蹈家高艺学、穆彬于，作家冰夫、王群生，曲艺家刘秀德，舞台美术家关国鑫等。作者在该团近十年的军旅生涯，为以后从事新闻文化工作和进行艺术研究打下了基础。

1964 年　8 月，作者随前卫歌舞团晋京，参加大型音乐舞蹈史诗《东方红》的排练与演出，从事舞美工作。被一代音乐大师马可称为“世纪的凯歌”的革命史诗《东方红》，汇集了军内外 70 多个文艺团体的众多歌唱家、舞蹈家、诗人和舞台美术家，以及业余合唱团 3000 多名工人、学生和少先队员，是新中国成立以后演员阵容最广，演出规模最大，艺术成就最高的一次艺术盛事，也是领导、专家与群众相结合的一次艺术庆典。许多中央领导同志对《东方红》的排练与演出都给予了极大的关注，尤其是周恩来总理，不仅反复多次观看排练，而且还对许多细节甚至每句歌词都给予了具体的指导和修订。为此，大家戏称：周总理是《东方红》的总导演。在繁忙的国务活动中，周总理还专门抽出时间，为演职人员做了一次长达两个多小时的国际形势报告，他借用“换汤不换药”的民间俗语，生动而精确地阐释了赫鲁晓夫下台给国际形势带来的变化。更使作者难以忘怀的是，9月下旬的一天，作者刚刚走出人民大会堂的洗手间，迎面突然走来了周总理，前面没见清场的警卫，后面没有护卫的人群，作者以极其激动的心情目送总理平和地走进洗手间。

10月　16日，毛泽东、刘少奇、周恩来、朱德、邓小平、董必武、彭真、叶剑英等党和国家领导人亲切接见了参加《东方红》大歌舞的全体演职人员，并合影留念。在毛泽东主席步入会场之前，周总理首先向大家报告了一个振奋人心的消息：我国第一颗原子弹爆炸成功！顿时，全场欢声雷动，总理风趣地对大家说：“别把人民大会堂跳蹋了！”

1965年　8月，参加济南军区赴越南文化工作队，慰问我援越抗美指战员。行前作者在北京观看了军旅曲艺家朱光斗的演出。在越期间，编演木板大鼓和舞蹈。1966年6月回国，重返前卫歌舞团。

1970年　春，转业石油战线，在生产第一线务工12年，艰苦的生活环境，磨炼了作者的意志，锻铸着作者的人生。

1979年　考取山东大学历史函授班。

1981年　8月，在山东大学面授期间，作者拜访了民间文艺学、民俗学研究专家李万鹏先生，先生馈赠作者与相声大师侯宝林、南开大学教授薛宝琨、北京大学教授汪景寿合著的《相声溯源》一书。该专著以新的视觉和翔实的资料，对中国相声的起源与发展做了全面而深入的论述，开创了我国民间文艺学研究的新领域。在作者看来还不仅仅是这些，因为从这本书中，作者看到了新的希望，它像一条冉冉升起的曙光，把作者引进了致力于曲艺研究的新天地。

10月　撰写《创作发展曲艺的条件》一文，载《参花》第10期。

1982年　8月下旬，取得大专学历后，作者赴山东大学进修。主修中国历史，选修民间文学。山东大学作为齐鲁大地的最高学府，汇聚了众多的专家学者在校任教。作者如饥似渴地吸取知识，先后结识了历史学家王仲荦、陈之安，美学家周来祥，文化学者关德栋等先生，与民间文学研究生一起受课，听关德栋、李万鹏先生讲授民间文学系列课程。十分荣幸的是，李万鹏师亲授作者研究课题，主攻《中国现代说唱文学史》。我国的现代说唱文学是中国现代文学史的重要组成部分，然而，在众多《中国现代文学史》的教材版本中，却很少涉及现代说唱文学，这是一个崭新的具有开创性的研究新课题。一天，作者疑惑地问李万鹏先生："有资料吗？""没有，一切都要从头开始。"李先生回答。"从何入手呢？"作者向先生请教。"从搜集解放区的说唱文学作品做起。"先生为作者指出了一条探索的路。从此，作者把搜集解放区说唱文学资料作为人生的一大坐标，开始走上了探索研究的新征程。然而，探索的道路是艰难的，为了求学，作者断绝了生活来源，妻子用微薄的工资维持着全家的生计。在校攻读的他每餐只用一角二分钱购买两个烧饼充饥。生活的艰难，突来的变故没有动摇作者求知的欲望，在一年的进修中，作者不仅完成了全部学业，而且在战友的资助下，南下江西、江苏，北上北京、天津，搜集查阅解放区的说唱文学资料，没有复印机就一字一字地抄写。功夫不负有心人，当作者完成了进修学业，离开山东大学校门之时，一部长达百余万字的《解放区说唱文学作品选》的编写大纲已经形成了。看到自己的学生取得如此的成果，李万鹏先生动情地说："我没看错自己的学生。"

10月　在山东图书馆搜集山东解放区说唱文学资料，开始接触陶钝、王希坚、杨星华等说唱文学家的作品，并去山东文联登门拜访王希坚先生。王老骨瘦如柴，弱不禁风，但心中有一团火，那是来自战火硝烟峥嵘岁月的焠炼。

1983年　1月，作者撰写《我的学习生活》一文。

2月3日，《大众日报》在"自学天地"栏目刊载《自强不息学有成效》一文（标题为编者所加），该文以亲身经历讲述了作者"不怕困难、自强不息、专心致志、勤奋好学的劲头"。

同月，赴北京拜访诗人王亚平先生。王亚平是我国现代诗坛上的“五老”之一，早在上世纪30年代初，就成名于诗坛。因少年时代深受民间艺术的熏陶，其诗歌很有大众化、民族化的特点。1946年7月，诗人经开封到达冀鲁豫解放区以后，积极倡导大众文艺运动，主编大众文学期刊《平原文艺》、《新地》，组建民间艺术部，创办民间艺人训练班，发现并培养了沈冠英、黑三等民间说唱艺术家。新中国成立以后，诗人与老舍、赵树理共同主编《说说唱唱》，致力于大众文学的创作，对于这样一位享誉文坛的老前辈，作者怀着十分敬仰的心情聆听诗人讲述冀鲁豫解放区开展大众文艺运动的盛况。临别时诗人赠言：“远名利、近读书”。诗人题书：“读书破万卷，下笔如有神。”这是作者首次收藏名家书画作品。

离开了诗人王亚平的家门，作者直奔老舍故居去拜访老舍夫人胡絜青先生。老舍故居，坐落在靠近王府井大街的丰富胡同19号，大门坐西朝东，是个典型的北京四合院建筑。2月的北京已使庭院内的花草吐露着新绿。胡絜青老人住在庭院的北上房，室内布置得古朴典雅。作者在客厅内落座，听老人讲述“老舍说相声”的故事。老舍作为闻名遐迩的大作家，竟然一生钟爱民间说唱艺术，这使作者受到极大的鼓舞，进一步增强了研究民间说唱艺术的信心。在京期间，作者住在简陋的小客店，多次出入北京图书馆和首都图书馆，搜集解放区说唱文学的有关资料。

2月下旬，作者赴天津专程拜访南开大学教授薛宝琨先生和作家何迟先生。作者认为，四处拜师访友是做学问的一大途径。作者倾听薛宝琨先生讲述民间艺术研究的新成果，倾听何迟先生讲述晋察冀边区的说唱艺术活动。何迟是在抗战烽火中涌现出来的老艺术家，抗战初期，他只身奔赴延安，先是到“抗大”攻读，后到“晋察冀边区”专门从事部队和地方文化工作。何迟告诉作者说：“1942年，晋察冀戏剧协会，派我去唐县创建模范村剧团，唐县县政府驻地，有个‘抗联’组织，‘抗联’中有个王尊三，王尊三是驰名冀中的说书能手。他编演的《保卫大武汉》、《平型关大战》、《晋察冀小姑娘》，深受群众所欢迎。这期间，我结识了他，随王尊三一起下乡，同吃同住同说唱，真是受益匪浅。我学会了西河调，很快便创作出大鼓书词《复仇》、《十女夸夫》、《双十纲领鼓词儿》等。其中像《十女夸夫》，成了王尊三经常上演的保留曲目，还出版过单行本在边区散发。”新中国成立以后，何迟与王尊三一起出席了全国第一次文代会，王尊三被当选为中国曲艺改进协会筹备委员会主任委员。

3月　11日，作者收到山东解放区“板人”栾少山之子、话剧《霓虹灯下的哨兵》编剧和导演漠雁先生发自南京军区前线话剧团的来信，信中介绍了其父从艺的历程，并对作者关注其父的艺术活动表示谢意。

4月　诗人王亚平在京逝世，噩耗传来，作者大为震惊，眼含热泪向诗人默悼：

无边的悲痛，
无边的思念，
一生的操劳，
谁说死无遗憾？

捧一方热土，
扎百八十个花圈，
敬献给您呀——
我心中的诗贤！

7月　作者赴江西瑞金，参观瑞金革命博物馆，查阅中央区机关报《红色中华》等报刊，搜集瞿秋白、胡底在苏区从事大众文艺创作的有关资料，并开始着手进行“瞿秋白与曲艺”的研究。

8月　作者赴江苏盐城，搜集苏北解放区的说唱文学资料，同月，赴河南新乡、山东聊城等地搜集冀鲁豫解放区说唱文学的有关资料。

1984年　6月，作者调《石油管道报》任编辑、记者。河北廊坊，是燕赵之腹地，京津之走廊，它北接京城，南连津门，东通渤海，西达太行。自此，作者利用这块风水宝地，在《石油管道报》李秋明社长的热情支持下，遍访京津名家，成为作者赖以发展的高天厚土。

12月　收到作家王希坚先生发自济南的长篇通信，王老就作者对文学创作中提出的"俗与雅"问题的复函："关于雅俗共赏问题，我说说我的一点看法。雅俗之分是习惯沿用的名词，不是很科学、正确的说法，还应以毛主席说的普及与提高为准。普及的东西和提高的作品是有区别的，各有其作用的对象和重点，各有特殊价值，都应重视……"这篇长达4页的通信，成为研究王希坚文学创作思想的有力佐证。

1985年　1月，作者赴北京拜访诗人臧克家先生。山东诸城是臧老的出生之地，诗人的童年与少年时代是在这片土地上度过的。而作者的家就安置在山东潍坊（诸城隶属于潍坊市管辖）。更为巧合的是，早在1934年诗人就在作者的家乡临清中学执教，当作者提及此事时，诗人兴致勃勃地认下了这位山东小老乡，并欣然为《石油管道报》增刊《蜂花》题写刊头。诗人的豁达与热情，给作者留下了深刻的印象。

同月，作者在京拜访时任中国作家协会顾问的老作家楼适夷先生，楼老为《蜂花》的创刊给予热情支持，并题词："采得百花成香露，为民服务为国争光。"离开楼老的家，作者又赶赴北京军区，去采访时任中国曲艺家协会副主席、山东快书表演艺术家高元钧先生。高老7岁随兄流落江湖，11岁开始说唱"武老二"。山东快书自形成以来就以说武松故事为主，因此演员被称为"说武老二的"或曰"唱大个子的"。过去演唱"武老二"，夹杂着一些"荤口"内容，高元钧对其进行了大胆的改革与创新，在内容与形式上大大丰富与发展了"武老二"这种传统民间艺术，并于1949年正式定名为山东快书。因作者的家乡临清就是山东快书的发祥地，所以对高元钧大名早有耳闻。这次作者专程登门拜访，受到高元钧先生的热情接待，并为《蜂花》的创刊题词祝贺："采纳百花，酿得蜜甜；禾扎沃土，根深叶繁；创刊为民，喜闻乐见。"

3月　作者采访诗人李季夫人李小为。李季是在解放区成长起来的一位著名诗人，他的长诗《王贵与李香香》在中国现代诗坛享有盛誉。李季创作的长篇叙事诗集《石油大歌》曾誉满油城，为此，赢得了“石油诗人”的美誉。上世纪50年代初，诗人就深入玉门油田，写下了《生活之歌》、《玉门诗抄》等诗集，并与铁人王进喜结下了深厚的友谊。60年代，诗人又参加了著名的大庆会战，后来还到过胜利、华北、大港等油田，以及石油管道局第一线深入生活。于是，一部以胜利、大庆为背景，反映我国石油工业的长篇说唱叙事诗《石油大哥》便应运而生了。

撰写《三十年心血绘油龙——访李季夫人李小为》，载《石油管道报》27日第4版。

4月　作者赴北京采访中国俗文学学会副会长、俗文学研究家薛汕先生，撰写《俗与雅》一文，载《石油管道报》22日第4版。

6月　作者赴北京采访北京琴书表演艺术家关学曾先生。北京琴书流行于京津冀一带，其代表人物就是关学曾，可惜该曲种后继无人。关先生希望新闻界多写评论文章，引起社会的关注。撰写《鼓板琴弦五十秋——记著名北京琴书表演艺术家关学曾》，载《农民日报》20日第4版。21日，作者在京采访相声演员姜昆。撰写《笑星的压力与追求——劲松公寓访姜昆》一文，载《石油管道报》26日第4版。

7月　作者赴天津采访时任中国曲艺家协会副主席、京韵大鼓表演艺术家骆玉笙。骆老艺名小彩舞，她师承鼓王刘宝全的弦师韩永禄，兼容“白（云鹏）派”、“少白（凤鸣）派”之长，在长期的艺术实践中，逐渐形成了独具特色的“骆派”艺术，一曲响彻大江南北的电视剧《四世同堂》主题歌，赢得了亿万观众的喝彩。作者采访这样的艺术大家可谓有缘。同月，作者采访何迟先生。何老为石油工业题词：“祝我国石油工业迅速发展。”

撰写《“板人”——栾少山》一文，载《石油管道报》17日。所谓“板人”，赵树理在《李有才“板话”》一书中，曾明确注解：“作诗的人，叫‘诗人’，所作诗的话，叫‘诗话’。李有才做出来的歌，不是‘诗’，明明叫‘快板’，因此不能算‘诗人’，只能算

‘板人’。”“板人”与“诗人”相比，似乎有雅俗、高低之分，但按赵树理看来，无论“板人”也好，还是“诗人”也罢，他们同属于一个“家族”。事实正是如此，谁说李有才的十三首“快板”，不是诗情画意、雅俗共赏的艺术精品？栾少山就是一位“李有才”式的出口成章、半说半唱的民间说唱艺术家。撰写《骆玉笙的独唱》，载《天津日报》28 日。收到时任《曲艺》杂志社编辑常祥霖同志的来信，商谈作者撰写《瞿秋白与曲艺》一事。

8 月　2 日，《农民日报》刊载作者撰写的《一腔激情放歌喉——访＜四世同堂＞主题歌的演唱者小彩舞》一文。11 日，作者奔赴津门专程拜访相声泰斗马三立先生。生活中的马三立与舞台上的马三立没有什么两样，他待人可亲可敬。在他的老宅兴隆里的小院内，马老与作者坐着两个小板凳促膝交谈。马老出身于“曲艺世家”，其祖父马诚芳早在辛亥革命时期就以说书为生，外祖父恩培是相声史上的“第二代”演员，曾以“拓荒者”著称。其父马德禄，早年就有“相声公司”的美誉，是相声初兴时期的“八德”之一。马三立因门里出身，15 岁便正式登台演出。然而，在旧社会，说唱艺人的地位十分低下，不仅受到社会的歧视，还时常受着园主和地痞流氓的盘剥和凌辱。1949 年，天津解放了，马三立兴高采烈走上街头，与游行队伍一起，欢庆人民的翻身解放。不久，便先后两次赴朝慰问志愿军战士。归国后，他荣幸地受到毛泽东、周恩来等党和国家领导人的亲切接见。1956 年 1 月 12 日，在天津为中央领导演出时，毛泽东诙谐地称他为“国宝”，周总理还特邀他进京演出。

上世纪 80 年代初期，相声演员仍没有现在这样红火。现在的相声演员只要在电视上露上几次面，混个脸熟，就被戴上了“笑星”的桂冠，稍有一点名气，那就成为“大腕”，再往前长进，那就进了“文化名流”的行列。20 年前不行，连马三立先生这样家喻户晓的相声泰斗，也只能成为“著名相声表演艺术家”。成了“家”就已经不得了了，一般都称为相声演员，或美其名曰“著名相声演员”。至于说解放前，那叫“民间艺人”，再往上推，那就被打入了“三教九流”的行列，所以说，过去有身份，有地位的家庭，是不会让子女去加入这种行业的。这一社会陋俗，影响了几代人，就连马三立先生的家庭也未能幸免。直到80年代中期，作者在采访先生时，马先生还无可奈何地向作者感叹：“哎，吃着相声，喝着相声，还瞧不起相声，真没办法。”同日，作者在天津拜访骆玉笙，特送《天津日报》刊登的骆老专访文论。骆老为作者题书赠言：“对我们的曲艺事业多写评论文章，彼此用拼搏精神振兴曲艺繁荣。”

23日，作者在京拜访相声表演艺术家常宝华先生。在现当代的相声艺术界，大致可分为三大艺术流派，一派是以马三立为代表的“马派相声”，一派是以侯宝林为代表的“侯派相声”，一派是以常连安、常宝堃父子为代表的“常派相声”。“京、津的观众很关心我们的常氏，常氏相声是家乡的父老培养起来的。”常宝华先生对作者说。常氏相声最早的一辈是常宝华之父常连安老先生，抗战初期他就带领其后生们在津、平一带登台献艺。他的长子常宝堃（艺名“小蘑菇”），9岁就投师相声大师张寿臣先生，9岁的常宝华又从父、从长兄学说相声。常宝华的二哥常宝霖、三哥常宝霆，也都是在津、京一带说相声起家的高手。被誉为“相声世家”的常氏兄弟，不仅以精湛的表演艺术闻名曲坛，而且还培养了常氏第三代、第四代传人。“小蘑菇”的儿子常贵田，应该说是继承常氏艺术较有影响的第三代代表人物。他与叔父常宝华共同编演的《帽子工厂》、《狗头军师张》、《敬礼》、《喇叭声声》等曲目，都是享誉曲坛的名篇佳作。当作者谈到“常氏相声”的艺术特点时，常宝华先生讲：“相声作为笑的艺术，首先是它的讽刺性，即战斗性。这可以说是我们常氏相声的艺术特点。抗战时期，大哥常宝堃因演出讽刺日伪反动统治的相声《牙粉袋》、《买桥票》等遭到逮捕毒打，被释后仍以相声针砭时弊。1951年他赴朝慰问演出，又以相声为武器，热情地为战争服务。同年4月23日牺牲在朝鲜前线。”临别时常宝华先生为作者赠言：“多为曲艺写文章，写好文章，让我们共同为曲艺事业的发展做更多的贡献。”25日，作者离开京城赶赴津门，到南开大学拜访薛宝琨先生。薛先生为作者留言：“耐得住寂寞，硬得住头皮。”

9月 1日，作者赴北京拜访老舍夫人胡絜青，听胡老讲述老舍与抗战大鼓的故事。老舍认为：“在抗战中，写小说戏剧有用，写鼓词小曲也有用。我的笔须是炮，也须是刺刀。……我不会放枪，好，让我用笔代替枪吧。”临别时，胡老为作者留言：“为现代新文艺而努力工作。”2日，作者在北京大学拜访汪景寿先生。汪先生赠言：“胡孟祥同志，卧薪尝胆，坚持奋斗。”汪景寿先生是在全国高校中屈指可数的带外国留学生的民间文化学者。1982年秋，北京首都机场有位外国乘客，身穿一件印有“多伦多大学曲艺团”字样的上衣，并用流利的汉语与人交谈。这醒目的字迹，不寻常的装束，引起人们的注意。这位女士就是来自加拿大多伦多大学亚东系副教授、汪景寿的“洋学生”——石清照女士。石女士自幼在美国读书。先在斯密斯大学攻读物理，1953年进入哥伦比亚大学，学习中文，一年后又入耶鲁大学。1956年美国首次向台湾选派研究生，石清照是其中之一。她最初打算研究戏曲艺术，谁知一个偶然的机会却使她迷上了中国曲艺。比石清照提前来北大的还有美国达慕斯大学中文系副教授白素贞女士。汪先生受北京大学的委派作为她们的指导教师。石清照专攻京韵大鼓，白素贞致力于评书《三侠五义》的研究。

真是墙内开花墙外香。中国的曲艺，不仅开始进入了美国、加拿大等高等学府，同时也引起欧、亚等国家学术理论界的注目。就在作者采访汪景寿先生之时，他又受上级的委派，接待了一位俄罗斯的洋学生——列宁格勒大学副教授司格林先生。在汪先生的引荐下，作者拜访了司格林先生，临别时，司格林为作者留言：“祝胡孟祥先生在研究中国文学的宝珠——曲艺的工作中，取得更好的优秀的成果”。

撰写《抗战烽火中的文艺战士——记著名作家何迟》，载《石油管道报》7日第4版。18日，作者收到文艺理论家、美学家王朝闻先生发自北京的来信，王先生就作者提出的说唱艺术的美学问题复函，并建议作者“把《三国》、《水浒》等小说与说唱比较，即从听觉与非听觉在审美活动方面的不同感受着眼，找出看小说与听说书在感受上的联系和差别，以利于对说唱艺术本质的把握。”撰写《老舍与抗战大鼓——访老舍夫人胡絜青》一文，载《农民日报》20 日第 4 版。22 日，作者奔赴天津，拜访何迟先生。何老为作者赠言：“广泛地占有材料，经过深刻的思索，提出自己独特的观点来，才能成为一个不脱离实际的理论家，孟祥同志留念。何迟 1985 年 9 月 22 日 天津 病中”。

同月，撰写《抗战“武老二”——记快书专家杨星华》一文，载《曲艺》杂志第 9 期。杨星华是山东抗日根据地涌现出来的卓越的战士说唱家。当年，他的“抗战武老二”曾誉满鲁中，声震沂蒙。他是我军最早涌现出来的曲艺专家之一。杨星华以现实生活为题材，相继编演了《沭河战斗》、《夜摸上店》、《大战回龙山》、《血战岱崮》、《计取袁家城子》、《二曹大闹蒙阴城》等 20 多个曲目，深受鲁中南一带广大军民的欢迎。作者在文中对杨星华赞曰：

抗战捷报传鲁中，
一声竹板万崮惊；
嬉笑怒骂斥敌寇，
高歌吟唱赞群英。

10 月 27 日，作者赴京拜访作家丁玲、陈明夫妇。当时，丁玲穿一套深蓝色的布衣，剪一头短发，方方的脸庞显一丝红润，眉宇间有两道浅浅的皱纹隐现。尽管当时丁玲已有 81 岁的高龄，但这位饱经风霜的女作家仍焕发着特有的气质与魅力。作者坐在两位老作家中间，细听他们讲述陕甘宁边区的新说书运动。临别时，陈明拿起笔来，在作者笔记本上留下了重重的一笔：“辛勤耕作，定获丰收”。

同日，作者在京城拜访了陶钝先生，陶老留言：“为报道对内搞好，对外开放，实现四个现代化而奋斗。”陶钝先生 1901 年 10 月 29 日生于山东诸城徐家岔村的一个“耕读人家”，原名徐宝梯，号步云，陶钝是他的笔名。1921年考取山东省立第一中学后，在济南结识了我党早期马克思主义者王尽美，邓恩铭等同志。1925年考入北京大学，受到革命先烈李大钊、路友于的教育和影响，从而走上了革命救国的道路。新中国成立后，历任山东省曲艺改进协会主席、中国曲艺家协会主席、中国文联副主席等职。先后创作了新编鼓词《杨桂香》、《为了革命的后代》、《“小鬼”的故事》，以及《陶钝曲艺文选》等，他是在山东解放区涌现出来的较早的说唱文学家。

同日，作者拜访戏剧、曲艺艺术家杜澎先生。杜老因扮演伽利略而蜚声剧坛，但他始终不渝地酷爱曲艺。在作者采访单弦名家马增慧时，她再三叮咛作者：“我唱的段子，大都出于杜澎老师的手笔，他是位热心人，你不妨找他谈谈。”一见杜老，二人就言归正传。因当时正遇天津曲艺团晋京公演，很自然地就谈起了骆玉笙。杜老说：“都讲目前的曲艺不太景气，可天津曲艺团在京演出却场场爆满，据说，观众花八角钱就是去欣赏骆老太太的八句唱词——《四世同堂》主题歌，看，一句一角，真称得上是“金口玉言”了。”一席话，把杜老的小孙女都逗乐了。“你说这到底是为什么？”杜老追问作者。“唱得好呗！”作者不假思索地随和了一声。“光说好不行，到底好在哪里？”杜老细说缘由，“我看骆老太太不仅唱得字正腔圆，声婉韵美，更重要的还是唱出了情趣。过去讲声情并茂，我看这句话不太确切，应该是情在声先，叫情声并茂才对。”临别，先生为作者书白居易句：“感人心者，莫先乎情。”

同日，作者在京拜访京韵大鼓表演艺术家孙书筠、曲艺研究家王中一夫妇。孙书筠刚从加拿大讲学归来，在加的20多天时间里，她在多伦多大学授课三次，讲授京韵大鼓的源流与说功唱功做功等，赢得了国外听众的赞赏。孙书筠夫妇在为作者的留言本上题书道：“必须有自己本民族的艺术，才能立于世界之林，希望努力鼓吹宣扬，为振兴曲艺做出贡献。”

28日，作者赶赴北京战友文工团拜访曲艺作家刘学智。刘先生感谢作者“为振兴民族的曲艺艺术而尽心尽力”。同日，作者在北京靠近府右街的一条小巷内，拜访作家刘绍棠。刘先生为作者写下了"坚持本民族的、科学的、大众的创作方向；探取为人民大众喜闻乐见的艺术形式；建设具有中国特色的社会主义文学"的题词。

30日，作者从北京赶赴哈尔滨，专程拜访山东快书表演艺术家、黄宏之父黄枫。黄先生高高的个头，圆圆的脸庞，一看就知道是个山东大汉，而说话时的表情更具有说唱艺术家的特点。他是高元钧的大弟子，上世纪60年代起，便多次深入大庆油田，数10年来，在茫茫的戈壁滩，到处留下了他的足迹，被石油工人亲切地称为"油田说书人"。他的名字被大庆市地方志载入史册。这次作者专程拜访先生，是"石油之缘"，这从黄枫先生为作者的题词中得到了验证："孟祥同志：石油连着幸福的未来，而也连着我们的事业，连着我们的心！希望在油田重逢。"

11月　《农民日报》开辟"说唱百家"专栏，作者特邀为专栏作家。撰写《中国曲艺在加拿大——孙书筠赴加讲学载誉归来》，载《农民日报》8日第4版。同日，作者在长春采访二人转青年演员董玮、韩子平。12日，在沈阳采访曲艺作家朱光斗。朱先生留言："继承传统，奋力开拓，反映时代，鼓舞人心。"同日在沈阳采访相声演员闫月明。27日，在北京拜访漫画家方成。方先生鼓励作者"多读书"。

同月，作者在北京拜访作家苗培时，请苗老讲述"赵树理与说唱文学"以及"延安时期的四大鼓"。所谓"四大鼓"，一是抗日军政大学的滑稽大鼓吕班，一是马列学院的京韵大鼓荣高棠，一是西北战地服务团的京韵大鼓张可，再一个就是演唱西河大鼓的苗培时。荣高棠原名荣千祥，是清华大学的学生。卢沟桥事变后，他同崔嵬、张瑞芳等流亡南京，在党的领导下，组织起"平津流亡学生会"，积极进行抗日宣传。1937年秋，荣高棠编演的一段大鼓书《血战芦沟桥》，曾轰动了整个南京。到延安后，他仍不忘用曲艺形式来进行宣传鼓动。

12月　1日，作者在河北廊坊采访歌唱家于淑珍。3日，在廊坊采访作家浩然。浩然先生为作者留言："甘于寂寞，埋头苦写。"

5日，收到作家浩然发自三河县的来信。6日，发表《抗战时期的曲艺家——访何迟》一文，载《农民日报》。作者赴石家庄参加河北省曲艺调演，首次结识时任河北省委文教书记的高占祥同志。撰写《抗战时期的“延安四大鼓”——访苗培时》，载《经济日报》15日。撰写《新颖多样 风趣活泼——标题曲艺晚会“欢乐的婚礼”观后》，载《河北日报》22日第4版。23日收到黄枫先生发自哈尔滨的来信。撰写《访相声演员姜昆》载《农民日报》29日第4版。同月，作者赴京采访诗人臧克家。臧老为作者题书：“生活——文艺创作的土壤”。

同月，撰写《瞿秋白与曲艺》一文。作者在搜集瞿秋白的有关资料和研读《瞿秋白文集》的基础上，经过日积月累的探索，从“曲艺艺术的倡导者”、“曲艺理论的开拓者”、“曲艺创作的实践者”三个不同的层面，深入浅出地对瞿秋白同志为我国曲艺事业做出的特殊贡献进行了评价。由此，作者得出结论：“秋白同志不仅是新曲艺运动的积极倡导者和鼓舞者，同时也是一位曲艺战线上的优秀理论家和创作家。他给我们留下的有关这方面的著述和作品不仅数量仍然不少，而且无疑是中国现代说唱文学发展史中十分宝贵的文化遗产。”应该指出的是，该文寄往全国唯一的曲艺专刊《曲艺》杂志社之后，作者很快就收到时任《曲艺》杂志社编辑常祥霖的来信，说是“初校已阅”，“已定明年2月号见刊”。在北京采访孙玉奎、回婉华夫妇。

1986年 1月，作者撰写《来自俄罗斯的曲艺学者》一文，载《人民日报》（海外版）3日。同日，《农民日报》刊载《常氏“四世同堂”——访相声表演艺术家常宝华》一文。撰写《蜚声诗坛的曲艺家——怀念著名诗人王亚平》，载《农民日报》31日第4版。

2月 作者撰写《相声夫妻》一文，载《农民日报》12日第4版。撰写《故事大王“九岁红”》，载《农民日报》28日第4版。

3月 7日，《农民日报》刊载作者撰写的《曲苑中的一朵红花——记光荣文明户刘明贵》。8日，作者赴京采访北京曲剧表演艺术家魏喜奎。同日，采访曲艺、小品演员赵连甲。撰写《屏幕外发生的故事》，载《农民日报》16日第4版。

26日，作者赴京采访相声表演艺术家马季。马先生是相声界承前启后、继往开来的一代笑星。他发现培养了众多相声新秀，作者的采访就是从马季先生如何珍惜曲艺人才开始的。早在33年前，刘伟、冯巩在天津二十六中读书，一次马季去天津演出，经学校老师引荐，小刘、小冯给马季表演了一段《探宝》。《探宝》是常宝霆、白全福经常上演的曲目，两个孩子演出时不仅在声音的模拟上极像，一招一式也不走样。尽管马季认为这种机械的模仿不是学艺的正路，但他却看出这对小演员是搞相声的“材料”，当场鼓励说：“演得不错。”从此，三人你来我往，书信频繁，马季就成了他俩的“课外辅导员”。1977年秋，刘伟、冯巩中学毕业了，一起被分配到天津的纺织系统。这时，正逢广播说唱团招收新学员，马季通知他们前来应试。两人不仅能说会唱，还拉得一手好胡琴。业务上通过了，可是因冯巩的曾祖父是辛亥革命时期担任过代理大总统的冯国璋，事情竟卡了壳。不能眼看着他们被埋没呵！马季又把他们推荐到铁道兵某师宣传队。不料天津的纺织系统不给办理户口，两人参军一年，末了不得不返回天津。事隔不久。马季又把他俩推荐给侯跃文。这次总算不错，铁路文工团同意招收他们，但因解决不了进京户口问题，两年后两人又回了天津。直到1983年底，在马季的再三推荐下，刘伟、冯巩才正式被调入中国广播艺术说唱团。姜昆在艺术上的成就也离不开马季的传授。当年姜昆被马季从生产建设兵团“挖”到说唱团以后，心里总觉得“惴惴不安”。他想：侯宝林大师的脸长得既幽默又滑稽，可占一个“帅”字；马季老师的眼总是笑眯眯的一条缝，可占一“坏”字。自己呢？既不胖也不瘦，长相竟“毫无特点”！关键时，马季点了他一句：“相声演员的艺术生命是靠创作保持的，只要有好的相声段子，你就能在舞台上赢得观众。”一席话使姜昆“茅塞顿开”。以上都是马季先生为作者讲述的曲坛佳话。临别时，马先生为作者赠言：“干事业离不开新闻战线朋友的帮助，感谢你的辛勤劳动。”同日，作者在京采访了鲁迅研究专家王士菁，王先生用鲁迅先生的一句名言鼓励作者：“有一分热，发一分光。”采访喜剧演员陈佩斯，撰写《广播说唱团的新成员——陈佩斯》一文，载《北京晚报》29日第2版。发表《瞿秋白与曲艺》一文，载《曲艺》第3期。

同月，作者在天津采访快板书表演艺术家李润杰先生。在曲艺界，历来就流传着“一台大戏一人装，全凭我的口一张”的说法，因此，在古代，说书人就叫“说话人”。李润杰认为，曲艺演员的“一人多角”，既在于演员演男像男，演女像女，更取决于这种语言艺术的多变性。要想把各种不同人物说活唱活，除了演员的表演技巧之外，最主要的就是靠“语言化妆”。精湛的艺术，超群的口才，是需要付出辛勤的汗水才能获得的。一首“快板歌诀”，更是凝聚着李老半个多世纪以来艺术实践的全部心血：

唱打多变，穿成一线；抑扬顿挫，起伏连绵；
把握语气，轻重相兼；刻画人物，齿清口甜；
平爆脆美，话俗运传；冷淡提掇，热闹敷衍；
如水建瓴，走坂如丸；形神兼备，活龙活现；
叙事抒情，分节分段；两军论战，唇枪舌剑；
进入退出，分清明显；快而不乱，慢而不断；
高而不喧，低而不软；内心感情，主要总关。

同月，《文摘报》全文转载《瞿秋白与曲艺》一文。

6月　撰写《相声伯乐——马季》，载《工人日报》15日。作者在京采访相声演员牛群、李立山。撰写《情漫舞台笑声来——记牛群》一文，载《农民日报》27日第4版。撰写《领异标新二月花——评相声“假话真情”》一文，载《经济日报》29日第4版。

同月，作者赴延安采访时任中国曲艺家协会副主席、中国盲人协会副主席、全国政协委员韩起祥。韩老3岁失明，10岁丧父，13岁学会说书、算命，1938年，携全家老小从横山搬到边区，住在离延安20多里的张家窑子，以说书算命维持生活，1945年4月，陕甘宁边区文协成立说书组，才发现了韩起祥。在文协说书组众多文化人的帮助下，他编新、唱新，成为陕甘宁边区远近闻名的说书英雄。1946年8月17日，应毛泽东主席之邀请，韩起祥在中央大礼堂为中央领导同志说唱新书。为表彰他说新唱新的先进事迹，当时设在延安的中共中央的机关报《解放日报》，曾多次发表他的作品，报道他的艺术活动。据作者不完全统计，仅从1945年8月至1946年的9月间，在短短一年多的时间内，《解放日报》就18次刊载了韩起祥的作品和消息。仅1946年9月份就占了8次。由于党报的大力推崇，韩起祥在延安成了家喻户晓的新闻人物。作者为搜集韩起祥及其陕甘宁边区的说唱艺术资料，自1986年6月始，曾两下延安，三进京城，对韩起祥进行了面对面的采访和实录。为以后撰写《韩起祥评传》一书奠定了基础。

7月　作者撰写《“曲龄”还比“剧龄”长——访杜澎》一文，载《农民日报》4日第4版。作者赴江西瑞金，参观瑞金革命博物馆、红军井等革命遗址，并搜集中央苏区的说唱文学资料。

8月　13日，作者收到牛群发自北京战友文工团的来函，信中说：“来信及《经济日报》、《农民日报》均收到，拜读您的两篇评论，实在是太过奖了！不敢担当。然而，看得出您对我们的相声《假话真情》从创作到表演都是理解的，您的文章字里行间充满着感情，您是那样的动情，使我都不由不随着您的情绪激动不已。当然，您的评价是我们的追求方向，我们仅仅刚刚迈出了一小步，便得到您这样的鼓励，衷心地感激！我代表培森、学智、立山衷心地感激您！祝好，握手！牛群86年8月14日于京”

撰写《红都拾遗》一文，载《石油管道报》16日第4版。29日《农民日报》刊登作者撰写的《李润杰谈说唱艺术》一文，同月，作者在京采访相声演员李文华和作家苗培时，听苗老讲述为赵树理建碑之事。

23日下午2时左右，在第二届全军文艺奖授奖大会上，作者巧遇刘亚洲、李延国、石祥、钱钢等军旅作家。当这群年轻的文学艺术家们登上领奖台的时候，在闪光灯的辉映下，真使人目不暇接。但给作者印象最深的还是著名诗词作家石祥。由他创作的歌词《十五的月亮》、《八一军旗高高飘扬》，这次同时获奖。石祥还代表54

名获奖者发表了热情洋溢的讲话。第二天，作者决定去北京军区登门拜访。谁知作者驱车赶往北京军区驻地时，却扑了空。“石祥病了，现住了医院。”石祥妻子的话使作者大吃一惊，“不是昨天还出席授奖大会了吗?”作者问。“他住院已有20多天了，是从陆军总医院去大会的。”妻子解释说。“不过你来的还巧，今天是星期天，军区有车去医院，我们一起去吧。”石祥的妻子是个既爽快又热情的女军医。作者庆幸与石祥的家人一同前往医院探视……25日，作者撰写《燕赵儿女情——石祥采访记》一文，载《石油管道报》30日第4版。

9月　1日，作者撰写《李文华近况》和《为赵树理建碑的前前后后》，载《石油管道报》3日第4版。9日，作者在京采访评书表演艺术家刘兰芳，刘兰芳为作者赠言：“但愿人长久，千里共婵娟。”10日，作者在京采访广东音乐曲艺团主要演员李丹红。12日，《农民日报》发表作者撰写的《他不愧为相声“国宝”——记著名相声表演艺术家马三立》一文。撰写《从赵树理的说唱文学看雅俗共赏》，载《曲艺》杂志第9期。同月，作者在京参加全国曲艺调演。

10月　作者撰写《曲苑中的“五朵金花”》，载《农民日报》3日第4版，撰写《清音绝唱艺超群——记著名清音演员程永玲》，载《农民日报》10日第4版。撰写《薛宝琨谈曲艺危机的原因》一文，载《中国青年报》12日第4版（11月2日《文摘报》全文转载该文）。撰写《歌唱家的情怀——访于淑珍》一文，载《家庭科技报》20日。撰写《新时代的歌手》，载《经济日报》21日。

11月　作者赴太原拜访作家马烽先生，马老住在山西省作协的一个小庭院内，平房，室内的摆设极为平常，还是五六十年代的旧式家具。一身的布衣装束，闪现出“山药蛋派”的泥土芳香。马烽先生为作者题书：“总结前辈经验、教训，开创新的曲艺事业。”撰写《战士桃花尽传情——记弹词开篇 <血桃花> 的编导者》，载《农民日报》14日第4版。撰写《梁前光与他的胶东大鼓》，载《农民日报》28日第4版。同月，作者在天津采访女作家袁静。

12月 中旬，作者收到马烽先生发自太原的来信，就作者寻访晋绥边区《大众报》的老报人以及刊登大众文艺作品的有关资料致函："胡孟祥同志：信悉。简复如下：1.《大众报》最多时有十人，一般只有七八人。我开始是记者、编辑，1945 年冬任主编。2. 不署名的文章，我也记不得是谁写的了。一般说来都是编辑部的人写的。3. 张友现在山西省政协，他是《大众报》最老的人。1944 年我去时，他就在报社了。邵挺军原在国家计委，据说已离休，通讯地址不详。辛景月在宁夏，通讯地址也不知道。他们都是报社的编辑。4. 我写的较长的是一个快板秧歌剧，题目叫《婚姻要自由》。出版过小册子，也演出过。致礼！马烽 十二月八日。"马烽先生的来函为作者寻访晋绥边区的大众文学家提供了线索。

撰写《笔耕五十载 童心尚犹存——记著名作家袁静》，载《农民日报》20 日第 4 版。同日，作者收到袁静的信。《曲荟》杂志刊载作者撰写的《抗战时期的通俗文艺》一文。

同月，作者撰写《近代革命中的说唱文学》，载《曲艺艺术论丛》第 10 期。该论文近 2 万余字，作者以近代革命为背景，从三个不同的历史时期，对先后涌现出来的有代表性的粤讴、岔曲、杂曲、时调、道情、数来宝、快板、弹词、唱词等说唱文学样式，进行了系统的梳理与阐述，对近代说唱文学给予了应有的评价。这是作者在研究中国现代说唱文学，尤其是在研究解放区说唱文学的基础上，首次把视觉引向了近代说唱文学。是在学术研究领域进行的一次有益的探索。

1987 年 1 月 1 日，《经济日报》刊载作者撰写的《衰牛秘闻录——访何迟》一文。撰写《艺人功臣沈冠英》，载《农民日报》16 日第 4 版。沈冠英是冀鲁豫解放区涌现出来的"艺人功臣"。他是佃户的儿子，河南省濮阳县海通集人。为养家糊口，他少年时代就向本村的一个老艺人学唱洋琴，后又正式拜师学艺，演唱坠子书。当时学的都是《响马传》、《包公案》、《三国》、《西游记》等传统大书。解放战争初期，沈冠英在冀鲁豫喜遇著名诗人王亚平。在王老的帮助下，他思想和创作提高很快，先后担任大众剧社教员和冀鲁豫民间艺术联合会副主任。在1946年至1949年的4年间，他就编演了《未婚妻劝夫参军》、《东北大军三路进关》、《大战阳湖》等20多个新曲目，还编演了“快板坠子”与“坠子剧”等。其中最受欢迎的是《大战阳湖》。他的创作方法，是利用旧形式，大半采用对比的手法，一边写八路军，一边写美蒋军，使人物、故事、场面显得格外分明。新中国成立后，沈冠英先后担任平原省曲艺筹备委员会主任和河南省曲协副主席。不幸的是，在50年代中期，沈冠英同志就过早地离开了人世。

2月　作者奉命前去北京，请文化界的知名人士为《石油管道报》创刊十周年题词。2月的北京，春光悄悄地爬上了枝头。一天，作者迎着晨光一大早就登上了北京前门西大街的一幢公寓，久久伫立在楼道内，等候一位老者的开门声。作者要拜访的这位老者是谁呢？他就是久仰大名的文化人、在“文革”中被称为“三家村”之一的廖沫沙。作者站在门外轻轻叩了一下门铃，但门内毫无动静。“是先生外出了，还是谢绝来客探访?”作者一边思量，随手又按响了门铃，随着门铃嘀嘀的响声，门窗内隔着玻璃露出了一幅老太太的面容，只见这位老人掀了一下门窗布帘，仔细往外观望，随即又走了回去，再也没有了人影。很显然，老人见是位陌生人，是不会开门。“怎么办？是打道回府，还是另请他人？不行，下午再来。”作者自言自语。到了下午2时许，作者又登上了楼梯，门铃一响，还是没有任何动静。第二天上午9时，作者的身影又出现在廖先生的大门外。这次，不知是作者的行踪引起了主人的怀疑还是因作者的“无礼”触怒了主人。随着门铃的响起，那位老太太把大门敞开了：“你找谁?”老人平和的语句中夹杂着怒气。“我是《石油管道报》社的记者，前来拜访廖沫沙先生。”作者抱歉地回答。“进来吧。”老人把作者引进了客厅，原来这位老太太就是廖夫人。

走进了客厅，作者一眼就认出了稳坐在房内正在看书的老人就是廖沫沙先生。作者急忙赶上前去，问声：“廖老，您好!”一句“您好”的问候，对于一般人来说，只不过是一句客套话罢了，而对于在“文革”中饱经磨难的廖沫沙先生来说，它确有千斤之重。

是啊，在那风雨交加的特殊年代，老先生的胸前挂满了沉重的黑牌，他游过街，挨过斗，坐过牢，死里逃生的老人，迎来了改革开放、平反昭雪的好年月，过着无忧无虑的晚年。作者的拜访似乎为先生打开了一扇陌生的大门，那就是我国石油工业飞速发展的壮丽景色。当作者提出请廖老为《石油管道报》创刊10周年题写贺词时，老先生在夫人的协助下，立即挥毫拨墨，写下10个大字："祝贺石油工业飞速发展。"最后，先生书兴未尽，又为作者题书了一幅墨宝："有志者事竟成"。从此，这6个大字，就在作者的心头深深扎根、发芽、吐绿、开花……

离开廖沫沙先生的家，作者又乘车赶赴京郊西山，来到北京军区大院，去拜访老作家魏巍先生。在作者眼里魏巍就像一棵参天大树，它高大而挺拔。因为作者是读着先生的名篇《谁是最可爱的人》长大的。以后又参军入伍，虽说没赶上抗美援朝，但却参加了援越抗美的行列，也许由此原由，作者与魏巍的会面，感到那样的亲切，似乎有相见恨晚之感。尤其是魏老身穿的那套褪了色的绿军装，更使作者回想起当年的军旅生涯。魏巍先生对石油战线并不陌生，他曾到过油田和石油管道第一线，还曾多次为石油学校的师生授课。先生对我国的石油工业寄予厚望。他在为《石油管道报》创刊10周年的贺词上留下了这样的寄语："为开发物质能源与精神能源而努力。"临别，魏老为作者题书赠言："努力学习，努力实践。"

诗人臧克家是作者拜访的第二站，这已是作者第二次拜访先生，一见臧老，就听先生说："唉呀，忙，忙啊!"是的，一位年过八旬的老人，每天除了写作之外，还要应酬突如其来的造访者。一些慕名而来的客人不是要求题字，就是希望作序，老人很难回绝。臧老的善解人意使作者深为感动。这次，诗人用诗的语言来祝贺《石油管道报》创刊10周年："四化大动力，万里飘油香"。

这天的下午，在靠近北京东四的一条小巷内，作者找到了相声大师侯宝林先生的家。这是一幢独家小院，红油漆的大门坐南朝北，进得门来，就是侯先生的北上房。室内布置的典雅而明净，看得出这是两间修饰一新的老屋。侯先生原住复兴门外的一幢高层公寓，那高耸的建筑使侯先生大有“高高在上”、“脱离民众”之感。尽管那里住的都是社会名流，但对于一生酷爱民间艺术的大师来说，这种环境却有点格格不入。侯先生闹中求静，选择了这个很不显眼的小宅院住了下来。作者已是第二次拜访先生了。第一次拜访先生是在1986年的秋天。相声大师具有相声大师的特点，就连为《石油管道报》创刊10周年题词，也离不开相声的语言。您猜，侯大师题写的啥词？只有四个字：“畅通无阻。”这真是一句耐人寻味、诙谐幽默的语言。石油管道本应“畅通无阻”，假设管道堵塞，岂能了得！

离开侯宝林先生的家，作者直奔戏剧大师曹禺先生的家而去。这时天色已晚，夕阳已落下了帷幕。当作者走进曹先生的家门时，已是晚7时了。在夜灯下，作者上下打量在大厅内来回走动的曹禺先生，曹老身材墩厚，肩膀硕大，前胸宽阔，走起路来稳健而沉重。作者坦言，在他拜访曹禺先生之前，只知道先生是久负盛名的戏剧大师，曾编著过《雷雨》、《红日》、《北京人》等剧目。有些剧目还曾观看过演出，至于说曹先生的其他情况就知之甚少。后来，作者拜读了田本相、刘一军撰写的《名家曹禺》一书，才对先生有了一个总体的了解。书中告诉作者，就在他1987年春拜访曹禺先生的前4个月，田本相与刘一军曾拜访过曹禺先生。曹先生向他们透露，先生解放后的创作有一种“难言的苦闷和痛苦”，他不是那种“沉迷于掌声中的人”，先生觉得他写的东西“太少了”，想在有生之年“写出点像样的东西来”！但我们的作家不久便被病魔缠身，很难再拿起笔来进行创作了。好在这次作者没有煞费苦心，曹禺先生为作者实实在在地题书了10个大字：“《石油管道报》创刊10周年”。

早春的二月，作者在北京先后拜访了廖沫沙、魏巍、臧克家、侯宝林、曹禺、楼适夷、陶钝、谢添、石祥等先生，他们分别为《石油管道报》创刊10周年题词。楼适夷先生题：“流金铄石，泽被万方。”陶钝先生题：“发掘地下宝藏，丰富人民生活。”谢添先生题：“油龙腾飞映彩霞。”石祥先生题：“沟通石油之渠，连接日月之光。”

一张行业性的报纸创刊10周年，竟然有曹禺、臧克家、楼适夷、魏巍、侯宝林等文化、艺术大师为之题词祝贺，岂不奇哉？

3月 1日，作者收到大众文学家张友先生发自太原的信。上旬，作者在北京全国政协委员的驻地远望宾馆，拜访了全国政协委员韩起祥。为韩老牵棍引路，去游览故宫与天安门广场。故宫，这座曾经是帝王将相的“紫禁城”，每天都吸引着成千上万的观光客。韩起祥步入人群中间，不仅不需要作者牵棍引路，而且大踏步地走在最前面，还时而转身向他的女学员讲解：“这叫保和殿，那就乾清宫……”。“您是第几次游故宫了？”作者问。“这是第3次。”看得出，韩起祥对这座昔日的“紫禁城”很感兴趣。离开了故宫，他们一行来到了天安门广场，当通过金水桥畔时，韩起祥停了下来，他用手摸摸桥上的玉石栏杆，睁大了眼睛，似乎在想着什么，就在这一霎间，作者举起了相机：“咔嚓！”为韩老留下了一幅纪念照。也许是作者被眼前的情景所打动，于是，一首美妙的诗留在作者的记忆里：

雄伟庄严的天安门广场，
你举世闻名，盖世无双！
我迈开双脚从这里走过，
七旬的老人顿觉变成少年郎，
我仿佛看到——英雄的纪念碑，
人民的大会堂，
那高高悬挂的五星红旗——
在迎风飘扬！
我手摸着金水桥上的玉石栏杆，
历史的长河在耳旁回响。
这里，曾是帝王将相出入的地方，
如今哟，我瞎子也能把故宫逛！
盲艺人十进北京城呵，

讨饭娃跨进怀仁堂。
谈政治、议国事共商大计，
游长城、观北海我热血激荡……
唱不尽心中的美景和美事哟，
天安门前留张像。

这次，作者与韩起祥整整游览了一个上午，当他们乘车返回远望宾馆时，已经是中午12时了。韩老把作者带进一座餐厅，作者与韩起祥、骆玉笙、谢添等8名全国政协委员同桌共餐，一叙情长。

这一次作者拜访韩起祥，还有一个意外的收获，那就是请谢添导演题词赠言："人们都爱惜生命，然而，有些人往往忽略了生命是用时间来计算的，希望咱们都不忽略，与孟祥同志共勉。87年春谢添。"

23日，作者收到石祥先生发自北京军区的来信，信中寄《石油管道工人小唱》手札一帧（石祥词，唐诃曲）。

同月，作者在北京军区文工团与牛群全家合影。

4月　作者撰写《<讲话>是盏长明灯——访全国政协委员韩起祥》，载《曲艺》第4期。撰写《盲诗人传奇》一文，载《石油管道报》。同月，作者在北京拜访陶钝先生，陶老为作者题书："有耕耘才有收获，有辛劳才有欢乐。"（作者语）

5月　6日，《石油管道报》刊载作者撰写的《阳春纪念日 芳心点点红——名家题词随感》。10日，作者参加在北京人民大会堂召开的纪念毛泽东同志《在延安文艺座谈会上的讲话》发表45周年开幕式。

6月　作者撰写《真假刘兰芳——陶钝讲述的故事》，载《石油管道报》6日第4版。撰写《李季与说唱文学》，载《农民日报》26日第4版。撰写《誓志一生做马牛——访全国文联副主席陶钝》一文，载《潍坊日报》27日第4版。28日，作者收到大众文学家辛景月先生发自银川的信，内附有辛先生的说唱作品文稿。

7 月　作者开始撰写《韩起祥评传》一书。

9 月　作者赴山西沁县尉迟村参观赵树理故居，并赴太原拜访马烽、西戎、孙谦、胡正等先生。赴延安拜访韩起祥，搜集陕甘宁边区说唱文学资料。

10 月　作者撰写《赵树理故乡行》一文，载《经济日报》4 日第 4 版。撰写《暮年童心——记女作家袁静》，载《农民日报》18 日第 4 版。主编石油管道文学集《开江之前》（与于卓合编）。

11 月　3 日，《北京晚报》刊载作者撰写的《石祥石油情》一文。同月，作者去京拜访臧克家先生，请臧老为《开江之前》题写书名。

26 日，作者收到李万鹏师发自济南的来信，信中说："这几年，你的工作取得了如此可喜的成绩，我十分高兴。这主要是你个人努力的结果，客观条件——无论是助力还是阻力——最终只不过是你前进的一部分动力，而主观因素才是起决定作用的。对于我来说，值得欣慰的是，你取得了成功，我没看错培养对象，这就足够了。至于说到'良师'，我愧不敢当，'益友'我倒是尽心尽意去做的，里面自然有'同志情'。你克服种种困难去追求事业成功的精神，给我留下深刻的记忆，有时候甚至感觉到这种记忆是沉重或者是沉痛的。你能挺过来，坚持下去，除了应当记住社会上那些支持和帮助过你的人以外，更不要忘记你的家属。应该感谢他们为你承受的精神和经济上的压力和负担，这是由你回家探亲而想到的。<良师益友 同志情>我已看过，你对我太过奖了。我当时觉得同道难寻，你热衷于曲艺研究，就自然把你当做同志，支持你去做，我想做而不能做的研究工作……"作者读罢恩师的来信，心情久久难以平静，字里行间深透着对学子的爱恋。李万鹏先生不仅是作者在学术研究上的领路人，同时也是学子生活上的师长和挚友。

12 月　作者拜访民俗学、民间文化学学者钟敬文先生。钟老为作者题书"解放区说唱文学作品选"与"解放区说唱文学史"。同月，作者拜访楼适夷先生，楼老为作者题书："志不强者智不达。"拜访作家柯蓝先生，柯老为作者留言："踏着星光远行，理想在黎明中实现。录拙作散文诗断句 赠孟祥同志 柯蓝 八七年十二月”。

1988 年 1月1日，作者与于卓主编的《开江之前》（石油管道文学集）由北京文津出版社出版。该书由臧克家题写书名，魏巍题词。作者撰写《情漫油田——记“油田说书人”黄枫及其弟子》，载《中国石油报》6日。

5日，作者采访原中共中央宣传部副部长、诗人贺敬之。听贺老讲述他与韩起祥交往的历史过程。诗人对作者编著《韩起祥评传》一书给予了热情鼓励，并为之题词：“为人民艺术家立传”。作者撰写《为人民艺术家立传——贺敬之谈著名曲艺家韩起祥》一文，载《农民日报》30日第4版。该文在发表前，作者专程去拜访贺敬之，请诗人对文稿进行审阅、修订。诗人用红墨汁认真圈阅，其文字修改多达51处。手稿不仅成了诗人与韩起祥几十年交往的文字记录，同时也成了作者与诗人墨迹交融的一段书缘。同日，作者在北京请作家柯蓝先生题书：“在龙年中飞腾，开拓石油新事业，祝贺石油工人兄弟新喜。”作者赴天津采访作家冯骥才，冯先生题书格言：“生命的力量是挑战。”

2月　作者撰写《冯骥才的格言》载《石油管道报》10日第4版。13日，作者赴天津拜访作家何迟，何老为作者题书：“对祖国没有高度的责任心，对人民没有深厚的感情，对生活没有进行认真的观察、体验、分析、研究，是不会写出好作品的。”26日，作者在廊坊采访歌唱家耿莲凤、李光曦。同月，作者在北京拜访诗人臧克家，臧老为作者题书：

你会觉得心的太阳到处向你照耀 当你以自己的心去温暖别人

臧克家 一九八八年二月 时年八十又三

3月　作者出任《中国老解放区文艺丛书》编委。同月，作者拜访马季。马先生为作者题书条幅一帧。

4月　文艺活动家金紫光、作家何迟、南开大学教授薛宝琨，为作者职称评定撰写鉴定材料。

5月　作者被河北省高职评委会评为艺术理论副研究员。在京拜访曹禺、臧克家、吕骥、钟敬文、贺敬之、廖沫沙、贾芝、舒同等先生。同月，作者担任《中国当代企业家名典丛书》总编辑，原人民日报总编辑李庄，原国家文物局副局长、文艺活动家金紫光担任名誉总编辑、顾问（以姓氏笔画为序）：于庆和、吕骥、李希凡、吴作人、何迟、苗培时、贺敬之、胡絜青、钟敬文、高占祥、袁鹰、贾芝、舒同、曹禺、童大林、楼适夷、廖沫沙、韶华、薛汕、臧克家。“丛书”共8集，由时任中共中央顾问委员会副主任委员薄一波、时任全国人大副委员长周谷城题写书名。省市主要领导题词、作序。工人出版社、学苑出版社出版。

10月 作者在北京拜访美术家蔡若虹，蔡老馈赠作者国画一帧，并合影留念。

1989年 1月，作者撰写《解放区的新说书运动》，载《新文化史料》第1期。同月，作者赴太原拜访马烽先生，马老为作者题书他的座右铭：“有一分热发一分光，不图光彩照人，只求永不熄灭。”作者在太原拜访作家西戎先生，西老为作者题书格言：“聪明在于学习，才干在于积累。”作者在石家庄拜访作家徐光耀先生，徐老题书：“诗坛无霸主，海天诗英豪。”

作者出任《东方说唱艺术系列丛书》编委会主任委员。时任文化部常务副部长高占祥担任名誉主任委员，特约顾问（以姓氏笔画为序）：王希坚、王朝闻、关德栋、李庄、吴晓铃、金紫光、苗培时。“丛书”共11卷，由高占祥同志作总序，中国民间文艺出版社出版。

2月 作者赴京拜访廖沫沙先生，廖老为作者题书荀子名句相赠：“闻之不若见之，见之不若知之，知之不若行之。”

3月 上旬，作者在京拜访时任全国人大副委员长周谷城，周老为作者题书：“居处恭，执事敬，与人忠。先哲语，书以自励。”周老还为“中国当代企业家名典丛书”题写书名。中旬，作者在北京中国美术馆参观李俊琪画展，并与李俊琪合影。作者赴北京军区拜访魏巍先生，魏老为作者题书他的格言：“我的格言是为人民服务和为真理而奋斗”。下旬，作者赴太原拜访马烽、西戎先生。同月，作者去北京医院探视高占祥同志，请占祥同志为《东方说唱艺术系列丛书》作总序。

4月　文化部成立以王蒙为主任委员，高占祥、王济夫、英若诚为副主任委员的“文化部第一届艺术大师评选委员会”。评委会顾问：夏衍、阳翰笙、曹禺、贺绿汀、吴作人、张庚。评委会委员(以姓氏笔画为序)：王朝闻、方杰、方仟、艾青春、白淑湘、刘开渠、刘德海、吕瑞明、陈荒煤、吴雪、吴祖强、李焕之、李德伦、沈湘、沈鹏、沈彭年、阿良、林默涵、赵起扬、胡可、徐怀中、徐晓钟、贾作光、资华筠、郭汉城、夏菊花、靳尚谊。评委会推选出艺术大师候选人共 90 人：戏剧大师曹禺、夏衍、黄佐临等 15 人；戏曲大师俞振飞、阿甲、张君秋、袁雪芬等 15 人；音乐大师朱践耳、丁善德、贺绿汀、李德伦等 25 人；美术大师李可染、刘海粟、吴作人、刘开渠、古元、关山月等 18 人；书法大师沙孟海、林散之、启功、萧娴、费新我 5 人；舞蹈大师戴爱莲、吴晓邦等 5 人；曲艺大师侯宝林、蒋月泉、高元钧、骆玉笙、马三立 5 人；杂技大师周云鹏、孙泰 2 人。

文化部对艺术大师的评选，在文化艺术界引起极大的反响，这一消息很快便传遍了全国各地。对于一位艺术家来讲，由国家授予“艺术大师”的荣誉称号，应是最高的奖赏。作者在好友的协助下，计划搜集整理艺术大师的有关资料，编纂一套“艺术大师丛书”。同月，作者在北京先后采访了雕塑大师刘开渠、音乐大师吕骥、文艺理论家王朝闻、舞蹈大师吴晓邦、音乐指挥家李德伦、曲剧表演艺术家魏喜奎等先生，并合影留念。李德伦为作者题书“脚踏实地”。

5月　3日，作者收到何迟先生发自天津的来信，信中寄七律诗《赠孟祥》一首：

平生得一知音难，
为我成书非等闲，
深感友情深似海，
方知谊厚重如山，

十年来往终身友，
千里相隔魂梦牵，
但愿孟祥成就大，
酒擎三盏祝平安。

1989年5月3日偶得

何迟七十岁病中

20日，《文艺报》刊载高占祥同志撰写的《试论说唱艺术的价值观——<东方说唱艺术系列丛书>总序》一文。

在一个风和日丽的日子里，作者兴冲冲地走进戏曲编导阿甲先生在京的寓所，不料，先生家人则告诉作者：“先生不在北京，常住无锡。”作者带着先生家人提供的住址，乘车直奔南方。

南行的第一站是南京，作者在时任南京艺术学院副院长郁宏达先生的陪同下，首先拜访了德高望重的美术家、教育家谢海燕先生，谢老夫妇用早茶与糕点招待客人。先生的客厅悬挂着一幅倪贻德的油画，引起作者的注意。看画面，那残剥而浓重的色彩，把人们带进了上世纪30年代的艰难岁月，作者一边观看着画图，一边打量着坐在客厅内的世纪老人谢海燕先生，顿觉苍茫的岁月涌上心头：“哦，谢老30年代初就与刘海粟大师一起执教于上海美专，后又与林风眠、潘天寿等大师一起共事多年，他不就是一部鲜活的历史吗？”作者沉思着。临别时，谢老精心为作者创作了一幅“荷花金鱼图”，画旁又书十几行小字，那是先生从艺60多年来的人生感悟。

在靠近南京西康路中段的一幢普通的公寓内，作者拜访了书画家、教育家陈大羽先生，陈老个头儿魁伟，膀大腰阔，高高的鼻梁，厚厚的嘴唇，一头的白发倒梳脑后，戴一副明亮的眼镜，显得豪爽而文雅。“我与山东有缘。”先生打开了话匣……

先生的讲话嗓音洪亮，若不是他那浓重的潮汕口音，准误认为他是一位山东大汉，就连他那率直而豪放的性格，也与山东人没有两样。据陈老介绍，他25岁移居青岛，一住就是7年，那时他患了肺结核，很严重，没想到学着山东人吃大蒜，竟然治好了先生的病。

"奇迹，我人生闯过了第一关!"先生无比感叹地说。

作者身带一本大册页，特请先生画上几笔。陈老在他的画室内，打开了那本刚刚开笔的大册页，只见他凝神屏气，毫挥胸前，展现了一位绘画大家的艺术风范。

先生先用小笔稍蘸淡墨，轻轻勾绘葡萄的轮廓，待宣纸似干非干之际，用翠绿点染葡粒与光泽。接着，用硬笔劲画葡蔓与枝条。然后，用粗笔饱蘸浓墨，横扫败叶。最后统筹全局。看整个画面，淡淡浓浓，疏疏密密，层次分明，色泽鲜艳。看串串葡萄，似欲滴的翡翠，像闪光的珍珠。观此画作，作者得七言绝句：

明珠翡翠画中摇，葡藤枝蔓节节高。
秋果方知甜滋味，全凭春雨用心浇。

先生画毕，紧接画幅后又题贾岛名句："十年磨一剑，霜刃未曾试。今日把似君，谁为不平事。"贾岛，是唐代有名的"苦吟"诗人，他那"二句三年得，一吟双泪流"的执著精神，以及由"推敲"而引发的传说故事，历来被人们津津乐道。陈老年逾古稀，仍以"十年磨一剑"激励自己，可谓"老骥伏枥"、"壮心不已"。

在南京锁金五村，住着一位享誉书坛的女书法大师，她就是康有为的女弟子萧娴先生。这天上午9时许，作者在郁宏达先生的陪同下，来到了萧先生的家，先生大厅正中悬挂着一幅陈大羽先生的画作最引人注目，据说，每逢萧老过生日，大羽先生就以绘画相赠。萧先生幼年时就善书大字，即使到了年近9旬的高龄，写起字来仍手不颤，腕不抖。老人在作者带去的册页上，大笔一挥，全神贯注，写下了斗大的"美趣"二字。从此，"美趣"成了"美谈"。

离开了南京，作者乘车直奔无锡。在无锡曹张新村，作者找到了阿甲先生。先生住的是二层小楼，青砖红瓦，周围花木环绕，香气扑鼻。那年先生83岁。先生在书案前，摆满了自书自画的作品，谈话就是从先生的书画开始的。

阿甲先生1907年生于江苏武进，自幼和父亲学习书画，并喜好京剧。1938年奔赴延安，考取的就是延安鲁迅艺术学院美术系，当时延安到处都是抗战歌声。一次，鲁艺召开一个欢迎晚会，大家让阿甲先生唱歌，于是他就把贺绿汀创作的《游击队之歌》，用京剧“西皮流水”的板式，唱出了它的音乐形象。没想到唱腔刚落，掌声四起。就是这样的一次“逢场作戏”，决定了先生的终生命运。之后，阿甲被调入延安鲁艺实验剧团，搞起了京剧来。先生在延安演出的第一个剧目是《松花江》，该剧借用“打渔杀家”的旧有形式，来反映渔民抗日的新题材，剧本由王震之执笔，阿甲与江青合演。1939年，鲁迅艺术文学院成立了“鲁艺平（京）剧团”，阿甲任团长。1941年后，由贺龙领导的八路军120师“战斗剧社”与“鲁艺平（京）剧团”合并，成立了“延安平（京）剧研究院”，毛泽东同志专为研究院题词：“推陈出新”。研究院首任院长由康生担任，后由刘芝明、杨绍萱等同志担任院长。阿甲任该院研究室主任。建国后，在京成立了中国京剧院，梅兰芳先生任院长，阿甲先生任副院长兼总导演，后任该院名誉院长。上世纪60代中、后期，阿甲先生对京剧《红灯记》进行了编导工作。该剧是由沪剧改编而成，阿甲先生先是与翁偶虹先生合作，形成初稿，后他又重新改编。这一剧目的演出成功，为京剧编演现代戏起到了示范作用。临别时，阿甲先生为作者题书楹联一帧：

耄耋磨绣骨
忧患铸丹心

作者离开了无锡，一路东行，来到了苏州，走进书法大师费新我先生的家 。先生的寓所就坐落在苏州市中心干将路的中段，大门坐西朝东，是个独门独院的老宅。西大厅隔着一个小院，正冲大门口，是个开放型的庭院，给人一种四通八达的感觉，似乎无论客人从哪里来，先生都能热情接待。先生的客厅摆设十分简朴，最醒目的就是那个大画案，画案上堆满了文房四宝与书籍。靠画案的窗下，有个老式漆桌，桌上摆一只古色古香的花瓶，花瓶上竖立几个画轴，画案后有个小橱柜，上面放一台黑白电视机，橱柜前有把折叠椅。就是这么一个客厅兼画室，成了费老晚年驰骋书坛的艺术天地。

那天，作者进了先生的家门后，才知费新我先生与老伴肖常娥老人都出门上街了，家人让等一等。大约过了半个小时左右，费先生从外归来，一进门，费老就懊丧地说："今天出门不顺，把拐杖弄丢了。"原来，先生与老伴在公园散步，把拐杖放在了旁边，不一会儿就不见了。先生继续说道："这把拐杖是前几年潍坊市政府送我的一把嵌银百寿杖，丢了实在可惜！"作者一听，便安慰先生说："费老，我家住潍坊，下次我来苏州再给您老带一把。"作者话是这样说，可费老并未当真。费新我先生对来访者极为热情，尽管先生是位名扬海内外的书法大师，其年龄已有86岁的高龄，但对晚辈十分随和，他戴一副黑边眼镜，上穿一件洁白的衬衫，显得温文尔雅。临别时，先生顺手在画案上取出一幅字馈赠作者，条幅约两平方尺，是先生书写的格言："博采约收"四字，落款是："戊辰冬初新我左笔"。最后，先生又在条幅的两边加添了三行小字，左边书："己巳春末，孟祥同志下顾见而索之，新我又志。"右边是："方入市，遗失潍坊所惠杖，归得，潍坊来客稍舒怅茫。因记之。"先生把"入市遗失"拐杖书写在条幅之上，又因作者的到访"稍舒怅茫"，使作者深感宽慰。

作者在苏州停留了半日，又乘车直奔上海。在上海第一个拜访的就是京昆艺术大师俞振飞先生。那一年俞先生87岁，但体格硬朗，精神烁然。俞老不仅是享誉艺坛的京昆泰斗，同时还是一位书法家。这次，作者的造访俞先生还以书法相赠。作者大约与俞先生交谈了一个小时，就去拜访戏剧、电影导演黄佐临先生。俞先生住淮海西路，黄先生住泰安路，乘公交车只需两站的路程，作者很快便来到了黄导演的家。黄先生的住宅是座独家独院，红瓦房的小洋楼，它在绿树成荫的映衬下显得十分壮观，即使来客不走进主人的寓所，只要一打量宅院的建筑，就知主人的身份非同一般。"文革"时期，宅院被人占用，后又归还了主人。黄佐临先生在我国的戏剧界可是位大名鼎鼎的人物，他曾获得英国剑桥大学皇家学院文学硕士学位，是英国戏剧大师、诺贝尔奖金得主萧伯纳的学生。

这次作者礼节性的拜访，为作者以后的采访铺平了道路。出了黄佐临先生的家门，作者沿泰安路西行，穿过一条狭窄的小巷，又来到了音乐大师贺绿汀先生的家。贺先生的住宅有个坐北朝南的大铁门，进了铁门院内有几株参天的大树，环抱着一幢两层高的小楼。身体欠佳的贺先生，常常独自一人坐在楼下晒晒太阳。对于远道而来的作者，贺老热情接待。

拜访美术大师刘海粟，是作者此行的一件大事。因为刘老年事已高，又时常在国外讲学办展，偶尔回国，也很难寻觅踪迹。好在有友人的协助，作者经过四方打探，终于找到了刘老的住处——上海复兴中路512号。这是一幢临街而建的古老建筑，常年有刘老的侄儿在此看守。作者在刘老侄儿的带领下，登上了这座小洋楼，在一间散发着翰墨书香的大厅内，先是由刘老的夫人夏伊乔女士接待作者，稍许，刘老从内书房走了出来。哇，刘海粟！作者眼前一亮，一位饮誉海内外的艺术大师，如今就坐在了面前，尽管刘老讲话的语气带有浓重的南方口音，但这隔不断作者与大师的情感交流。与大师对面而坐，听大师讲生活，讲艺术，讲人生……不觉一个小时过去了，一盘录音带已成了作者采访刘海粟大师的历史见证。在上海短短的3天内，作者先后拜访了俞振飞、黄佐临、贺绿汀、刘海粟、唐云、程十发、袁雪芬、周小燕、孙泰等艺术大师。

离开了上海，作者又南下杭州，在西子湖畔，作者先去拜访国画大师陆抑非、陆俨少，后又去拜访油画大师胡善馀、莫朴。因这4位先生同住浙江美院的一幢公寓，这给作者的造访减轻了奔波之苦。当作者来到油画大师胡善馀先生的寓所时，使作者难以想像的是，这位当年留学法国，与徐悲鸿大师是同时代的大艺术家，其客厅的摆设真是少得可怜，就是客人来访也只能搬个木凳坐下。室内的空间，全被一个个大油画木框给占据了。只有墙壁上悬挂的几幅胡老的油画作品，给客厅平添了艺术氛围。在作者的记忆里，胡老不善言谈，他只用自己的作品说话，老人在给作者的题书中，道出了他的艺术追求："艺术是虔诚的事业，不能带有功利。"

离杭州不远处，有座古老的历史文化名城，它就是远近闻名的绍兴城。绍兴，不仅有会稽山水，越王宫殿，鲁迅故居，还有一位"猴戏大王"六龄童（章宗义，艺名六龄童）。作者既然来到了杭州，绍兴的六龄童就不能不访，在绍兴的一天内，作者还参观了鲁迅故居。从绍兴返回的途中，又绕道安徽合肥，去拜访"笛子大王"赵松庭。赵先生为作者题书了他的从艺格言："融技于艺，化声为情。"在合肥，作者原计划返回山东，但灵机一动，又赶赴河南郑州去采访豫剧名家常香玉、文学前辈于黑丁。于老为作者题书欧阳修名句相赠："夜凉苍桧起天风。"同月，作者在北京拜访时任中共中央宣传部副部长、文化部代部长贺敬之。贺部长面谈让作者调任中国曲艺家协会工作，作者自知没有领导才能，未曾应允。

6月　作者在山东潍坊收到浙江绍剧院院长六龄童的来信，内装先生所画的脸谱与演出彩照各一幅，"答记者问"手稿27页。绍剧，也称"绍剧大班"、"绍剧乱弹"，是一个古老的地方剧种，一般认为它起源于明末清初。解放前，该剧种没有多大发展，到了章宗义先生这一代，把绍剧推向了一个新的高峰，章先生也成了绍剧的代表性人物。在"艺术家谈艺术"一文中，章先生向作者透露，他最难忘的就是60年代初期，绍剧三次晋京演出。1961年10月10日，党和国家领导人毛泽东、刘少奇、朱德、董必武、邓小平等同志，在中南海怀仁堂观看绍剧《孙悟空三打白骨精》的演出时，毛泽东曾六次热烈鼓掌，庆贺演出成功，并引发了毛泽东的诗作一首：《七律·和郭沫若同志》。

19日，作者收到阿甲先生发自无锡的来信，内装手稿28页，分别以"难忘的岁月"、"戏曲导演艺术的本质"、"漫谈师承"和"家庭"四部分，回答了作者提出的问题。阿甲先生经过半个多世纪的艺术实践和不断探索，总结出一套行之有效的戏曲理论体系。其手稿成为研究阿甲先生戏曲导演艺术的珍贵史料。

同日，作者收到胡善馀先生发自杭州的来信，信函共14页，约4500余字，先生用硬笔写在规格的稿纸上，字写得端庄、洒脱。

可以作为“硬笔书法”来欣赏。在手札中，先生向作者阐述了这样的艺术信条：“1. 老老实实地去下功夫，向祖国的优秀传统学习，向外国的名家学习，先博而后精，以期树立个人风格，往往喊口号、宣言肯定是无济于事的。2. 律己一条是：不模仿别人，更不要跟人家尾巴走，向老师前人学习的东西，消化为自己的营养，树立自己的风格。3. 不管你有多大天才，不从事勤劳的锻炼学习，不与人民的脉搏相通，没有成功之望。4. 艺术是打动人们心灵的产物，丰富人民生活的精神食粮，是不能缺少的。5. 在生活中，随时观察人的形态，直至她（他）们的服饰，更重要的是人的内心世界。”先生写在25年前的“谈艺录”如今已成了研究“胡善馀油画艺术”的绝笔。

30日，作者收到何迟先生发自天津的来信，谈《何迟自传》的出版问题。同月，作者在北京拜访民间文艺学者贾芝先生，贾老是我国著名的民间文艺活动家、研究家。早在抗战初期就奔赴延安，在抗日军政大学、延安鲁迅艺术学院学习，曾任中国民研会副主席，中国社科院少数民族研究所所长。同月作者在京拜访中国画研究院研究员、书画家孙大石先生。孙老80年代初期从美归来，这次造访，先生赠作者绘画一帧。

同月，作者携带潍坊嵌银百寿杖再次来到苏州，拜访费新我先生。先生见后十分感激，当场在作者携带的册页上奋笔疾书，写下了郑板桥的名句：

删繁就简三秋树
领异标新二月花

这次拜会先生，作者还有一个愿望，就是请费老为我国现代舞的创始人吴晓邦先生题书格言。费老对吴先生并不陌生，二位先生是同龄人，费老只比吴老大三岁，虽说互相没有来往，但吴先生1906年12月18日生于江苏太仓沙溪镇，离苏州城只有30华里，早年吴先生东渡日本，去学习芭蕾舞与现代舞。30年代初回国后，在上海创办“晓邦舞蹈研究所”，并三次举办了“舞蹈创作发表会”。抗日战争爆发后，吴先生多次在京沪铁路线上演出，这期间，先后演出了《大刀进行曲》、《流亡三部曲》、《游击队员之歌》等舞蹈。后又去延安鲁迅艺术学院和沈阳鲁迅艺术学院教授现代舞蹈。解放后，吴先生一直担任中国舞蹈家协会主席一职，共演出121场次，观众达21万之多。直到他73岁高龄，以演出代表作《义勇军进行曲》而告别舞台。对于这样一位被誉为“中国现代舞之父”的吴晓邦先生，费新我先生早闻其大名。所以，作者一提出请费老为吴晓邦先生题书格言，先生就立即应允，只见他手挥大笔，饱蘸浓墨，题写了“为人生而舞蹈”六个大字，落款是：“晓邦语，新我左笔。”自此，两位艺术大师，结下了墨缘，为文坛留下了一段佳话。

作者离开了苏州，又赶往了上海去拜访美术大家俞云阶、音乐大师丁善德先生。俞老为作者作画一帧，丁老为作者题书一幅：“音乐是表达人类思想感情的最佳艺术。”上海稍作停留，作者又去了杭州，在西子湖畔，作者拜访了倪贻德夫人刘苇，刘老为作者画寿桃相赠。

7月　作者收到琵琶演奏家、音乐教育家林石城先生发自北京的来信，内装条幅一帧，上写：“为中国琵琶艺术做继承发扬工作。”

作者担任《伟大的长征》副主编。作者收到画家李俊琪先生发自哈尔滨的来信，内装国画一帧。作者收到画家孙克纲先生发自天津的来信，内装国画一帧。

9月　作者撰写的《韩起祥评传》一书，由中国民间文艺出版社出版。该书由南开大学教授薛宝琨先生作序，薛先生以“史才与诗笔的结合”为题，对《韩起祥评传》一书的特点，简明扼要地进行了评价，先生认为，作者“通过辗转千里的实地调查，以及与人物本人的体悟交融一起。‘实者虚之，虚者实之’，把人物放在开阔的历史环境和背景下观照，又极力把握人物自身性格的生动性而写成的传奇性的‘评传’。”

作者主编的《解放区说唱文学作品选》（上、中、下三卷），由中国民间文艺出版社出版。该书由时任中共中央宣传部副部长、文化部代部长贺敬之题词："发扬革命传统，珍惜说唱文学——'题《解放区说唱文学作品选》'出版"。该选集共选编解放区有代表性的杂曲、快板、相声、双簧、山东快书、河南坠子、西河大鼓、陕北说书、鼓词、弹词、故事、中、长篇说唱等说唱艺术作品80篇，约计74万余字，这是作者数年来走遍全国各个解放区辛勤劳作的结果。它的成书为撰写《中国现代说唱文学史》提供了可供研究的资料。

作者主编的《李凤琪说唱文学作品选》一书，由中国民间文艺出版社出版。作者收到沙孟海大师之子、沙更世先生发自杭州的来信，内装"沙孟海小传"与沙老小照一帧。

29日上上午10时，在庆祝中华人民共和国成立四十周年前夕，由"东方说唱艺术系列丛书编委会"与中国民间文艺出版社在北京民族饭店联合举行《东方说唱艺术系列丛书》（部分作品）首发式新闻发布会。时任全国人大常委会副委员长习仲勋、文化部常务副部长高占祥、中共中央宣传部艺术局局长梁光弟等同志出席了新闻发布会。时任中共中央宣传部副部长、文化部代部长贺敬之，原国家体委副主任荣高棠题写了贺词。

习仲勋同志一进会场，就兴致勃勃地问："占祥来了没有？"当听说占祥同志正在路上，便和大家一一握手，并深切怀念地问道："韩起祥是去年逝世的吧？"有人回答："是今年八月逝世的。"习老很动情地问身边的秘书："应该送个花圈，不知……""未送。"秘书回答。习老听后深表遗憾。当习老与著名鼓曲演员孙书筠握手时，孙书筠问习老："您听过我说的书吗？"习老点头赞许："听过，听过，非常喜欢。"随后，习老对《东方说唱艺术系列丛书》的编辑出版表示赞赏。接着，作者对"丛书"的编撰工作及主要内容作了扼要的介绍。

稍许，占祥同志走进了会场。在新闻发布会上，他发表了如下的讲话：

我首先向《东方说唱艺术系列丛书》的出版表示祝贺，并向所有参加这一工作的同志表示感谢。我很喜欢说唱艺术，这是很了不起的艺术，但目前社会上对曲艺、戏曲的重视很不够，好像要失传，这要引起我们的注意。曲艺是很好的民间艺术，一个说唱艺人，往场上一站就要夺人。俗话说："生、旦、净、末、丑，全凭一张口。"曲艺也好，相声也好，全凭一张口。满堂叫彩，全凭一个人，这是真功夫。这一个人不行了，整台节目也就不行了。确实是全凭一个人的真功夫，包括东北二人传，唱、伴、舞、说、学，样样都有，是全才，要有一套真东西，一般人不行，拿不住观众，叫不了彩。因此，我们说曲艺是真正的艺术，应该特别受到重视，是轻骑兵。它没有各种渲染，没有大布景，没有大乐队，没有伴舞，没有各种华丽的装饰，全靠朴实的艺术去赢得观众。这里，我们不排斥其他艺术，各门艺术都有自己的特点，曲艺我是说它是真正的民间艺术，对出版这套"丛书"我很赞成，没想到出得这么快。3月份我在医院写的序，同志们这么快就出来了，而且书拿到手里很受看，很痛快，令人满意。新中国成立后，还没有看到为曲艺家作传的书，《韩起祥评传》的出版带了一个好头。我要向出版社、向作者、向说唱艺术家们祝贺！

占祥同志的这一讲话，引起了与会同志们的极大反响，接着，中宣部艺术局局长梁光弟、中国艺术研究院常务副院长李希凡、中国民间艺术研究会负责人贾芝、著名文艺评论家闫纲，以及文化艺术界的知名人士金紫光、赵寻、徐放等先生相继发言，对"丛书"的编辑出版给予了肯定。

在新闻发布会上，应该说最动情的是作者，如果从作者1982年8月跨进山东大学校门算起的话，到1989年9月，中间整整经历了8个年头。8年来，为了我国艺术事业的发展，作者的足迹与汗水洒在了济南、瑞金、盐城、新乡、聊城、北京、天津、石家庄、南京、无锡、苏州、上海、杭州、绍兴、合肥、郑州、哈尔滨、长春、沈阳、太原、延安等城市，拜访了上百位笑星、歌星、影星以及文学艺术大师，编著了上百万字的文稿。那天，摆放在作者面前的是刚刚出版的《韩起祥评传》和上、中、下三卷《解放区说唱文学作品选》，受到国家领导人、中共中央宣传部、文化部以及专家学者的赞许。这不正是作者多年来辛勤耕耘进行苦旅文化的结果吗？正是：双脚踏遍曲坛路，唯向说唱歌红缨。

新闻发布会过后，占祥同志的秘书、现任中国文联办公厅主任罗杨同志与全国人大副委员长习仲勋同志取得了联系，请习老为《韩起祥评传》题词，不久，作者便收到习老的题书："民间艺术家的一代典范。"

10月5日，新华社发表消息：《东方说唱艺术系列丛书》出版发行。同日，人民日报发表消息：《东方说唱艺术系列丛书》出版发行。20日，《人民日报》（海外版）发表消息：《东方说唱艺术系列丛书》推出。

第二章

八载春秋千日功
万里江山一路通

1989年 10月初，作者自山东乘车直奔上海，金秋10月，上海的大街小巷红旗高挂，因为当时国庆节刚刚过去。来到了上海，作者就直奔黄佐临先生的家。因黄老年事已高，再加上老伴丹妮身患重病，为了不便过多地打扰先生，作者就草拟了一份采访提纲，请先生“笔谈”。黄老大约用了整整一天的时间，把一份手稿交给了作者。手稿涉及了先生的艺术、生活、家庭等诸多方面。随手稿还有先生的一帧书法手迹。手迹近200字，是研究黄佐临先生戏剧艺术极其珍贵的资料：

我之所以主张“写意戏剧观”，乃是根据五六十年舞台实践，世界戏剧发展史苦心钻研和以下几句众所周知的名言而形成的：

虚戈作戏，真假宜人，不像不成戏，太像不算艺，悟得情与理，是戏又是艺。

画有三：一、绝似物象者此欺世盗名之画；二、绝不似物象者，往往托名写意，此亦欺世盗名之画；三、唯绝似又绝不似于物象者，此乃真画；

比普通实际生活更高，更强烈，更有集中性，更典型，更理想，因此就更带普遍性；

情与理，形与神，不可分割。

佐　临

一九八九年十月一日

黄佐临先生运用马克思、毛泽东文艺思想，以及黄宾虹的画论和张德成的戏论，并结合自己半个多世纪的艺术实践，站在世界戏剧发展的高度，大胆地提出了“写意戏剧观”，在中国的戏剧发展史上，独树一帜，其理论具有很强的生命力。

在上海，作者与影星白杨通了电话，离沪后赴杭州。在杭州浙江美院的一幢公寓内，书画大师陆俨少先生为作者题书一帧，上写："超以象外，得其环中。"那年，先生81岁。

秋，作者赴北京拜访相声大师侯宝林先生。侯先生为作者题书从艺格言：

恰到好处，留有余地，
宁可不够，不要过头。

11月　25日，《陕西日报》发表消息：《韩起祥评传》出版发行。由卢昌五主编的《胡孟祥说唱艺术论集》由中国民间文艺出版社出版。该书由臧克家题写书名。作者主编的《孙书筠京韵大鼓演唱集》、《薛宝琨说唱艺术论集》、《戴宏森说唱艺术论集》、《何迟自传》由中国民间文艺出版社出版。

12月　17日，《中国文化报》发表张云鹏的评论文章：《民间文学的历史丰碑——评〈解放区说唱文学作品选〉》。作者在北京拜访戏剧作家、理论家胡可和电影表演艺术家胡朋夫妇，并合影留念。

1990年　2月10日，《文艺报》发表消息：《韩起祥评传》出版发行。21日，《中国文化报》发表曲艺理论家吴文科的评论文章：《现当代曲艺的文化留存——〈东方说唱艺术系列丛书〉评介》。

3月　作者在北京拜访张大千的入室弟子、书画家、教育家梁树年先生。梁老与作者合画一幅《鸭戏荷花图》，并为作者题书："读万卷书，行万里路。"春，作者在北京拜访国画家、教育家田世光先生。田老题书："精研优良传统，博采中外新知。"春，作者在京拜访美术评论家、教育家常任侠先生。常老题书"七绝"一首："春城寒尽小梅开，斜日东风细雨来，西苑垂柳红万缕，和烟和雾隐楼台。"春，作者在北京拜访国画家潘絜兹先生。潘老题书："我不是寓言家，但我坚信重笔工彩有最光辉的未来，我引以为豪。"春，作者在京拜访书法大家萧劳先生。萧老为作者题书一帧。春，作者在北京拜访音乐大师李焕之先生。李老题书："金秋庆典四十载，唱出祖国新风采，片片丹心献给党，奖赏荣誉感胸怀。"春，作者在济南拜访书法名家、教育家蒋维崧先生。蒋老为作者题书一帧。春，作者在天津拜访书画家、教育家孙其峰先生。孙老为作者题书。春，作者在南京由郁宏达先生陪同，拜访刘海粟大师的关门弟子、国画家、艺术理论家董欣宾先生。董先生为作者作画一幅，上题："生于杂草间，故是和氏璧，胡孟祥先生评点。"春，作者在北京拜访雕塑大师刘开渠先生，刘老为作者作国画一帧，并为越剧表演艺术家袁雪芬题写从艺格言。春，作者在北京拜访美术家娄师白先生。春，作者在北京拜访作家萧乾先生，并合影留念。春，作者在北京拜访美术家董寿平先生，董老为作者的绘画题签。春，作者在北京拜访美术家、教育家艾中信，艾老为作者题书、作画各一幅。春，作者在北京拜访戏剧导演艺术家欧阳山尊、美术家蔡若虹、学者容肇祖等先生。

4月　4日，第七届全国人民代表大会第三次会议通过了《中华人民共和国香港特别行政区基本法》。这一具有划时代意义的基本大法，随着红色电波传遍了世界各地。与此同时，一首题为《啊！紫荆花》的诗在《人民日报》公开发表。

该诗告诉人们：1997年将是中华民族"洗雪百年国耻，重振华夏雄风"的一年，1997年将是英国国旗降落，五星红旗冉冉升起在香港上空的一年。这是一个多么激动人心的场面啊！为了迎接这一历史时刻的到来，宣传"一国两制"的伟大意义，作者身背相机，孤身一人，历时8载，行遍神州，北到北极村，南赴天涯海角，东奔图们江，西达伊犁河，开始了又一次的漫漫苦旅——"情系港澳神州万里行"文化活动。要问作者给人们带来了什么？那便是"智者见智，仁者见仁"了。

27日，《经济日报》刊载曲艺理论家吴文科的文章《陕北说书的形象思维——〈韩起祥评传〉简评》一文。29日，作者收到邵挺军发自北京的来信。

5月　8日，作者在南京拜访作家陈白尘、唐圭璋先生。9日，作者在南京拜访南京大学名誉校长、学者匡亚明先生，匡老为作者题书："学而不思则妄，思而不学则殆。"那年，先生85岁。同日，作者在南京拜访学者程千帆先生，程老为作者题书："行己于耻，博学于文。"19日，作者在北京拜访山东快书表演艺术家高元钧。21日，为纪念毛泽东同志《在延安文艺座谈会上的讲话》发表48周年，在北京人民大会堂三楼小礼堂举办学术讨论会，作者参加了会议。25日，作者在北京拜访作家端木蕻良先生。30日，作者收到程千帆先生发自南京的来信。

同月，由金紫光、靳思彤任主编，作者与包凌云、黄曾九任副主编的《伟大的长征》一书，由陕西人民出版社出版，该书由时任国家主席杨尚昆题写书名，徐向前、聂荣臻、萧克题词，冯文彬作序。

"情系港澳神州万里行"有个酝酿过程，此项活动到底如何开展，一开始作者没有底，大约过了一个多月，作者才悟出了个头绪。这就是请书画名家题书作画，用艺术精品庆贺港澳回归祖国。那么，从谁入手呢？作者想到了艺术大师吴作人。吴先生时任中国美术家协会主席、中央美术学院院长等职，可以说先生是当今画坛的领军人物。"如果吴老能画上一幅作品，其他的先生不就好办了吗？"作者思沉着。然而，偌大的北京到哪里去找吴先生呢？这可难坏了作者。经过多方打探，听说吴先生住华侨公寓，可是北京的华侨公寓实在是太多，也别说作者不知道此公寓建在何处，即便是知道吴先生的住处，恐怕要想见到先生也不是件易事。一次偶然的机会，作者打听到吴先生的贤婿商玉生在中央音乐学院工作，于是作者就赶赴中央音乐学院，去拜访商先生。刚一接触，不便谈及请吴先生作画之事，经过一来二往数月的交往，商先生终于把作者领进了吴先生的家门。这已经是8月下旬的事情了。

这里顺便说一句，就是作者计划编纂"艺术大师丛书"之事，由于文化部主要领导改组，再加上艺术大师的评选难度较大，评选工作停了下来，作者的编书计划也未能如愿。但是辛劳有了回报，一些艺术大师的第一手资料被抢救了下来。

6月　6日，作者在北京医院探视曹禺先生，曹老为作者题书："大道本无我，青春长与君。"7日，作者在北京中央民族大学教师公寓拜访文化大师冰心先生，作者回忆说："第一次跨进冰心老的寓所，就如同走进了圣洁的殿堂，看见先生神采奕奕地稳坐书房，顿觉心灵得到了净化。"先生寓所中靠近客厅的外厢房，悬挂一幅梁启超为先生题书的楹联和一幅胡絜青老人的画作。它记载着冰心老与梁启超、胡絜青二位先生的深厚友情。梁启超题书的楹联是冰心老集定庵句："世事沧桑心事定，胸中海岳梦中飞"。此行，冰心老为作者题书："淡泊以明志，宁静以致远。"16日，作者收到大众文学家张友发自太原的来信。

同月，作者携带一把嵌银百寿杖在北京的一条小巷内去拜访诗人艾青先生。诗人手拄嵌银杖与作者合影留念。

同月，作者在北京拜访版画大师古元先生。这已是作者第三次去拜访先生了。1999年，作者曾陪同金紫光先生两次去看望先生。同月，作者陪同金紫光先生去看望美术家、教育家张仃先生。张老为作者题书条幅一帧。27日，作者在上海衡山饭店为画坛老寿星朱屺瞻先生拍摄肖像，那年，先生百岁。28日，作者在上海拜访女画家吴青霞，吴老为作者作《双鸭戏荷图》一幅。

7月　14日，作者在北京拜访老诗人柳倩。15日，作者在北京拜访剧作家、诗人马少波，为马老拍摄肖像。22日，作者在北京拜访作家严文井，为严老拍摄肖像。26日，作者在北京采访文艺理论家陈荒煤，为陈老拍摄肖像。30日，作者在北京拜访书画家何海霞、胡絜青，为何老、胡老拍摄肖像。31日，作者在京拜访学者任继愈，为任老拍摄肖像。同月，作者在北京拜访学者文怀沙、钱钟书夫妇。同月，作者在天津拜访书法家王颂馀。王老为作者题书："转益多师"。同月，作者在天津拜访书画家、教育家王学仲、萧朗、梁崎等先生，并分别为作者题书作画。同月，作者奔赴西安，拜访时任西安美术学院院长刘文西，刘先生为作者当场画水墨写生肖像一幅。同月，作者在北京拜访作家姚雪垠，姚老为作者题书条幅一帧。同月，作者在北京拜访刘力上、俞致贞夫妇，并题书。同月，作者在北京拜访油画家、教育家罗工柳，罗老为作者题书“难在骨气”。同月，作者在北京拜访书画家、教育家彦涵，彦老为作者题书“求实奉献”。同月，作者在北京拜访作家秦兆阳，秦老为之题书“历史的脚步，时代的要求，人民的心声”。同月，作者在北京拜访美术家、收藏家周怀民，周老为作者题书、作画各一幅。同月，作者在北京拜访京剧表演艺术家张君秋，张先生为作者作画、题书各一帧。

8 月 1 日，作者在北京拜访书法家萧劳，萧老为之题书。14 日，作者收到电影导演谢添先生发自北京的来信。21 日，北京，还是一个炎热的夏天，但作者的心情似乎比夏天更加炎热，因为这一天在商玉生先生的带领下，去北京华侨公寓拜访饮誉海内外的艺术大师吴作人。作者一走进吴先生的家，吴老的夫人萧淑芳就接待了他。稍许，吴先生就从画室走了出来，只见他高高的个头，长长的脸庞，上穿洁白的短袖衬衫，下穿淡蓝色的长裤，脚下穿一双黑色的薄底布鞋，硕大的额头下戴着一副镶着金边的黑架眼镜，显得潇洒而神采。那年先生 82 岁。“画什么呢?”商先生在一旁插话。1997 年香港回归，那年是个牛年，吴先生又最擅长画牦牛的题材。“请吴老画幅牦牛图吧!”作者向吴老投去了恳求的目光。“那就按你的要求办。”吴老爽快地回答。说罢，老先生转身进了画室，大约过了 1 个多小时，一幅《天长地阔》的牦牛图就创作完毕。先生拿着这幅画作兴冲冲地与作者合影留念。在作者的请求下，吴老又挥笔为作者题书了他的从艺格言：“法由我变，艺为人生。”在作者带去的册页封签上，吴老又为之题书了“孟祥所珍”四字。在拜访吴先生之时，作者又顺便去拜访了与吴老同住一楼的舞蹈大师戴爱莲，并为之拍照肖像。

同月，作者在北京拜访了美术家胡絜青老人，胡老为作者作国画一帧。同月，作者在北京拜访京剧表演艺术家袁世海，为袁老拍摄肖像。同月，作者收到作家康濯先生发自北京的来信。同月，作者收到作家浩然先生发自三河县的来信。

同月（16 日），作者在北京大学拜访学者季羡林先生。季老有

"布衣学者"之美称。走进季老的寓所，作者自报家门："季老，我是山东临清人，咱们是同乡。"也许是季老生生对此类客套话听得太多了，或许是并没在意，作者的这几句"开场白"，既没有引起"老乡见老乡，两眼泪汪汪"的热烈场面，也未曾呈现"月是故乡明"的一道风景。季先生镇静自若，稳坐桌前。作者洞察先生，先生也用审视的目光在打探来客。作者请先生题书他的人生格言，先生没有回绝，顺手从桌上取过一张小小的宣纸，题笔蘸墨，写下了两行小字："业精于勤荒于嬉，行成于思毁于随。"落款处："季羡林，1990 年 8 月 16 日"。这到底是先生的人生格言，还是对后生的谆谆教诲？作者没有细问，先生也没有直说。临别时，季先生很礼貌地把作者送出门外。趁此机会，作者在大门外给先生抓拍了一张肖像。当作者骑自行车离开未名湖畔时，老先生仍站在大门外，久久目送作者的远影。

同月（23 日），作者在北京拜访原全国人大副委员长楚图南，楚老为作者题书："兰馨桂馥水流静，竹茂松高山气清。"同月（29 日），作者在南京拜访美术家魏紫熙，魏老为作者作画一帧。同月（31 日），作者在扬州拜访学者任半塘，任老为作者题书"博学多闻"，那年，先生 94 岁。

9 月 1 日，作者在南京拜访学者匡亚明，匡老为作者题书格言："持之以恒，锲而不舍。"同日，作者在南京拜访陈大羽，陈老题书："悟到不惑，功在锄耘。"同日，作者在南京拜访书法家尉天池。5 日，作者在上海为俞振飞、黄佐临、钱君匋、周碧初、程十发等先生拍摄肖像。钱老为作者题书：不作无病之呻吟。周老为作者作国画《群虾图》一幅。程老为作者题书一帧。6 日，作者在上海美术馆参观"叶浅予画展"，为叶浅予、谢稚柳、唐云、张乐平、陈从周拍摄肖像。

7 日，作者在杭州西子湖畔，拜访"书坛泰斗"沙孟海。沙老为作者题赠书法两幅，并与沙老合影留念。

9 日，作者在杭州拜访浙江省文史馆馆长、书法家郭仲选。郭老为作者题书条幅一帧。同日，作者在杭州拜访书画家、教育家陆抑非。10 日，陆老为作者作画一帧，并题书“先师古人，后师造化”。14 日，作者在天津大学拜访书画家、教育家王学仲。16 日，作者在北京拜访作家周而复，周老为作者题书条幅一帧。18 日，作者在北京拜访溥杰先生，并为溥老拍摄肖像一帧。19 日，作者在北京拜访美术家潘絜兹。潘老为作者作画一帧。同日，作者在北京拜访诗人艾青，艾老为作者题书：“诗，永远是生活的牧歌。”同月，作者在北京拜访新华社社长穆青，穆先生为作者题书条幅一帧。同月，作者在北京拜访清华大学教授王乃壮，王先生为作者作画一幅。

10 月　作者自北京乘车前去广州，拜访“岭南画派”艺术大师关山月、黎雄才和胡一川、赖少其先生。在广州美院关山月先生的寓所，关老馈赠作者中国画两幅。

胡一川先生的寓所与关先生的寓所只有一房之隔，当日，作者就去拜访胡一川先生。胡老的晚年钟爱书法艺术，作者这次的拜访，先生为之题书了“神州无处不飞花”7 个大字。

第二天，作者按照友人提供的地址，去拜访黎雄才先生。黎老馈赠作者山水画一幅，并在作者的册页上绘制花鸟画一幅，另为作者的画题签：“孟祥仁兄酷爱艺术，特题。”

离开了黎老的住所，作者又去拜访书画大家赖少其先生，赖老为作者作画一帧。并题书“以一贯之”。在广州，作者还拜访了中山大学教授、学者商承祚、王季思先生。

同月，作者在北京拜访书画家、教育家启功，启老为作者题书条幅一帧。同月，作者在北京拜访书画家高冠华，高老为作者作画一幅。同月，作者在北京拜访原中共中央宣传部副部长廖井丹，廖老为作者题书条幅一帧。

11 月　6 日，作者在北京拜访美术家、教育家白雪石，白老为作者作画一幅。7 日，作者在北京拜访雕塑大师刘开渠，作者为刘老拍摄肖像。8 日，作者在北京拜访美术家、教育家刘力上、俞致贞夫妇。10 日，作者在北京拜访文艺理论家王朝闻，王老为《韩起祥评传》题书：“民间文学与民间音乐富于永久的生命力，这和它们的存在形态始终与群众结合这一原因不可分割。”同月，作者在北京拜访学者钟敬文，钟老为《韩起祥评传》题书：“韩起祥同志是一位出色的民间艺人，给他作传无疑是很有意义的。”同月，作者在北京拜访诗人艾青，艾老为《韩起祥评传》题书：“为人民艺术家立传，为《韩起祥评传》写 孟祥同志纪念”。同月，作者在北京拜访社会活动家荣高棠，荣老题书条幅一帧：“工作永不满足，学习永无止境，要求适可而止，说话慎思而行，生活知足长乐。”同月，作者在北京拜访美术家、教育家田世光，田老为作者作画一幅。同月，作者在北京拜访作家秦兆阳。同月，作者在上海拜访沈尹默入室弟子胡问遂，胡老为作者题书条幅一帧。

12 月　作者在北京拜访书画家、教育家梁树年，梁老为作者题书：“画从真中来，不受真所限。”同月，作者在上海拜访作家杜宣、峻青，文艺理论家王元化等先生。同月，作者藏赵朴初诗书一幅。

同年，作者参加第 11 届亚运会组委会在北京荣宝斋举办的书画义卖活动。同年，作者在山东潍坊创办“东方文化艺术潍坊科研所”，筹备并成立了“东方民族民间文化学会”。

1991 年　1 月 8 日，作者在北京拜访美术家孙大石先生，商谈请何海霞、秦岭云创作巨幅中国画《泰岳松风》一事。12 日，由秦岭云、孙大石先生开笔画泰山远峰，何海霞先生画泰山主峰，并统筹、题跋。中旬，作者乘车去广州，请黎雄才先生画松涛、云海与飞鸟，完成《泰岳松风》画作。作者返京，请董寿平先生为《泰岳松风》题总款。同月，作者收到书法家尉天池发自南京的来信，内装书法一帧：“博学多思，身体力行，不务矫饰，迸发真情。”17 日，作者在北京拜访美术家姚有多，姚先生为作者题书、作画各一幅。同日，作者在北京拜访美术家黄润华。18 日，作者在北京拜访美术家蔡若虹。同月，作者在北京拜访蒋兆和夫人萧琼，萧老为作者题书：“书画难写是意格”。同月，作者在北京拜访美术家秦岭云，秦老为作者题书从艺格言：“生活与基本锻炼是画家的双翼，二者功底愈深，则飞入云天愈高，此乃至理，不可不信。”

4月　作者在北京拜访中国书法家协会主席、书画家邵宇，邵老为作者题书诗词一帧。

6月　11日，作者在北京拜访美术家李桦，李老为作者题书格言一幅。14日，作者在北京拜访美术家杨延文，杨先生为作者作画一幅。19日，作者收到美术家张立辰先生发自北京的来信。26日，作者在北京拜访美术家蔡若虹。28日，作者在北京拜访美术家周怀民。

7月　1日，作者收到书法家沈鹏先生发自北京的来信，内装书法一幅。9日，作者在北京拜访诗人臧克家，与臧老合影留念。

8月　由作者根据采访王朝闻、古元、梁树年、金紫光、李希凡、王树村、孙大石等先生而记录整理的《年历生产及市场亟待指导——首都部分文化界人士座谈实录》一文，载《中国文化报》11日第4版。编者按说：我国是东方年历艺术的发祥地。我国年历艺术至少也有上千年的历史。年历艺术具有广泛的群众性，它是人们生活中不可缺少的东西，千家万户，终年相伴。但是，近年来我国年历的生产、流通和消费，不但每年有大量低俗产品问世，而且其产品的流通也存在混乱现象。因此，年历的艺术品位及其市场的管理已是一个值得重视的问题，它关系到社会主义精神文明建设。为此，东方民族民间文化学会与本报综合部特邀请在京部分文化界人士就此发表看法，以期引起有关方面关注，提高年历的艺术品位，注意年历的社会效益，加强年历市场的管理。据悉，山东省潍坊市拟于明年春举办全国性的年历艺术博览会，对年历作品进行展评、研讨，这是件好事，希望它能对年历艺术的创作、年历市场的整顿起推动作用。

9月　28日，作者在北京出席炎黄艺术馆开馆仪式，为美术家黄胄、董寿平、梁树年、白雪石、周怀民、阿老、孙大石、刘力上、徐邦达、魏紫熙、李耀文等先生拍摄肖像。同月，作者在北京拜访诗人臧克家，臧老为《韩起祥评传》题书："多少天才艺术家来自民间，韩起祥同志就是典型一例，为之立传，名传千秋。"

12月　作者在上海拜访学者顾廷龙，顾老为作者题书条幅一帧。

1992 年 2 月，作者在北京拜访美术家丁聪，丁老为作者在册页上加盖常用印拓 4 枚，其中，齐白石治印 2 枚，邓散木、钱瘦铁治印各一枚。同月，作者在北京拜访美术家周怀民。同月，作者在北京拜访作家陈明，陈先生为作者盖丁玲常用印拓 3 枚。同月，作者在北京拜访篆刻家曹辛之，曹老为作者盖自刻印拓 10 枚。钱君篆刻印拓 8 枚。

3 月　作者收到美术家张立辰先生发自北京的来信。

4 月　18 日，由作者创意筹划的“首届东方年历艺术博览会”，在潍坊国际风筝博物馆举行，全国 24 个省市的出版社，数百种年历参展。日本也专程送来参展样品。臧克家、荣高棠、蔡若虹、李桦、古元、梁树年、邵宇、孙其峰、孙大石、张立辰、霍春阳等先生为之题书、作画。

5 月　由作者撰写的《东方年历艺术荟萃齐鲁》一文，载《中国文化报》10 日。

8 月　14 日，作者在北京拜访摄影家徐肖冰、侯波夫妇。15 日，作者在北京拜访红学家周汝昌。21 日，作者在北京拜访李苦禅之子李燕，李先生为作者盖李苦禅常用印拓 7 枚。同月，作者在北京拜访美术家叶浅予、周怀民、高冠华，诗人书法家柳倩。

9 月　23 日，作者在北京拜访李可染夫人邹佩珠，邹老为作者盖李可染常用印拓 2 枚，印拓下邹老写几行小字，上书：“此两方可染印章均为大师齐白石恩师所刻，借此可染逝世三周年纪念艺术展之际，特为题记 邹佩珠 一九九二年九月二十三日”（1989 年春，作者曾在北京李可染先生的寓所师牛堂拜访过先生）。同月，作者在北京拜访美术家蔡若虹，蔡老为作者盖常用印拓 2 枚，为齐白石、曹辛之篆刻。

11 月　27 日，作者在北京大学拜访学者周一良，为周老拍摄肖像。同月，古元先生作自画像一帧，后由罗工柳题书：一身正气在丹青。

12 月　24 日，作者在北京靠近和平门的一幢庭院内，拜访文化艺术界老前辈夏衍先生。那年，夏老 92 岁。27 日，作者在天津拜访作家梁斌，梁老为作者题书作画各一幅。31 日，作者在北京为闻一多之胞弟闻家驷拍摄肖像。同月，作者在北京拜访吴作人、叶浅予、彦涵、何海霞先生。何老为《百龙图》题款："龙腾九霄"。同月，作者在北京拜访冰心老人，为先生拍摄肖像，并合影留念。同月，作者收到曹禺先生发自北京的来信。

同月，作者在北京靠近太平庄的一幢公寓内，拜访文化艺术界老前辈阳翰笙先生。那年，阳老 90 华诞。阳翰笙祖籍四川高县罗扬，1927 年参加南昌起义，后任起义军 24 师党代表，全军政治部秘书长，是"左联"和中华全国文艺界抗敌协会发起人之一。先后创作了《草莽英雄》、《天国春秋》、《万家灯火》等剧作。

1993 年 1 月，作者创意策划《松竹滴翠花似锦》巨幅中国画的创作。先请中央美术学院教授郭怡琮开笔画花卉，再请中央美术学院教授张立辰画墨竹，然后，作者自京去杭州，请中国美术学院教授卢坤峰画松石，后请中国美术学院教授舒传曦画花卉，并由舒先生题书："松竹滴翠花似锦，郭怡琮、张立辰、卢坤峰、舒传曦合制于香港回归前夕。"画毕，作者携画作自杭州返京，当张立辰先生见到此画时，心中大喜，情不自禁地又在此画中精心添上了几笔淡淡的竹叶。此作乃 4 位先生唯一合作的一幅巨制精品。作者撰写的《他和我们的"总设计师"——访著名画家李琦》，载《潍坊日报》9 日第 1 版。

2 月　1 日，作者在北京拜访美术家李桦，李老为作者题书"春华秋实"4 字。15 日，作者在北京医院去探视戏剧大师曹禺。那天，作者为先生拍照时，曹老上穿一件杏黄色的毛衣，下穿一条白色秋裤，当作者提出请先生为港澳回归题词时，他沉思片刻，写下 8 个大字："人心所向，大势所趋。"落款处又写一行小字："贺港澳回归 曹禺"。趁先生题字之际，作者为先生抓拍了一幅肖像。那天，作者使用的是一台日本理光自动照相机，曹先生看后觉得稀奇，就把照相机要过去，拿在手中，左看看，右瞧瞧，还按一按焦聚的启动按钮，说声："这东西真好玩儿！"

16 日，作者在北京拜访文艺理论家冯牧，冯先生题："青山一道同云雨，明月何曾是两乡——录唐人句 迎接港澳回归”。同日，作者在北京拜访作家邓友梅，邓先生为港澳回归题书：“还我河山”。

同月，作者在北京拜访艾青，艾老为港澳回归题：月是故乡明。

同月，作者在北京拜访任继愈、阿甲、林默涵、刘开渠、戴爱莲、钟敬文、王朝闻、张光年、萧乾、楼适夷、文怀沙、蔡若虹、古元、何海霞、刘白羽、萧劳、尹瘦石、张庚、草明、胡絜青、周怀民、谢添、于是之、杜澎、柳倩、高冠华、胡可、胡朋、徐肖冰、侯波、资华筠、柯岩、靳尚谊、卢光照、侯一民、孙大石、朱乃正、马季、袁鹰等先生，并分别为港澳回归题词。任继愈题：贺香港回归纪念。阿甲题：回归祖国，统一山河。林默涵题：欢呼宝岛归来！刘开渠题：香港回归纪念。戴爱莲题：爱国爱民。李桦题：香港回归祖国纪念。钟敬文题：归来呀，已失去多年的故土！萧乾题：热烈拥抱回归的香港！楼适夷题：欢庆香港回归。王朝闻题：知彼难，知己也不易。张光年题：港澳回归，大喜大庆。文怀沙题：香港回归兮，芳菲弥章。何海霞题：还我香岛。草明题：魂系中华。于是之题：魂系香港。杜澎题：锦绣金瓯。

同月，作者在天津拜访女作家袁静，美术家孙其峰、王颂余、孙克纲、霍春阳等先生，并分别为港澳回归题字。同月，作者在杭州拜访美术家陆抑非、胡善馀、莫朴、郭仲选、周沧米、王伯敏、卢坤峰、吴山明、诸涵、章祖安等先生，并分别为港澳回归题字。同月，作者在北京拜访鲁迅之子周海婴。

3月 1日，作者在广州拜访美术家廖冰兄，廖老画自画像一帧，并为港澳回归题字。3日，作者在广州拜访作家欧阳山，欧阳老为港澳回归题书：百年喜庆落叶归根。4日，作者在广州美术学院拜访关山月，关老题书：港澳回归大庆。”9日，作者在广州拜访黎雄才，黎老题书：情系港岛。先生还为国画《翰墨风云》题款。同日，作者在广州拜访赖少其，赖老为作者题书：“走自己的路，创开拓者之业绩。”中旬，作者在广州拜访美术家胡一川、王肇民、杨之光、黄笃维等先生，并分别为港澳回归题字。

27日，作者在全国政协委员文艺组下榻处——北京京丰宾馆，先后拜访了郑万通、乔羽、李準、叶文玲、张贤亮、冯骥才、沈鹏、王玉珏、谢晋、李希凡、贾平凹、于洋、陈铎、李存葆、孙轶青、傅庚辰、崔美善、莫德格玛、刘勃舒、郭怡琮、姚有多、毕克官、武季梅、克里木、李维康、白淑湘、丁聪、管桦、齐良迟、骆玉笙等30名全国政协委员，他们并分别为港澳回归题字。郑万通题：海上升明白，天涯共此时。乔羽题：骨肉之情最亲。李準题：炎黄子孙华夏一家。叶文玲题：神州同此心曲。张贤亮题：神州一统。冯骥才题：百年遗子，终返母怀。沈鹏题：风雨送春归。王玉珏题：神州风采。谢晋题：祝回归祖国。李希凡题：还我河山。贾平凹题：山河回归。于洋题：东风送春归，发我枝上花。陈铎题：世人瞩目的重要时刻，打开了新的历史。李存葆题：骨肉情深。孙轶青题：同固江山共茂荣。傅庚辰题：祖国统一，繁荣富强。崔美善题：同舟共济。莫德格玛题：志在千里。齐良迟题：鹏程万里。

同月，作者在北京拜访夏衍，夏老题：香港自古以来就是中国领土的一部分，让彭定康见鬼去吧！同月，作者在北京拜访曲剧表演艺术家魏喜奎，魏老题：香港回归，国人所望，万众所喜，千家欢畅。同月，作者在北京拜访美术家丁聪，丁老题：千门万户曈曈日，总把新桃换旧符。同月，作者在北京拜访学者周一良、书法家欧阳中石、王遐举，美术家方成、沙更世、李行简，作家萧乾、严文井、秦兆阳、牛汉、纪鹏等先生，并分别为港澳回归题字。同月，作者请画家阿老为韩起祥画像。同月，马少波作《赠“情系港澳艺术博览会”》诗一首。

同月，作者在北京走进美术家古元先生的家。提起古元，作者激动不已，他曾以《歌古元》为题，记下了与先生的交往。

4月　18日，作者在南京拜访傅抱石之子傅小石。同日，作者在南京拜访美术家陈大羽，陈老为作者盖自刻常用章印拓数枚。21日，作者在潍坊拜访演员毛阿敏、潘长江。毛阿敏题：贺香港回归祖国。潘长江题：我们都是中国人。同月，作者在北京拜访美术家白雪石，白老为香港回归题书楹联：香港回归，万民同庆。同月，作者在北京拜访音乐家时乐濛，时老为港澳回归题写贺词。同月，作者在合肥拜访诗人公刘，公先生题书：从此香港真香矣！同月，作者在北京中国美术馆参观“陈大羽画展”，并拍照“陈大羽与胡絜青”、“陈大羽与张仃”、“陈大羽与李桦”等照片。同月，作者请画家张耕源为沙孟海、陆抑非、陆俨少画像。同月，作者请翻译家、画家高莽为艾青画像。同月，作者请画家缪印堂为钱学森、钱三强、钱令希、陈景润画像。同月，作者请画家李琦为鲁迅、谢海燕画像。同月，作者请罗工柳画自画像一帧，后由胡一川题：异军突起。同月，作者在天津南开大学拜访书画家范曾，范先生题书扇面一帧。同月，作者收到美术家胡考先生发自北京的来信。内装条幅一帧：神州风采。

5月　作者在北京拜访谢觉哉夫人王定国、音乐家吕骥、作家刘白羽、文艺理论家张庚、美术家孙大石、詹建俊、评剧表演艺术家新凤霞。王定国题：香港回归祖国是人民的心愿。吕骥题：香港回归，祖国新貌。刘白羽题：情亲骨肉，共唱中华。张庚题：香港回归之夙愿。孙大石题：饮水思源。詹建俊题：举国同心。新凤霞题：祝香港回归。

6月　5日，作者收到时任全国政协副主席马万祺先生发自澳门的来信。

7月　上旬。为迎接港澳回归祖国，作者策划巨幅中国画《金鸡报晓》的创作。他先赴北京，请美术家田世光开笔画石，又自北京赴南京请美术家陈大羽画鸡。中旬，作者携带这幅“半成品”赶赴广州，去拜访关山月、黎雄才先生，请关老在该作品中画红梅旭日，请黎老画远松。

8月　1日，作者收到关山月夫人李秋璜发自广州的来信。24日，作者在北京拜访文化大师冰心，老人在作者1990年为先生拍照的肖像上题签：“淡泊以明志”。同日，作者在北京拜访作家秦兆阳，秦老在作者1990年11月7日为先生拍照的肖像上题签：“山河悬肝胆，人间觅诗情。”同月，作者在北京拜访京剧表演艺术家袁世海，袁老在作者1990年9月17日为先生拍照的肖像上题签："艺海无涯"。同月，作者在北京拜访作家端木蕻良，端木先生在作者1990为先生拍照的肖像上题签："天马行空"。同月，作者在北京拜访美术家白雪石，白老在作者1990年11月6日为先生拍照的肖像上题签："艺无止境是我的座右铭"。同月，作者在北京拜访作家柯蓝，柯老在作者1990年为先生拍照的肖像上题签："在黎明中播种未来"。同月，作者在北京拜访美术家王朝闻、胡絜青、潘絜兹、许麟卢、阿老、何孔德、卢光照、王乃壮，诗人张志民等先生。同月，作者在京拜访美术家张立辰，张先生为港澳回归题书：神州同贺，并馈赠作者墨竹一帧。同月，作者在北京拜访美术家梁树年，作者请梁老画自画像一帧。同月，作者在北京拜访老将军、书法家魏传统，魏老书鲁迅名句："横眉冷对千夫指，俯首甘为孺子牛。"同月，作者在北京拜访摄影大师吴印咸，吴老题书：贺香港回归祖国。那年先生93岁。

9月　1日，作者在北京拜访美术家田世光、周怀民，剧作家胡可等先生。23日，作者收到作家周而复先生发自北京的来信，内装条幅一帧。同月，作者在北京拜访美术家沙更世，请沙先生为其父沙孟海画肖像一帧。同月，作者在北京拜访美术家方成，请方先生画自画像一帧，并请先生为高元钧画像，后由胡絜青在画像上书老舍赞高元钧句。同月，作者在山东潍坊请书画家陈寿荣为李苦禅画像一帧，陈老在画像上题书赞曰："雄鹰卫祖国，矫羽舞春风，写意全球重，飞豪一代宗。"同月，作者收到翻译家、美术家高莽先生发自北京的来信，谈为巴金、冰心、艾青、曹禺等先生画像之事。

10月　作者自山东赴上海，拜访时任全国政协副主席、数学家苏步青，苏老为港澳回归题书：港澳回归大喜大庆。那年先生93岁。同月，作者在上海拜访音乐家贺绿汀，贺老题：贺香港回归祖国。那年先生92岁。同月，作者在上海拜访作家夏征农，夏老题：庆贺香港回归祖国。那年先生91岁。同月，作者在上海拜访学者蔡尚思，蔡老题：故土归还，皆大欢喜。那年先生88岁。同月，作者在上海拜访作家陈沂，陈老题：香港回归祖国是中华民族的一件大事。同月，作者在上海拜访科学家谢希德，谢希德题：祝香港回归祖国。同月，作者在上海拜访作家杜宣，杜老题：港澳回归。同月，作者在上海拜访书法家胡问遂，胡老题书楹联：龙腾虎跃云出岫，鹤舞鸿飞雨散花。同月，作者在上海拜访书法家赵冷月，赵老题书楹联：翠竹摇风喧翠鸟，红梅映日吐红霞。同月，作者在上海拜访书画家方增先，方先生题书楹联：怀抱观今古，深心托豪情。方先生另作扇画两幅。同月，作者在上海拜访建筑学家陈从周，陈老题书楹联：明月清风景物秀，神州春色画图中。同月，作者在上海拜访作家峻青，峻青题联：五州皆春色，四海尽朝晖。同月，作者在上海拜访女书法家周慧珺，周慧珺题联：烟柳千家晓，风花万里春。同月，作者在杭州拜访书法家刘江，刘先生题书楹联：灯火万家城四晖，星河一道水中天。同月，作者在杭州拜访书画家舒传曦，舒先生题书楹联：鹤舞千季树，虹飞百尺桥。同月，作者在杭州拜访美术家陆抑非，陆老题：德从宽处积，福向俭中求。同月，作者在福州拜访诗人蔡其矫，蔡老题：花叶同根。同月，作者在福建拜访书画家郑乃珖。同月，作者在南京由书法家郁宏达先生陪同，拜访书法家黄淳，黄先生题联：东风送春归，游子还乡来。同月，郁宏达题书"顶天立地"4字，并代作者请书法家武中奇书"龙"字。同月，作者在南京拜访书法家尉天池，尉先生题联：山静松声远，池清兰自香。同月，作者在南京拜访书画家陈大羽，陈老为作者拍摄的北京故宫影照题跋。同月，作者在南京拜访学者匡亚明，匡老题：港澳回归，天经地义。那年先生89岁。同月，作者在南京拜访学者程千帆，程老题书：还我河山——港澳回归志庆。同月，作者在北京拜访诗人阮章竞，阮老为港澳回归题书：帝国踉跄去，香港潇洒回。同月，作者请方成为马三立画像，后由谢添题书：人瘦艺肥。同月，作者在济南拜访书画家于希宁。同月，作者收到书画家林建同先生发自香港的来信，内装志贺香港回归祖国条幅一帧：福禄寿喜，并题赠作者"横扫千军"4字。同月，作者在济南拜访美术家张建中，张老为港澳回归题书、作画各一幅。

11月11日，作者在北京中国美术馆巧遇赵朴初先生。那天，中国美术馆正在举行大型书画展开幕式，只见赵朴老手拄拐杖，外穿一件深黑色的大衣，长长的花围脖飘洒胸前，红润的脸庞放着光泽，慈善的面容，在一头白发的映衬下，显得神采飞扬！这就是赵朴老给作者的第一印象。作者在进行“情系港澳神州万里行”的文化活动中，不能缺少像赵朴初这样的重量级人物，早想去拜访先生，但一直没有机会。这天，机缘来了，作者举起手中的相机，把赵朴老的形象摄进了镜头。同月，作者在北京拜访电影导演谢添，谢老为作者题书：功夫不负有心人。同月，作者在北京拜访美术家蔡若虹，蔡老题：猛醒听惊涛，是神州呼吸。同月，作者在北京拜访美术家何海霞，何老题书：青山一道同云雨，明月何曾照两乡。同月，作者在北京拜访诗人臧克家，臧老题：酒擎三盏贺回归。臧老在作者1991年7月9日与先生合影照上题签：合影留念。同月，作者在北京拜访作家姚雪垠，姚老在作者与先生们的合影集上题书“影缘集珍”，并为港澳回归题书楹联：九州开景运，两制满祥光。同月，作者在北京拜访徐悲鸿夫人廖静文、摄影大师吴印咸，美术家秦岭云，学者张岱年。同月，作者请翻译家、画家高莽为巴金、冰心、曹禺、楼适夷、戈宝权、袁世海画像。同月，作者请古元画自画像一帧，后由罗工柳题书：一身正气在丹青。

12月 27日，作者在北京大学拜访历史学家邓广铭，邓老为港澳回归题字。同月，作者在北京拜访作家楼适夷、电影表演艺术家赵子岳、诗人贺敬之。同月，作者收到美术家周沧米先生发自杭州的来信。

同年，作者在北京协和医院探视溥杰先生。

1994年 1月3日，作者在北京拜访冰心，请先生为巴金画像题字。冰心老题：“人生得一知己足矣，此际当以同怀视之——赠巴金。”同月，作者在南昌拜访江西师范大学教授、书法家康庄，康老题联：万物无声凭雨润，百花含笑待回归。同月，作者收到历史学家邓广铭先生发自北京的来信。

2月　26日，作者在北京拜访冰心老人，冰心题书：“情系港澳名家签章集珍”。同月，作者在北京拜访学者戈宝权，戈老题：港澳旧游地，回归系我心。同月，作者在北京大学拜访学者陈岱孙、林庚。陈老为作者留言：“学，然后知不足；教，然后知困。几十年来书卷生涯只是这两个过程无休止的重复。”林老留言：“青春是生命的高峰，善于吸收一切，创造一切，乃是决定人生的关键时光。”

3月　作者自山东赴南京，拜访书法大师萧娴，萧老题书：情系港澳。那年先生96岁。同月，作者在南京大学拜访学者程千帆，程老题书：喜逢香港回归，更盼神州一统。同月，作者在南京拜访书法家陈大羽，陈老题赠作者“发奋图强”4字。同月，作者在南京拜访书画家谢海燕，谢老题赠作者“奋进”2字。同月，作者在苏州拜访书画家谢孝思，谢老为港澳回归作扇画一帧。

4月　如果从1990年4月《中华人民共和国香港特别行政区基本法》颁布之日始，作者着手进行“情系港澳神州万里行”文化活动算起的话，至1994年4月，整整过去了4个年头。4年来，作者几乎走遍了包括华北、华东、华南及陕西几十个大城市，拜访了上百位文学艺术家，征集了数百幅书画作品。然而，作者却觉得少了些什么。“这样下去谁能证明我进行神州万里行了呢?”作者困惑没有一个文化载体来记录其行踪。经过冥思苦想，一天，顿觉思路大开：为何不画一张中国大地图，走到哪里就把邮戳加盖在哪里，然后请文化界的先生在此签名，这样不仅记录了自己的万里行程，同时还记录了文化艺术界先生们期盼港澳回归的爱国热情。想到此，作者立即奔赴北京，去购置丈二匹的宣纸。

4月的北京，阳光明媚。作者不知多少次独身单骑自行车，来往于北京的大街小巷。用那颗赤诚的心轻轻敲开一个个文化艺术大师的家门。接下来是交谈、拍照，征集绘画、墨宝。这天，他购置了宣纸，立刻返回山东。作者在潍坊的寓所内，把丈二匹宣纸平铺在客厅内，参照中国地图，画起了“放大样”。因客厅的光线太暗，作者索性把宣纸铺在了双人床上。妻子见状，说声：“你这是中邪了，整天忙乎个啥？”作者指一指画的地图说：“你看，这里是北京，这里是上海，这里是海南，这里是西藏，等把全国的地方都走完了，邮戳往上一盖，大名往上一签，这张地图可就成了国宝啦。”作者愈说愈激动，妻子在一旁说：“看美得你！”

话是这样说，但真要做起来，可不是如此简单。因为一切都要从头开始，拜访过的名人要重新拜访，以便让他们在地图上签名盖章。走过的地方需要重新走过，以便在当地加盖当日邮戳。更何况作者还创意把我国的8大名山、8大名花、16个少数民族舞蹈以及长城、敦煌、兵马俑等邮票粘贴在地图之上，还要去当地加盖邮戳，这就为神州万里行增添了很大难度。但按作者看来，一张白纸最能描绘最美的图画。不觉一个星期过去了，3张丈二匹的地图摆在了作者面前。一张是“情系港澳神州万里行”地理图卷，一张是“港澳归来”地理图卷，一张是“海峡情神州世纪行”地理图卷。作者一开始就把“港澳台”作为祖国统一大业的一个整体来创意的。20日，适逢国际风筝会在潍坊召开，作者来到了潍坊市邮局，在地图上加盖了第一枚邮戳。从此，这3张长3米、高1.5米的大地图，陪伴着作者走遍了祖国的山山水水。

谁来题总款呢？作者第一个就想到了古元。古元为人忠厚，深得书画界朋友的敬重，让先生题写总款，统领全局，是最佳人选。“对，就找古元先生。”于是，作者身背地理图卷，开始了他的“行行重行行”的漫漫苦旅。

同月（27日），作者收到诗人木斧先生发自成都的来信，内有贺香港回归的诗《盼》的手札：“我的家在东北松花江上路漫漫，我的家在天山脚下茫茫戈壁滩；我的家在皑皑白雪的大草原，我的家在南之海湾香港澳门紧相连。朝也盼晚也盼望穿双眼，盼望合家欢聚一场大团圆。这样的时刻快要到了，这便是我们朝朝暮暮思念的1997年。”同月（30日），作者收到诗人塞风先生发自济南的来信，内装贺回归诗一首：“港澳主权回归时，赤子真情凝笔锋。齐鲁诗篇传天下，潍坊风筝将客迎。”

5月　作者京津南方行。路线：潍坊——北京——天津——北京——广州——肇庆——广州——深圳——广州——北京——潍坊。在北京，作者拜访了美术家罗工柳、高冠华。罗先生为“港澳归来”、“海峡情神州世纪行”地理图卷题写总款，并题书楹联一帧：奋鹏程齐抒壮志，迎牛年同谱新曲。高先生题书：江山盛世春风里，日月新天翰墨中。在天津，作者拜访了美术家孙其峰、萧朗、霍春阳。孙先生为香港回归特绘《竹石图》一幅。并题书：物华天宝。萧先生为港澳回归题书楹联：柳吐绿枝华绽蕾，蜂喧香圃蝶舞花。霍先生为志贺香港回归绘《报春图》一帧。在广州，作者请美术家廖冰兄在罗工柳题书的“港澳归来”地理图卷上题书楹联。廖先生书：“一笔能书天下意，寸纸可缩古今情。”那年，先生80岁。同月，王朝闻先生在作者拍摄的李桦遗像上题词纪念，称李先生为“真不愧为前辈鲁迅先生的学生。”同月，作者收到邹荻帆先生发自北京的来信，内装先生为“戈宝权画像”题词。

7月　作者中原行。路线：潍坊——石家庄——浑源恒山——大同云冈石窟——太原——吉县——黄河壶口瀑布——宜川——延安——黄陵县黄帝陵——西安——华阴华山——临潼秦始皇陵——西安——洛阳——潍坊。在石家庄，作者拜访了作家徐光耀、书画家黄绮、美术家韩羽，三位先生分别为港澳回归题写了贺词。在太原，作者拜访了作家马烽、西戎、孙谦、胡正，学者姚奠中，美术家力群等先生，并分别为港澳回归题写贺词，力群作素描自画像一帧。在西安，作者拜访了美术家刘文西，书法家刘自椟、吴三大，作家胡采、王汶石、魏钢焰等先生。分别为港澳回归题写贺词。刘文西题赠作者“江山豪情”4字，并为澳门回归特绘《荷花图》一幅。在大同，作者参观了云冈石窟。在吉县宜川的交界处，作者参观了黄河壶口瀑布。在延安，作者把古元先生设计的宝塔山邮票精心粘贴在“港澳归来”地理图卷之上，并在宝塔山下加盖当地当日邮戳。在黄陵，作者瞻仰了黄帝陵园。在临潼，作者把象征中华民族几千年文明史的“兵马俑邮票”粘贴在地图之上，并加盖当地当日邮戳。在华阴华山脚下，作者在地图上加盖当地当日邮戳。

9月　作者携带赵朴初先生的摄影肖像与“港澳归来”地理图

卷，奔赴京城去拜访赵朴初先生，不料，赵朴老住院了。当时，冰心、钱钟书与赵朴初同住北京医院。冰心先生住304病房，钱钟书先生住311病房。作者探视了冰心、钱钟书之后，随即去探视赵朴老。

10月　作者华东行。路线：潍坊——南京——合肥——九江庐山——南昌——黄山——杭州——乐清——雁荡山——温州——福州——武夷山——上饶——上海——苏州——潍坊。在南京，作者请美术家陈大羽先生在古元题书的“情系港澳神州万里行”地理图卷上题书楹联，陈老题：“八载春秋千日功，万里江山一路通。”先生还在10米长的红绸上题书7个大字：港澳明天更美好。那年先生83岁。在乐清，作者请美术家周沧米先生根据赵朴初题书的“众星依北斗，灵景曜神州”句，作巨幅山水画。在上海，作者拜访文艺理论家王元化、电影表演艺术家秦怡、作家杜宣等先生。在南昌，作者拜访江西师范大学教授、美术家康庄。在苏州，作者拜访美术家蒋风白。作者一路之行，把各地的邮戳均加盖在地图之上。

11月　作者赴北京拜访学者顾廷龙。

12月　13日，作者收到楹联家余德泉先生发自长沙的来信，内装贺港澳回归的题书。28日，作者收到诗人苗延秀先生发自南宁的来信，内有诗书一帧：港澳主权回归日，苗岭山民呼声齐，团结一致兴中华，试看天下谁敢欺？苗先生是一位侗族诗人，他在病床上题写了期盼港澳回归的夙愿。同月，作者收到学者顾廷龙先生发自北京的来信，内有贺回归书法一帧。

同年，作者在济南拜访作家王希坚、冯德英。王老题书：保持香港繁荣，建设祖国四化。冯老题书：叶落归根。

1995年　1月11日，作者收到书画家黄逸宾先生发自杭州的来信，内有楹联一帧：千里远山碧，一条归路长。随楹联附信一封：“孟祥同志：寄上拙书字对请收，祝新年好。先生不辞辛劳，收集书画展览，印册，得以使许多人的作品能增加一个留存闻世的机会，对社会、对作者本人都是一件大好事，祝你成功！敬礼 黄逸宾 一月三日”。21日，作者收到作家张长弓先生发自呼和浩特的来信，内有贺回归条幅一帧：

呵，香港，你还年轻！……母不嫌儿丑，儿不嫌母穷，盼游子早日归来，你为母亲更衣，母亲为你整容。

同月，文怀沙先生为“艾青画像”题字。

2月　1日，作者收到诗人梁上泉先生发自重庆的来信。2日，作者在北京拜访京剧表演艺术家梅葆玖，请梅先生在沙更世绘制的“梅葆玖肖像邮封”上为港澳回归题签。17日，作者收到美术家彦涵先生发自北京的来信，内有先生的自画像一帧。18日，作者收到作家颜一烟先生发自北京的来信，内有条幅一帧，上书：百年蹉跎日，一脉中华情。24日，作者收到诗人公木先生发自长春的来信。同月，作者赴上海复旦大学拜访学者蔡尚思，蔡老自述：从苦中来，唯民是尊，终难毕业，永葆青春。同月，作者收到学者蔡尚思先生发自上海的来信。

同月，作者收到美术家李俊琪先生发自哈尔滨的来信，内装臧克家、贺敬之画像两幅，后由臧克家、贺敬之分别在画像上题签。同月，作者收到美术家钟灵先生发自北京的来信，内装楹联一帧：天连五岭银锄落，地动三河铁臂摇。作者赴沈阳拜访篆刻家李树彤，请李先生为茅盾、老舍、周扬、田汉、叶圣陶、萧军、欧阳予倩、吴昌硕、齐白石、徐悲鸿、潘天寿、傅抱石、李可染、梅兰芳、陈荒煤、欧阳山尊、李準、冯牧、袁鹰、谌容、沈鹏等先生刻制肖像印。

3月　1日，作者收到剧作家马少波先生发自北京的来信。同日，作者收到篆刻家李树彤先生发自沈阳的来信。2日，作者收到诗人木斧先生发自成都的来信。5日，作者收到作家杜宣先生发自上海的来信。同日，作者收到作家徐光耀先生发自石家庄的来信，内有楹联一帧：雪百年奇耻，振千载雄风。9日，作者收到书法家胡树群先生发自西安的来信，内有楹联一帧：月缺月圆共婵娟，人离人合同轩辕。10日，作者收到画家张文俊先生发自南京的来信，内装扇画一帧。同日，作者收到书法家洪民生先生发自北京的来信，内有书法一帧：花迎喜气皆含笑，鸟识欢声亦解歌。12日，作者收到书画家王伯敏先生发自南京的来信，内有扇画一帧。同日，作者收到书画家钱来忠先生发自成都的来信，内有书法一帧：璧合南天春归港澳，月圆东海情系台澎。13 日，作者收到学者蔡尚思先生发自上海的来信。14 日，作者收到诗人公木先生发自长春的来信，内有诗书一帧：

嗟我中华，炎黄子孙。
断指再植，手足更亲。
缺瓯复完，凝固成金。
南望云涛，风雨归人。
七日来复，天地之心。
归兮归兮，香港澳门。

同日，作者收到诗人芦芒夫人发自上海的来信，内装芦芒题毛泽东诗词一首：飒爽英姿五尺枪，曙光初照演兵场，中华儿女多奇志，不爱红装爱武装。

20 日，作者收到诗人晓帆先生发自香港的来信，内有贺香港回归诗词一帧。25 日，作者收到作家高玉宝先生发自大连的来信，内有诗词一帧：金瓯残损终需补，喜看九州始趋同。华夏辉煌照环宇，普天瞩目东方红。27 日，作者收到胡文遂先生发自上海的来信。同月，作者收到作家马少波先生发自北京的来信。同月，作者在北京大学拜访学者吴良镛，吴先生为港澳回归题书：春回大地，山河一统。同月，作者请画家苗地先生为王朝闻、谢添、谢晋、谢铁骊、英若诚、郑小瑛画像。同月，作者收到诗人王一桃先生发自香港的来信，内装先生贺香港回归诗词一帧。同月，作者请美术家方成先生为马季、姜昆各画肖像一帧。不久，作者请马季、姜昆在画像上题字。马季题：攀登艺术的高峰也是人品的较量。姜昆题：说三道四的人是我，评头论足的人是我。有人喜欢，有人讨厌，是我是我还是我。

4 月　作者收到天呈先生发自上海的来信，内有先生为中央电视台主持人赵忠祥画像一幅，后由赵忠祥题书：面对哈哈镜，相看两依依。同月，作者收到美术家周沧米先生发自杭州的来信。同月，作者收到作家西戎先生发自太原的来信。同月，作者收到画家李巍先生发自长春的来信，内有先生的扇画一帧。同月，作者收到美术家康庄先生发自南昌的来信。同月，作者收到楹联学家顾平旦先生发自北京的来信。同月，作者收到书法家言恭达先生发自常熟的来信，内有先生的书法一帧。同月，作者收到美术家李俊琪先生发自哈尔滨的来信，内有先生绘制的赵朴初、张光年画像两帧。同月，作者收到作家丁洪先生发自沈阳的来信，内装条幅一帧。同月，作者在北京拜访电影表演艺术家陈强，陈老为港澳回归题：百年国耻，今日洗清。同月，作者在北京拜访中科院院士、水利专家张光斗，张老为港澳回归题：一国两制，欢庆统一。同月，作者收到中国文联主席、音乐家周巍峙先生发自北京的来信，内有条幅一帧：胞亲深深，乡思绵绵。同月（30日），作者收到作家乔羽先生发自北京的来信，信中说：

孟祥先生：

遵嘱手书扇面一帧，寄上，未知当意否？港澳回归祖国，故土重光，是当代中华民族史上的一件大事，为每个华夏儿女、炎黄子孙所关注。你们为此举办的各项活动，深得人心，成功可期，唯愿早日看到各种出版物的行世。“神州万里同怀抱，共祝愿，祖国好。”是我上次寄去的题词，也是十年前旧作的摘录，今仍以此语为祝。谨此，并致敬礼。乔羽 一九九五年四月二十五日

5月 1日，作者收到作家高玉宝先生发自大连的来信。信中对作者进行“情系港澳神州万里行”文化活动给予热情赞许。他认为此项工作“很辛苦……具有历史意义”，是“很有价值的一项大工程”。信中附“为香港回归祖国而高歌”的祝词手札：

世上人最痛苦的事，是祖国领土被外国侵略者分割，骨肉同胞长年分离，不能相见、欢聚。我国港澳两地已被外国侵略者分割长达百余年，炎黄子孙尝尽了骨肉分离之苦。

四十多年前，我曾作为中国人民解放军的战士，为解放全中国南征北战，在我参加完辽沈、平津等战役之后，又随大军南下作

战，终于解放了全中国。在中华人民共和国成立的大喜日子里，在中华民族从此站起来的时刻，我高兴得热泪盈眶，不停地欢呼伟大的祖国万岁！此刻，我面向港澳两地的方向遥望，我多么企盼港澳两地同胞，早日回到祖国怀抱，同享祖国——母亲给儿女的温暖。一晃儿，四十多年过去了。但我们终于盼到香港回到祖国怀抱的喜庆日子，全国亿万人民，无不欢呼鼓舞。我作为新中国的战士作家，更加感慨万千。今特写此文，为香港回归祖国而高歌！同样，我将以最欢快的心情，来庆贺澳门回归祖国怀抱。

香港回归祖国之后，更有利于香港和祖国的经济、文化、工业以及高科技等事业的发展。我们炎黄子孙团结一心，携手奋进，把祖国、把香港建设得更美、更富强，使中华人民共和国成为世界最先进、最强大的国家！我愿为祖国和香港的经济建设、文化、艺术事业的发展尽心尽力。我和我的作品，曾多次被港澳报刊作介绍，并发表我的作品，今借此机会，感谢港澳同胞、广大读者，以及报界、出版界的朋友们，对我这战士作家的厚爱和关怀之情。

我敬祝港澳同胞、父老乡亲、各界朋友，身体健康、万事如意、事业辉煌！

高玉宝　1995 年 4 月 26 日

2 日，作者收到作家牛汉先生发自北京的来信，内装志贺香港回归条幅一帧。5 日，作者收到画家单应桂发自济南的来信，内装扇画一帧。15 日，作者收到美术家陈因先生发自天津的来信。作者撰写的《不老松——陈寿荣先生印象》，载《潍坊日报》17 日第 3 版。16 日，作者收到美术家王伯敏先生发自杭州的来信。18 日，作者收到段轶先生发自南昌的来信。21 日，作者收到蔡尚思先生发自上海的来信。25 日，作者收到美术家王麦秆先生发自天津的来信，内装先生自刻的“王麦杆肖像印邮封”一帧。同月，作者收到美术家来汶阳先生发自杭州的来信，内装先生绘制的扇画一帧。同月，作者收到书法篆刻家李元茂先生发自海口的来信，内装先生书法、篆刻各一帧。同月，作者请美术装帧家张守义先生为季羡林、邓广铭、张中行、吴祖光、冯亦代、蔡若虹、胡可在邮封上画像数帧。同月，作者收到美术家蒋志鑫先生发自兰州的来信，内有先生绘制的扇画一帧。

6月 2日，作者收到美术家段铁先生发自南昌的来信，内装先生馈赠作者的《相马图》一帧。6日，作者收到美术家齐巴雅尔先生发自呼和浩特的来信，内装先生绘制的贺香港回归手绘封一帧。同日，作者收到书法家李仲元先生发自沈阳的来信。10日，作者收到诗人木斧先生发自成都的来信，内装先生自绘的“木斧肖像邮封”一帧。同月，作者收到高玉宝先生发自大连的来信。同月，作者在潍坊请陈寿荣先生绘制“陈寿荣肖像邮封”一帧。同月，作者在北京请胡可先生在张守义绘制的“胡可肖像邮封”上题签。

7月 2日，作者在北京请阿老先生绘制“阿老肖像邮封”一帧。3日，作者在北京请罗工柳先生绘制“罗工柳肖像印邮封”一帧。同日，作者在北京请王朝闻先生在苗地绘制的“王朝闻肖像邮封”上题签。同日，作者在北京请美术家王复羊先生绘制“王复羊肖像邮封”一帧。同日，作者在北京请缪印堂先生绘制“缪印堂肖像邮封”一帧。同日，作者在北京请苗地先生绘制“苗地肖像邮封”一帧。同日，作者在北京请毛铭三先生绘制“毛铭三肖像邮封”一帧。8日，作者收到梁上泉先生发自重庆的来信。同月，作者在北京请李滨声先生绘制“李滨声肖像邮封”一帧。同月，作者在北京请端木蕻良先生为澳门回归绘制手绘封一帧。先生在邮封上题：芙蓉国里尽朝晖。同月，作者在北京拜访京剧表演艺术家袁世海，请袁老在沙更世绘制的“袁世海肖像邮封”上题签。同月，作者在北京拜访话剧导演欧阳山尊，欧阳老题书：故土回归，天经地义。同月，作者在北京拜访电影表演艺术家赵子岳，赵老题：爱国一家。同月，作者在北京拜访话剧表演艺术家英若诚，英老在苗地绘制的“英若诚肖像邮封”上题签。同月，作者在北京请徐进先生绘制“徐进肖像邮封”一帧。同月，作者在北京请法乃光先生绘制“法乃光肖像邮封”一帧。同月，作者在北京请何韦先生绘制“何韦肖像邮封”一帧。同月，作者在北京请韦启美先生绘制“韦启美肖像邮封”一帧。同月，作者在北京请沙更世先生绘制“沙更世肖像邮封”一帧。同月，作者请谢添先生在苗地绘制的“谢添肖像邮封”上题签。同月，作者在北京请官布先生绘扇画一帧。同月，作者在天津请左川先生绘制“左川肖像邮封”一帧。同月，作者在北京拜访棋圣聂卫平，请聂先生在左川绘制的“聂卫平肖像邮封”上题签。

9月　作者东北行。路线：潍坊——通化——安图——延吉——牡丹江——佳木斯——双鸭山——哈尔滨——海拉尔——鄂伦春自治县——加格达奇大兴安岭——漠河——北极村——漠河——齐齐哈尔——哈尔滨——长春——沈阳——大连——龙口——潍坊。在北极村，作者把“北极村邮戳”浓浓地盖在了“情系港澳神州万里行”地理图卷的最北端，并把鄂伦春族和朝鲜族邮票粘贴在地图的相关位置，在当地加盖邮戳。在加格达齐，作者拜访了美术家洪石，洪先生热情地接待了作者。在哈尔滨，作者拜访了原中共黑龙江省委书记陈雷，赫哲族书法家哈普都·隽明，美术家李俊琪，黑龙江省书画院院长沈重等先生。在长春，作者拜访了词作家公木。在沈阳，作者拜访了文物鉴赏家、书法家杨仁恺，篆刻家李树彤，书法家李仲元等。在大连，作者拜访了中科院院士钱令希。以上先生均为港澳回归题写了贺词，此行，作者行程万里，把一串串邮戳加盖在地图之上。

10月　23日，作者收到美术家洪石先生发自加格达齐的来信，内装先生自绘的肖像邮封一帧。

同年，作者在北京拜访罗工柳，先生在李俊琪绘制的“张光年画像”条幅上题书：黄河之子。

同年，作者在北京请邮票设计家徐彦博先生画张家界手绘封一帧。

同年，作者在北京参观了茅盾故居。

1996年　1月1日，作者在北京请张光年先生在李俊琪绘制的“张光年肖像邮封”上题签。23日，作者在北京请陈荒煤先生在李树彤篆刻的“陈荒煤肖像印邮封”上题签。同日，作者收到杜宣先生发自上海的来信。25日，作者在北京请袁鹰先生在李树彤篆刻的“袁鹰肖像印邮封”上题签。同日，作者在北京请刘白羽先生在沙更世绘制的“刘白羽肖像邮封”上题签。26日，作者在北京请王乐天先生在邮封上自画像一帧。同日，作者在北京请欧阳山尊先生在李树彤篆刻的“欧阳予倩肖像印邮封”与“欧阳山尊肖像印邮封”上题签。同日，作者在北京请英韬先生在邮封上画自画像一帧。同日，作者在北京请贺敬之先生在李俊琪绘制的“贺敬之肖像邮封”上题签。同日，作者在北京请徐悲鸿夫人廖静文在李树彤篆刻的“徐悲鸿肖像印邮封”上题签。同日，作者在北京请戈宝权先生在沙更世绘制的“戈宝权肖像邮封”上题签。27日，作者在北京拜访胡风夫人梅志，请梅老在沙更世绘制的“胡风肖像邮封”上题签。同日，作者在北京请颜一烟先生在沙更世绘制和“颜一烟肖像邮封”上题签。同日，作者在北京请叶君健先生在沙更世绘制的“叶君健肖像邮封”上题签。同日，作者在北京请钟灵先生在邮封上画自画像一帧。同日，作者在北京请牛星丽先生在邮封上画自画像一帧。同日，作者在北京请冰心先生在陈寿荣篆刻的“冰心肖像印邮封”上签名。同日，作者在北京请白雪石先生在李延声绘制的“白雪石肖像邮封”上题签。28日，作者在北京请田汉之子田大畏先生在李树彤篆刻的“田汉肖像印邮封”上题签。同日，作者在北京拜访作家冯亦代、黄宗英夫妇，请二位先生在张守义绘制的“冯亦代肖像邮封”上题签。

3月　12日，作者在北京全国政协委员文艺组的下榻处——北京西郊宾馆，请马季、刘敏、谢晋、乔羽、李希凡、李维康、吴冠中、孙大石、刘勃舒、郭怡琮、齐良迟等文艺界的全国政协委员，为港澳回归题字。

13日，作者在北京请臧克家先生在李俊琪绘制的“臧克家画像”上题词：“生活，诗的土壤。”同月，作者在北京拜访时任中国书法家协会代主席沈鹏，请沈先生在李树彤篆刻的“沈鹏肖像印邮封”上题签。同月，作者在北京拜访老舍夫人胡絜青，请胡老在李树彤篆刻的“老舍肖像印邮封”上题签。同月，作者在北京请李準先生在李树彤篆刻的“李準肖像印邮封”上题签。同月，作者在北京拜访作家汪曾祺，汪老作画两帧，书楹联一对，并在邮封上题书：贺港澳回归祖国。同月（31日），作者收到李仲元先生发自沈阳的自刻肖像印邮封一帧。

4月 3日，作者在北京拜访叶圣陶之子叶至善，请叶先生在李树彤篆刻的“叶圣陶肖像印邮封”上题签。同日，作者在北京请李可染夫人邹佩珠在李树彤篆刻的“李可染肖像印邮封”上题签。同日，作者请京剧表演艺术家李维康在高马得绘制的“戏曲人物邮封”上题签。5日，作者在北京请周扬之子艾落在李树彤篆刻的“周扬肖像印邮封”上题签。同日，作者在北京请萧军之女萧耘在李树彤篆刻的“萧军肖像印邮封”上题签。22日，作者在潍坊请西安美院院长、美术家刘文西先生在邮封上自画肖像一帧。同日，作者在潍坊请书法家李铎先生在邮封上为港澳回归题字。同日，作者在潍坊请美术家娄师白先生在邮封上为港澳回归题签。同日，作者在潍坊请相声演员牛群、冯巩在邮封上为港澳回归题签。

5月 11日，作者在北京拜访原中宣部副部长、文艺理论家林默涵。林老致函华君武先生，请华先生在“情系港澳神州万里行”地理图卷上签名。12日下午1时45分，作者携带林默涵先生致华君武先生的信函，去拜访华君武先生。

同日，作者在北京医院请曹禺先生在沙更世绘制的“曹禺肖像邮封”上题签。同月，作者在北京请茅盾之子韦韬在李树彤篆刻的“茅盾肖像印邮封”上题签。同月，作者在北京请冯牧之女程小玲在李树彤篆刻的“冯牧肖像印邮封”上题签。同月，作者在北京请谌容在李树彤篆刻的“谌容肖像印邮封”上题签。同月，作者在北京请萧乾先生在沙更世绘制的“萧乾肖像邮封”上题签。同月，作者收到诗人苗得雨先生发自济南的来信。

6月 1日，作者在北京请蔡若虹先生在张守义绘制的“蔡若虹肖像邮封”上题签。同日，作者在北京请徐鹏飞先生在邮封上绘自画像一帧。同日，作者在北京请季羡林先生在张守义绘制的“季羡林肖像邮封”上题签。5月，作者在北京请邓广铭先生在张守义绘制的“邓广铭肖像邮封”上题签。同日，作者在北京请张中行先生在张守义绘制的“张中行肖像邮封”上题签。6月，作者在北京拜访女作家颜一烟，颜老为作者题书：“怀念我的老战友，人民艺术家王大化同志。”

7月 作者江南行。路线潍坊——南京——上海——杭州——南京——潍坊。在南京，作者请傅抱石之子傅小石在李树彤篆刻的“傅抱石肖像印邮封”上题签。在南京，作者请高马得先生在邮封上绘自画像一帧。在上海，作者请贺绿汀先生在邮封上题签：贺香港回归祖国。在上海，作者在李延声绘制的“谢晋肖像邮封”上加盖上海邮戳。在上海，作者请杜宣先生题书楹联一帧。在上海，作者请吴昌硕之孙吴长邺在李树彤篆刻的“吴昌硕肖像印邮封”上题签。在杭州，作者请潘天寿之子潘公凯在李树彤篆刻的“潘天寿肖像印邮封”上题签。在杭州，作者在沙更世为其父绘制的“沙孟海肖像邮封”上加盖杭州邮戳。在杭州，作者拜访浙江美术学院教授、书法研究生导师王冬龄，王先生书作者撰写的诗《梦》一首。

同月，作者西北行。路线：潍坊——北京——呼和浩特——银川——中卫——嘉峪关——敦煌莫高窟——柳园——吐鲁番高昌遗址——火焰山乡——乌鲁木齐——塞里木湖——伊宁伊犁河——乌鲁木齐——兰州——西宁——倒淌河青海湖畔——西宁——西安——洛阳——潍坊。西北之行，作者往返上万里，绵延的丝绸之路尽收眼底。

9月 作者西南行。路线：潍坊——宝鸡——成都——拉萨（布达拉宫、大昭寺）——成都——峨眉山——西昌——攀枝花——大理——昆明——安顺——镇宁（黄果树瀑布）——贵阳——南宁——北海（银滩）——海口——三亚（天涯海角）——海口——湛江（雷州半岛）——桂林（漓江、七星岩）——衡山——长沙——张家界——宜昌（三峡）——武汉——郑州——潍坊。

在拉萨，作者拜访了歌唱家才旦卓玛，请才旦卓玛在邮封上题签：贺香港回归祖国，并把西藏和平解放40周年的小型张邮票粘贴在“海峡情神州世纪行”地理图卷之上，在拉萨加盖当地当日邮戳。在成都，作者拜访了美术家李焕民，请李先生在邮封上绘制自画像一帧。在成都，作者拜访了作家马识途，请马老在邮封上题书：百年国耻终得雪。在成都，作者拜访了诗人流沙河，请流老在邮封上题书：鹏返故乡。在大理，作者把一枚白族舞蹈邮票粘贴在“港澳归来”地理图卷之上，并在当地加盖邮戳一枚。在镇宁，作者把一枚黄果树瀑布邮封粘贴在“港澳归来”地理图卷之上，在当地加盖当日邮戳。在三亚，作者来到了天涯海角，把当地当日邮戳加盖在“情系港澳神州万里行”地理图卷的最南端。这次西南之行，作者跨越了山东、河南、陕西、四川、西藏、云南、贵州、广西、广东、湖南、湖北等省市自治区，行程数万里。至此，作者在7年的时间内，先后往返京城30余次，10下江浙，6赴广东，5大行程，几乎两次走遍全国。

经费从何而来呢？作者不是腰缠万贯的富翁，更没有任何企业给予资助，只是靠挣来的稿费和多年的积蓄，来进行“情系港澳神州万里行”文化活动。这有限的资金，想完成如此浩大的、旷日持久的文化工程，其中的艰难可想可知。到了1996年的8月份，作者已经是囊中羞涩、一贫如洗了。为了完成西南行的这最后一搏，作者不得不去借贷，一位过去的老战友提供了他5000元，就是凭借着这5000元，作者走完了西南、华南、中南地区的23个城市。为了节省开支，作者一天只吃一顿方便面；为了节省开支，从攀枝花到大理，乘坐的是一辆饭店拉鸡笼的货车；为了节省开支，从拉萨返回成都，乘坐的竟是空军的一架运输机。艰难吗？危险吗？其中的震痛不言而喻，然而作者却苦中求乐，苦中求甜。攀枝花至大理全程600华里，那里群山连绵，道路崎岖，货车在云雾环绕的半山间盘旋而进，作者他乘坐在装满鸡笼的货车上，全然忘记了颠簸之苦，却被眼前的景象所吸引，一路唱来：

一片稻田一条溪，
一树红花掩屋脊。
一池芙蓉满庭院，

福在农家扎根基。

在雪域高原，作者站在世界屋脊，遥望东南沿海，思绪万千：

居高望香江，
激流浪淘沙。
明珠镶南国，
港澳连海峡。
脚底起风雷，
壮哉我中华。
豪吟一路歌，
众盼红旗插。

在宜昌，作者站在高高的葛洲坝上，放眼滚滚的长江，不由诗潮澎湃，高唱一曲《战斗的旗》：

举起手中的相机，
我想照遍神州大地。
黄山的云烟，
东海的晨曦；
青藏的高山，
椰岛的小溪。
就连大西北的茫茫戈壁，
也给我留下珍贵的记忆。
因为那里有汉唐古风，
因为那里有丝路花雨。
中华，中华，
你用五千年文明把我们哺育；
祖国，福国，
你用博大的胸怀伴我们呼吸。
啊，锦绣中华收眼底，

祖国昌盛我崛起。

捍卫主权，

促进统一，

每个炎黄子孙，

都是一杆战斗的旗。

10月　1日，由中共山东省委宣传部、中共潍坊市委宣传部联合主办的“情系港澳神州万里行艺术珍品展”（部分作品），在山东省潍坊市图书馆开幕。潍坊市有关领导吕玉兰、任柏榴、郑金兰等同志出席了座谈会与开幕式。4日，由王存玉撰写的《情系港澳艺术珍品博览会在潍坊开幕》一文，载《潍坊日报》。

11月　由大丰、李永军、朱亚东集体撰写的长篇通讯《踏遍神州圆一梦——记胡孟祥与他的“情系港澳神州万里行”活动》，载《齐鲁晚报》特写（征文）专刊5日第14版。编者按说：“一位普普通通的文化人，在6年多的时间里，孤身一人，不辞艰难，行遍万里神州，拍摄名人肖像近千幅，征集名人书画作品数百幅，并创造性地制作出珍贵的‘情系港澳神州万里行’和‘港澳归来’艺术邮卷，他叫胡孟祥，他做这一切，不图名利，只想为港澳回归祖国献一份厚礼，只是为了——踏遍神州圆一梦。”该文刊载后不久，济南军区政治部黄河出版社社长王树生大校一行4人，赶往潍坊，与作者商谈出版《情系港澳名家艺术珍品丛书》之事。双方很快便达成协议。

12月　13日，作者给时任中共潍坊市委书记齐乃贵写信，向市委领导书面汇报在济南举办“情系港澳神州万里行艺术珍品博览会”的有关事宜。16日，齐乃贵同志批复：是件好事，请郑金兰同志给予支持。20日，《潍坊日报》在头版刊登了张云鹏、胡艺珊合写的长篇通讯《江山豪情》。同月，在潍坊成立了以齐乃贵为主任委员的“情系港澳神州万里行艺术珍品博览会组委会”。顾问有：冰心、季羡林、周巍峙、王定国、戈宝权、萧乾、徐肖冰、罗工柳、何海霞、白雪石、王学仲、孙大石、于希宁、沈鹏、张建中、陈寿荣。名誉主任委员：高占祥、金紫光、宋法棠、董凤基。同年，作者收到田原先生发自深圳特区的来信，内装“田原与钟灵画像邮封”一帧。

1997 年 1月4日，由作者摄影、曹禺先生题书的《曹禺影像墨宝》，载《团结报》。同日，《团结报》刊载张云鹏、胡艺珊的文章《拳拳赤子心 悠悠大师情——胡孟祥与他的“情系港澳神州万里行”》一文。18日，由作者摄影、冰心先生题书的《冰心影像墨宝》，载《团结报》。25日，由作者摄影、臧克家先生题书的《臧克家影像墨宝》，载《团结报》。同日，由作者征集，秦岭云、孙大石、孙克纲合作创作的巨幅中国画《高山流水》，载《团结报》。同月，山东齐民思集团资助作者20万元，作为在济南举办“情系港澳神州万里行艺术珍品展”的启动经费，为了答谢企业的鼎力相助，作者把收藏多年的艺术大师宋步云所画的《寿桃图》馈赠山东齐民思集团。

2月 1日，由作者摄影、赵朴初先生题书的《赵朴初影像墨宝》，载《团结报》。由作者征集，郭怡琮、张立辰、卢坤峰共同创作的巨幅中国画《松竹滴翠花似锦》，载《团结报》。由张云鹏、胡艺珊合写的长篇通讯《八千里路云和月》，载《潍坊广播电视报》5日专版。6日，《中国书画报》刊载消息：《情系港澳神州万里行艺术博览会即将举办》。

3月 1日，由作者摄影、巴金先生题书的《巴金影像墨宝》，载《团结报》。同日，由作者征集、阿老先生创作的《拉萨舞步》，载《团结报》。13日晚8时许，中共山东省委宣传部与中共潍坊市委在济南市联合主办“情系港澳神州万里行艺术珍品展”新闻发布会。14日上午9时许，泉城济南春雨濛濛。山东省美术馆展厅内一片热烈景象，由中共山东省委宣传部、中共潍坊市委联合主办，山东齐民思集团承办的“情系港澳神州万里行艺术珍品展”在这里举行开幕式。时任中共山东省委副书记韩喜凯，省委常委、宣传部长董凤基，省人大常委会副主任徐学孟，省里的老同志谭启龙、苏毅然、李子超，从北京专程赶来的老红军王定国、杨国宇，老艺术家金紫光、孙大石、沙更世，中共潍坊市委常委李光信、郑金兰，以及新闻界、艺术界有关人士出席了开幕式。时任中国文联党委书记、副主席高占祥自北京发来了贺电。

在开幕式上董凤基发表了热情洋溢的讲话，他说：在距离香港回归祖国还有 109 天的时刻，由山东省委宣传部和潍坊市委共同主办的“情系港澳神州万里行艺术珍品展”在济南隆重开幕了。这次展览规模宏大，蕴藏丰厚。其内容包括名家书画、百家影像墨宝、百家扇画、百家肖像邮封、诗词楹联篆刻五大展出，计艺术珍品 500 余件。展览在“情系港澳”的主题下，荟萃名家，博采众芳，体态风格，汪洋恣肆，在全国独树一帜。港澳回归祖国，举世瞩目。今天我们举办这次“情系港澳神州万里行艺术珍品展”，就是要借此以表达我们的殷切期盼之心和扬眉振奋之情，并表达我们对祖国统一的深深祝福。

开幕式过后，来宾与观众数百人参观了展览。展出共分五大系列：“百家名人书画展”、“百家名人扇画展”、“百家名人影像墨宝展”、“百家名人肖像邮封展”、“百家名人诗词楹联篆刻展”。坐落在泉城济南市中心的山东美术馆，是由中厅、东厅和西厅所组成。中大厅悬挂着 3 幅书画巨制。一幅是由赵家熹所书写的邓小平与撒切尔夫人的谈话摘要，一幅是由作者创意实施的“情系港澳神州万里行”地理图卷，一幅是由关山月、黎雄才、陈大羽、田世光集体创作的巨幅中国画《金鸡报晓》。邓小平同志与撒切尔夫人的谈话，第一次提出了“一国两制”的伟大构想，为港澳回归祖国奠定了理论基础。该巨幅悬挂在整个展览的首要位置。“情系港澳神州万里行”地理图卷，布满了密密麻麻的邮戳和 200 多位文学艺术界的名家题签与印章，它恰似一朵朵散发着芬香的花蕾，又好像一个个跳动的音符，给人们以遐想，以回味，以赞许。由陈大羽题书在地图两侧的一幅楹联：八载春秋千日功，万里江山一路通，更是一语道破了作者历尽艰辛的 8 年征程。一幅《金鸡报晓》的中国画，如歌似诗，让观者流连忘返。

走进东大厅，首先映入观众眼帘的是“百家名人影像墨宝展”。

这些作品是作者遍访名家摄制而成。与普通的名人肖像摄影不同处，就在于这些照片旁都有先生们的亲笔题词与签名。每张照片统一放大14寸，镶嵌在一张宣纸的册页上，并配上精致的画框。它们是：赵朴初影像墨宝、苏步青影像墨宝、巴金影像墨宝、夏衍影像墨宝、冰心影像墨宝、曹禺影像墨宝、艾青影像墨宝、钟敬文影像墨宝、张岱年影像墨宝、季羡林影像墨宝、戈宝权影像墨宝、吴作人、萧淑芳影像墨宝、刘开渠影像墨宝、黄胄影像墨宝……接下来的是“百家名人扇画展”。该展出涵盖了北京、上海、天津、南京、济南、青岛、广州、深圳、杭州、南昌、沈阳、哈尔滨、长春、太原、兰州、西宁、西安、昆明、成都等全国18个省市自治区的老、中、青三代书画家，形成了目不暇接的艺术长廊。

“百家名人肖像邮封展”，是整个展出的重要组成部分。其中，既有名家画名家的肖像邮封，又有名家自画像邮封，还有一大批文学艺术大师的肖像印邮封。它们是：茅盾肖像印邮封、老舍肖像印邮封、周扬肖像印邮封、田汉肖像印邮封、叶圣陶肖像印邮封、萧军肖像印邮封、吴昌硕肖像印邮封、齐白石肖像印邮封、徐悲鸿肖像印邮封、潘天寿肖像印邮封、傅抱石肖像印邮封、李可染肖像印邮封、梅兰芳肖像印邮封……这些新颖独特的集邮品，大都由先生们的后人在邮封上题签后实寄给作者的，成为邮坛上的一道独特的风景。

“百家名人诗词楹联篆刻展”，可以说是名家荟萃，其中，既有楚图南、萧劳、萧娴、胡一川、李桦、顾廷龙、谢稚柳、胡考、丁聪、欧阳中石等老一辈艺术家的精品，又有刘江、舒传曦、尉天池、王冬龄、王镛、马士达等书坛中坚的书法力作，同时还有出自老作家端木蕻良、姚雪垠、秦兆阳、公木、汪曾祺、杜宣、乔羽、浩然、峻青等先生的书法墨宝。

在西大厅，悬挂着“百家名人书画展”的上百幅珍品。这一系列展的显著特点，是每一幅中国画的两侧都配有志贺港澳回归的楹联：吴作人的牦牛图《天长地阔》，由罗工柳题书楹联：“奋鹏程齐书壮志，迎牛年同谱新曲。”叶浅予的人物画《唐宫乐舞》，由陈大羽题书楹联："欢声笑语辞旧岁，歌舞升平迎新年。"胡絜青的《大吉图》，由汪曾祺题书楹联："柳拂三江绿，钟鸣万户新。"钱君匋的《荔枝图》，由赵冷月题书楹联："翠竹摇风喧翠鸟，红梅映日吐红霞。"亚明的山水画，由溥佐题书楹联："江旷春潮白，山长晓岫青。"阿老的拉萨舞步，由谢冰岩题书楹联："歌腾热浪涌，笑接彩云飘。"而关山月、黎雄才、刘开渠、古元、何海霞、赖少其、白雪石、崔子范、彦涵、吴青霞、孙其峰、秦岭云、娄师白、刘文西等先生的画作均由先生自己配联题句：关山月题："沉舟侧畔千帆过，病树前头万木春。"黎雄才题："情系港岛。"刘开渠题："福禄寿喜。"古元题："歌港澳回归，颂中华伟业。"何海霞题："青山一道同云雨，明月何曾照两乡。"赖少其题："东风吹暖花千树，春城无处不飞花。"白雪石题："香港回归，万民同庆。"崔子范题："明月清风影物秀，神州春色画图新。"彦涵题："海曙云浮日，江遥水合天。"吴青霞题："西塞山前白鹭飞，桃花流水鳜鱼飞。"孙其峰题"物华天宝。"秦岭云题："华夏开景运，祖国满祥光。"娄师白题："星月交辉双璧合，山河耀彩万年春。"刘文西题："莲花开并蒂，兰带接同心。"

5幅总长20米的"百龙图"卷，在西大厅高高悬挂，引起了众多观赏者驻足观看。它先由何海霞题写总款《龙腾九宵》，后由关山月、古元、彦涵、罗工柳、白雪石、钱君匋、魏传统、陈大羽、武中奇、沈鹏等百位书法大家题写龙字。面对巨幅百龙图卷，观赏者不由想起一首歌《龙的传人》：古老的东方有一条河，它的名字叫黄河，古老的东方有一条江，它的名字叫长江。古老的东方有一个人，它的名字叫龙的传人。

还用得着对每一幅作品进行评介吗？整个的山东美术馆布满了作者历时八载所征集的诗、书、画、印、摄影、集邮等500余幅珍品，形成了蔚为壮观的艺术殿堂。当5天之后，展出闭馆之时，一群群观赏者等候在大门外，久久不肯离去。

同日，《齐鲁晚报》刊载消息：《"神州万里行艺术珍品展"在济开幕》。同日，山东电视台在《正午时光》栏目报道：《"神州万里行艺术珍品展”在济开幕》。15日，《大众日报》发表消息《“神州万里行艺术珍品展”开幕》。同日，《团结报》刊载由作者摄影、端木蕻良先生题书的《端木蕻良影像墨宝》。同日，《团结报》刊载由作者征集的《谢孝思扇画》。16日，《济南日报》发表消息：《“情系港澳神州万里行艺术珍品展”在我市举行》。同日，《潍坊日报》刊载胡全福的文章：《情系港澳神州万里行艺术珍品展在济南举行》。17日，《山东工人报》刊载王长亮的报道：《“情系港澳神州万里行”开幕》。18日，由山东广播电台录制的《胡孟祥与他的“情系港澳神州万里行”》在山东广播电台播出。同时，送中国国际广播电台向海外播出。同日，《联合报》刊载吕福明、王海燕的报道：《“情系港澳神州万里行”开幕》。21日，《潍坊日报》在头版刊载甄士光的摄影：《胡孟祥与沙更世夫妇》。“情系港澳神州万里行艺术珍品展”在济南展出期间，山东电视台编导祝丽华受中共山东省委宣传部的委托，开始着手进行电视专题片《夙愿》的摄制工作，作者接受祝丽华的采访。22日，《团结报》刊载由作者摄影、古元先生题书的《古元影像墨宝》。同日，《团结报》刊载由作者征集的《黎雄才山水画》。23日，《大众日报》刊载署名文章：《彩绘墨宝寄深情——情系港澳神州万里行艺术珍品展记事》。文章最后说：“许多人在众多的艺术珍品前，欣赏流连时，禁不住感叹胡孟祥的不平凡。然而，胡孟祥本人却不这么看。‘仅凭我自己餐风露宿是无法做到眼前这一切的，真正的原因在于港澳的回归，在于祖国团圆之梦是每一位艺术家和每一个炎黄子孙共同的期盼。’”

25日，作者随山东电视台《夙愿》摄制组奔赴广州。27日，作者随《夙愿》编导祝丽华采访关山月先生。当谈到港澳即将回归祖国之时，关先生无比激动。他说：“一百多年的国耻啊，能够得到雪耻，真感到高兴！广州1938年沦陷后我逃难先到香港，后来到澳门去找我的老师，老师住在和尚庙里。那时候寄人篱下，深深感到中国人的屈辱。我住了两年再也呆不下去了，就回内地参加抗战。”在关先生的大厅内，作者打开了丈二匹的地理图卷“情系港澳神州万里行”，关老在女儿关怡的搀扶下，跪在地上一笔一画地签上了自己的名字。先生的那幅虔诚的神态，连同他讲话的声音，一起被摄进了镜头。那年，先生86岁。在广州，作者还随摄制组分别采访了黎雄才、廖冰兄先生。

29日，作者随《夙愿》摄制组赶赴南京。30日，作者随祝丽华采访病重的陈大羽先生。陈老在一帧邮封上题签："贺港澳回归祖国"。同日，作者随摄制组走进南京静海寺的一个下关邮局。当作者在地理图卷上加盖邮戳时，邮局的职工围了过来，他们说："胡孟祥用了8年迎接港澳回归，我们虽然没和他一起走，但心是和他连在一起的，我们为他感到自豪。"同月（28日），《石油管道报》刊载王智的长篇通讯：《八载圆梦天涯行——胡孟祥与他的神州万里行》。同月（29日），《团结报》刊载由胡孟祥摄影、萧淑芳题书的《吴作人 萧淑芳影像墨宝》。同月（31日），香港《大公报》刊载宋卫东的摄影《情系港澳神州万里行地理邮卷及胡孟祥影照》。同月，河北电视台播放《情系港澳神州万里行地理邮卷》。同月，由济南军区政治部黄河出版社出版的《情系港澳名家艺术珍品丛书》5卷在济出版。

4月　初，作者随《夙愿》摄制组赶赴北京，采访82岁的罗工柳先生。这位当年延安"鲁艺"的老艺术家，一提起港澳回归就激动万分。他挥动着拳头说："'国破方知人种贱'，这是秋瑾说的。我从小住在香港，亲眼看过许多香港警察都是印度人，个子很高拿着棍子。中国人做着苦力，唯一的工作就是在码头那边卸大米、卸糖。当我们国家衰弱的时候，人家不把我们中国人当人看待！现在不一样了，前几天从电视里看到我们军舰开到美国去，华侨都高兴啊！"在京期间，作者还随摄制组采访了中央美术学院教授、研究生导师张立辰先生。

8日，"情系港澳神州万里行艺术珍品展"在青岛举行。青岛市党政领导徐国轩、祝盛业、李宝芳，老领导王今吾、牟周、李乃久、施稼声、陈波萍、左可智和新闻、文化、宣传等部门的代表出席了开幕式。9日，青岛日报刊载消息：《情系港澳神州万里行艺术珍品展开幕》。同日，《青岛晚报》、《生活导报》等报刊发表消息。

19日，《团结报》刊载由作者摄影、梁树年先生题书的《梁树年影像墨宝》。同日，《团结报》刊载由作者征集的《段轶扇画》。

5月 2日，《解放军报》刊载由李永军、汪群等撰写的长篇通讯：《踏遍神州圆一梦——“胡孟祥情系港澳神州万里行”纪实》。3日，《团结报》刊载由作者摄影、罗工柳先生题书的《罗工柳影像墨宝》。同日《团结报》刊载由作者征集的《齐良迟扇画》。7日，《北京晚报》发表消息：《情系港澳神州万里行艺术珍品展将办》。9日上午许，由中共山东省委宣传部、中国书画收藏家协会联合主办的“情系港澳神州万里行艺术珍品展”开幕式与《情系港澳名家艺术珍品丛书》首发式，在北京中国革命博物馆举行，时任全国人大常委会副委员长雷洁琼写来了贺信。原全国人大常委会副委员长廖汉生，中共中央统战部、文化部、国务院港澳办等单位负责人，以及文化艺术界、新闻界知名人士参观了展出。当作者陪同廖汉生、李德珠走进展览大厅，来到“百龙图”书法长卷前时，廖老拍着作者的肩膀很风趣地说：“我抗战八年，为了打垮日本侵略者，你苦旅八年，为了驱逐英国殖民者，咱们俩是同一个战壕的战友呀。”老将军的一句话，把周围的人都逗乐了。同日，新华社向全国发出专电：《“情系港澳神州万里行艺术珍品展”在京开幕》。同日，中央电视台在《新闻30分》栏目向全国播发消息。10日，《经济日报》刊载王永军的报道：《情系港澳神州万里行艺术珍品展巡回展将办》。14日，《经济参考报》报道：《情系港澳神州万里行艺术珍品展在京开幕》。15日，《中国文化报》刊登赫景秀的报道：《情系港澳神州万里行艺术珍品展在京举行》。

16日，《中国艺术报》刊登岫娟的报道：《<情系港澳名家艺术珍品丛书>首发式在京举行》。同日，《中国石油报》发表陋巷、王勇合写的文章：《胡孟祥征集名家书画四百余幅》。23日，《中国石油报》发表陋巷、王勇合写的长篇通讯：《为了华夏的伟大庆典——记胡孟祥与他的“全国艺术工程”》。24日，《团结报》刊载《“情系港澳神州万里行艺术邮卷”影照》。同日，《团结报》刊载由作者征集的《胡絜青中国画》。28日，《青年知识报》刊载盛振亚的文章：《贺港澳回归 架艺术桥梁——记胡孟祥和他集纳的“艺术珍品系列”》。同月，作者在中英文双月刊《中国集邮》杂志上撰文：《历史的画卷 时代的收藏——“情系港澳神州万里行”系列艺术邮卷写实》。

6月 3日，作者在北京兆龙饭店偶遇歌手尹相杰，尹相杰在邮封上绘自画像一帧，并题书：贺港澳回归。7日，《团结报》刊载由作者摄影，黄胄先生题写的《黄胄影像墨宝》。同日《团结报》刊载由作者征集的《刘文西的“盛荷”》。

中旬，由祝丽华编导的电视专题片《夙愿》连续两次在山东卫视台播出。

同月（20日），《工人日报》刊载大丰、李永军、朱亚冬合写的文章《踏遍神州圆一梦》。同月，祝丽华在《影视文学》第63期撰文《朋友·夙愿》。同期，《影视文学》在扉页刊载由作者摄影，巴金、夏衍先生题书的《巴金影像墨宝》与《夏衍影像墨宝》，以及作者与关山月父女的合影照。同月，作者应《风筝都》杂志主编韩钟亮之邀，撰写《我的神州万里行》。同月（28日），《团结报》刊载由作者收藏的《许麟庐的花卉》。

7月 1日，这天是每个炎黄子孙难以忘怀的日子。这一天，正是英国国旗在香港下降，祖国的五星红旗在香港上空冉冉升起的日子。

港澳回归，百年梦圆。为了“圆”这个梦，一个多世纪以来，中华民族有多少志士仁人不畏艰险，甚至献出了宝贵的生命。作者历时八载，行遍神州，不就是为了这一天的到来吗？尽管没有机会亲临香港，但作者的心早已飞向了香江岸畔。此时此刻，作者的身影正出现在祖国的心脏北京。在和平门邮局内，作者手拿“香港回归祖国纪念戳”郑重地把它加盖在“海峡情神州世纪行”图卷之上。此时，作者凝视着地图上这枚鲜红的纪念邮戳，心情久久难以平静，诗情大发，一吐为快：

香江碧，濠水蓝，
想它一百年。
紫荆藤，莲花瓣，
爱它一百年。
世庆典，梦团圆，
记它一百年。
想它，爱它，记它，
神州的一片家园。

诗人具有诗人的情怀，此时，作者又把目光投向了地图海峡两岸的那一边——宝岛台湾。作者多么渴望有朝一日能够踏上这片神圣的国土，在那里，游览阿里山，观光日月潭……

同月，电视专题片《夙愿》在中央电视台第一套节目播出。该片播出后，作者收到全国四面八方的来信，有位大连的普通观众来信说："您用超人的机智借为动力，完成了一代文化的'聚光之举'，这是何等的超前意识，何等的胸怀，何等的智慧啊！每位大师只是您的色块，您的丝线，由您来编织一张'盛世文化'的彩网，史无前例的'史画'，您堪称名流大师的指挥者和组织者，您是大师中之大师，无愧！"然而，作者却在电视专题片《夙愿》中留下了这样的话："因为祖国统一大业，是我们中华民族的一件大事，这是一个伟大的事业，我总觉得整个作品体现一个什么思想呢？这是整个的爱国主义的大合唱，我只是大合唱当中一个小小的音符。"

是的，正是这一个个"小小的音符"，才奏响中华民族这惊天动地的乐章。

同月，作者在北京先后拜访了季羡林、张岱年、钟敬文、贺敬之、严文井、刘白羽、荣高棠、蔡若虹、梁树年、吴祖光、胡絜青、袁世海、罗工柳、何海霞、彦涵、白雪石、潘絜兹、胡可、冯亦代、谢添、浩然、李準、马少波、秦岭云、欧阳山尊、叶君健、阮章竞、林斤澜、雷加、朱子奇、丁聪、孙轶青、高冠华、孙大石、韦启美、沈鹏、袁鹰、刘勃舒、韩美林、钟灵、石祥、苗地、李延声等先生，并相继在“纪念香港回归祖国首日封”上题签。张岱年题：再创未来。钟敬文题：明天更美好。贺敬之题：喜归。严文井题：祝贺。刘白羽题：高歌猛进。荣高棠题：庆香港回归。蔡若虹题：现实比梦更美。梁树年题：荆树花开。吴祖光题：生在逢时。胡絜青题：不忘这一天。罗工柳题：今天来之不易。何海霞题：盼归。彦涵题：还我河山。白雪石题：佳日。潘絜兹题：百年梦圆。胡可题：百年奇耻雪，完璧今日归。冯亦代题：实现了150年的梦想，皆大欢喜。袁世海题：香港回归，万民欢腾。谢添题：圆梦。浩然题：花好月圆。李準题：百年耻雪。阮章竞题：镌刻在蓝天，投映在海洋。沈鹏题：一国两制，完璧奇光。孙轶青题：香港回归日，扬眉吐气时。叶君健题：香港回归，万民欢庆。朱子奇题：一举圆得百年梦，多彩凤凰倍生辉。苗地题：百年耻辱，一日洗清。袁鹰题：盼了一百年。韦启美题：普天同庆。林斤澜题：连枝同荣。雷加题：香港明天更美好。孙大石题：难忘今日。李延声题：香港回归，民族盛典。石祥题《中国人民解放军驻香港部队军歌》：

五星红旗飘扬在香港上空
八一军徽映着自豪的笑容
威武文明之师 祖国钢铁长城
在陆地 在海洋 在天空
肩负着神圣的使命……

高冠华题：

河山还我看今朝
回看匆匆忆寂寥
多少沧桑多少恨
百年岁月奈何遥

钟　灵题：

香港回归喜乐多
长江舞罢唱黄河
百年国耻今朝雪
吐气扬眉写赞歌

马少波题：

华夏欢腾山河笑
沧桑宝港喜还巢
哲人睿智英雄血
赢得今朝国耻销

欧阳山尊题：

盖因禁毒战端开
弱肉强食任割宰
万般无奈吞苦果
奇耻大辱胸中埋
百年遗恨今方雪
游子投入慈母怀
天伦团聚情理事
翘首但俟后人来

在香港回归祖国的大喜日子里，作者像一只采集百花的蜜蜂，飞进了北京文化名流的家家户户。当我们今天看到上百帧由名家亲笔题签，贴有“香港回归祖国”的纪念邮票并盖有纪念邮戳的首日封时，不由让人感叹：这一帧帧首日封，与其说是集邮珍品，不如说是难得的历史见证，它汇集了一颗颗的爱国之心，让中华民族记下了这难以忘怀的一天——1997 年 7 月 1 日。

作者成功了。作为一名记者，作者采访过数百位文化名流；作为一名作家，作者编著出版过 26 卷文集；作为一名曲艺理论家，作者早在 20 多年前就加入了中国曲艺家协会；作为一名收藏家，作者珍藏了近千件艺术作品；作为一名书画家，作者习山水，画人物，绘花鸟，擅书法；作为一名旅行家，作者足迹踏遍了祖国的山山水水，相继加入了中国曲协、作协、民协、影协、美协、书协以及收藏家协会、地理学会等全国性近10个文化艺术团体，成为“苦旅文化”的探索者。然而，作者却说，他只是一位名不见经传的杂家。杂——家，杂家自有杂家的追求和梦想，当作者撰写完成《我与大师》之后，他的身影又出现在何处呢？是大漠戈壁？是农家村舍？是城区闹市？是长河小溪？让山川来作证，让云霞来回答吧。

后　记

这本《我与大师》，记录了我与文化艺术界先生们的相互交往。自1983年2月拜会诗人王亚平先生始，至今已有24个年头。20多年来，我先后拜访了上百位文化、艺术大师，如巴金、冰心、夏衍、曹禺、艾青、臧克家、丁玲、光未然、季羡林、俞振飞、沙孟海、吴作人、关山月、侯宝林等先生，他们的名字如雷贯耳，我是拜读他们的文学艺术作品长大的。有些先生的名字，世人大概就不那么熟悉了，尤其是当今的年轻人，像黄佐临先生。但要提起英国的大戏剧家、诺贝尔奖金获得者萧伯纳，我国的著名电影女导演黄蜀芹，恐怕对大多数人来说并不陌生。黄佐临就是萧伯纳的学生，黄蜀芹的生身之父。另一位是何迟先生，也许有人要问，何迟，何许人也？马三立说的新相声《买猴儿》，应该说是家喻户晓，而《买猴儿》的作者就是何迟。其实，马三立说的新相声，大都出于何迟先生之手笔。还有一位是罗工柳先生，罗先生堪称是一代油画大师，他创作的油画《地道战》、《前仆后继》、《整风报告》、《毛主席在井冈山》等作品，堪称是我国现代油画艺术的红色经典。至于说罗先生的另一个成就，他是人民币的设计者和组织领导者，大概知道的人就很少了。

我拜访过的这批文化、艺术大师，几乎都是每个领域的代表人物，甚至是领军人物。先生们在文化艺术领域所做出的卓越贡献及其地位与影响，早已被载入中华民族的文明史册。正因如此，我与先生们的每次会面，都使我终身受益。先生们的学识、修养、人品与艺品，促使我拿起笔来记下这点点滴滴。

1990年春，我着手进行“情系港澳神州万里行”文化活动，历时八载，行遍神州。当我走进一个个先生们的家门：现场观看夏衍先生亲笔题书“香港自古以来就是中国的一部分，让彭定康见鬼去吧”之时；当我现场观看曹禺先生亲笔题书“人心所向，大势所趋”之时，一次又一次地激励我在“苦旅文化”的征途上不断前行。

经常遇到这样的情形，有人问我：你是如何找到这些先生的呢？先生们又为何能给你题词作画呢？这似乎是一个谜，其实，要回答这个问题并不难，只有两个字：情缘。是港澳回归祖国的爱心情缘，把我与大师们的心连在了一起，这也许就是人们通常所说的“心有灵犀一点通”吧！我是遇到了天时、地利、人和的好年景。

书中所编入的33篇文稿，是从原百余篇文稿中选编而成，其中一部分文稿又进行了重新修订与改写，内有影像、书画等插图50余幅，共计14万余字。《胡孟祥走近大师编年史话节选》两个章节，尽管是作为《附录》放在书的后面，但它是全书的重要组成部分，不仅反映了我从事文化艺术数十年来所经历的心路历程，而且还记录了我与数百位文化艺术名家的相互交往与友情。尤其是记录了一大批先生们为港澳回归祖国所作的书画珍品，更有其社会价值和历史价值。

应该指出的是，没有先生们的热情支持和关怀，就没有这本书的诞生。所以说，我撰写的一篇篇小文也是在还感情债。但遗憾的是，当书稿完成之时，一些先生则离我们而去，我用一篇篇短文告慰前辈，也用我的一颗心来寄托对先生们的哀思。

作者撰书于丁亥年春节前夕